# 南信州に春の風

Kumiko Honda **本田玖美子**

「地域交流センター悠々」の挑戦

ゆいぽおと

## 悠々に寄せて

泰阜村長　横前　明

　人生という言葉は人がこの世で生きていくことと解されますが、そこには人それ
ぞれが持つ人生観があり一人として同じ生き方を送る人はいません。多様であり希
望や夢も無尽蔵にあり、豊かな人生を送る人もいれば残念ながらそうはいかない人
もいます。しかし、人生100年というなかにあっても人は必ず終焉を迎えます。人
は次第に衰え、永い眠りを迎えます。

　泰阜村は1984（昭和59）年頃から本格的に在宅福祉政策に取り組んでまいりま
した。昭和40年代は、まだ家族制度の流れもあり、戸主の持つ権限は大きく戸主
の意見は絶対的なものだったと思います。村がはじめた在宅福祉のきっかけは、高
齢者世帯や独り暮らしの老人が食事や入浴もままならない状態になっている現状を
改善しようとしたこと、そして、今まで権限があった戸主も時代とともにその権限
が弱まり、子どもに気を使い子どもの言いなりになり、家で最期を迎えようとして
もそうさせてくれない現実にありました。そうしたことを打破し、長年苦労された
お年寄りの願いを叶えるようにしたいとの思いではじまりました。

　その後、2000（平成12）年に介護保険制度がはじまると、介護の社会化として
の訪問介護や通所介護などが当たり前の時代になりましたが、課題もありました。
訪問介護で夜中に訪問し家族が寝静まっている家のなかに入っていくことや、他人
が家のなかに入ってくることに家族が抱く抵抗感などです。また、介護保険制度で
拭えなかったのが「寂しさ」だと思います。人は一人では生きられないといわれま
すが、独り暮らしの高齢者にとって独りほど辛いことはありません。この寂しさを
どうしたら拭えるのか、その答えは共同生活、集団生活という集合体だということ
はわかっていました。しかし、在宅を推し進めてきた行政としては、それに向け取
り組むことは大きな決断でもありました。

　時代は流れ核家族化が進み、住み慣れた家に住み続ける在宅よりももっと広い視
野での在宅、つまりこの泰阜村で幸せに住み続けられることが大事だとする考えに
至り、やすらぎの家や診療所と併設の居住部門の建設になりました。これで十分だ
と思われましたが福祉は生き物です。時が経つにつれ、これでは満足できない方（特
にご家族）が出てきました。高齢者本人の意思を尊重したいとの思いではじめた在
宅福祉でしたが、本人の意思も変化してきておりました。

こうしたとき、当時村長の松島貞治さんに本田玖美子さんが声をかけられ、高齢者協同企業組合構想の話をされました。当時係長の私も同席させていただき本田先生のお話をお聞きいたしましたが、先生の構想はまだ馴染みがなく、なかなかストーンと腹に落ちて来ず何回もお邪魔したことを覚えています。先生のお話から私なりに理解したことは、行政が施設づくりをして、その後の運営も行政で行っていたのでは先進国を見ても疲弊してしまう。だから地域で力を出し合って自分たちのことは自分たちで実践していかなくては駄目だということだと解釈しました。

　先生がいわれる構想は在宅として取り組んできたものを否定することではなく、地域に息づく絆を大切にした地域の生活拠点づくりであり、新たな選択肢として今の時代に合った政策ではないかと思い、当時の村長も私も納得し事業化へ進んだと思っています。

　設立から数年後、入居されている皆さんの顔はにこやかで、「ここにおれるのは幸せだに」と言うおばあさん、近所のお年寄りの方も来られ「ここはいいなあ」と言う。本田理事長が求めた新たな福祉の形態が動き出していることを感じた瞬間でした。

　理事長はそこに留まることをしない、常に何かに挑戦していました。生活リハビリ教室では入居者が寝たきりにならないように次から次へと新たなことを取り入れ実践し、生活にも多くの行事を取り入れ、お年寄りから学ぶスタイルで自主性を重んじていました。それがお年寄りの皆さんの生き甲斐を生み、生きる力になるのだと理解しました。

　私が悠々を訪ねると必ず、「村長、今こんなことをやっているんです。あの方は以前こうだったのに今はこうなんです」などと、熱く語ってくれました。いつも理事長のパワーには圧倒されてきました。

　悠々はゆったりと時間が流れ、悠々のコンセプトである長屋に住んで、そこから気ままに交流の場へ顔を出すということが大きな屋根の下で行われ、そこにはおせっかいではない優しい見守りが存在していました。また、今まで村にはなかった気軽に誰でも立ち寄れ、必要なら宿泊できる場所としても機能していました。こうした取組みも、本田理事長の強いリーダーシップがあったからこそ実現できたことであり、入居者からずっと慕われたのも、言葉だけではなく介護も自らの手で実践されたからだと思います。

　開所されてから約11年、本田先生は身も心も憔悴しきっていました。何日も朝

早くから夜遅くまで介護にあたり、宿直までこなし寝る暇さえなくがむしゃらに働いていた姿を目の当たりにし、そのパワーに驚愕したのと同時に先生の体を心配しました。先生を突き動かしていたものは、入所されていた皆さんを守らなくてはという使命感だったと思います。

　ある日、私に「もうやれるだけやりました、あとは今入居されている方がそのまま住み続けられることを願っています。私も80歳になります、これを機に次にやっていただける方に渡したい」と、何の悔いもない晴れやかな面持ちで言われました。本田先生の初期の思いを大切にしながら、地域の「悠々」であり続けることをコンセプトに、村がその思いに応えられるよう継続していくことをお約束しました。

　新たに事業をはじめることは大変なことですが、それを実現し貫いたことは本当に凄いことです。この実践をまとめられた悠々の歩みをご覧いただければ、そこに多くのドラマを見ることができます。

　泰阜を愛し泰阜の高齢者を幸せにしたいと心の底から願った本田理事長が、「地域交流センター悠々」として実践された取組みは、村の福祉にとっても大きな一歩です。この実践を無駄にせず次へつなげてまいりたいと思います。

　2020（令和2）年6月に高齢者協同企業組合泰阜が閉じられるまで、組合を支えられた理事の皆様はじめ、関係者の皆様に深甚なる敬意を表しそのご努力に感謝を申し上げます。

# 南信州に春の風

## 「地域交流センター悠々」の挑戦

本田玖美子

## はじめに　―「支え合いともに生きる」をめざして―

### 社会福祉との出会い

　1967（昭和42）年、激しい学園紛争の最中にあったが、私は働きながら夜間大学を卒業し、結婚して二人の子供を育てながら36歳でN大学大学院修士課程を受験、20代の若い青年たちに交じって学問に挑戦した。その時代、子供たちは激しい受験競争にさらされ、塾に通い家庭教師にもついて勉強に明け暮れていた。我が子に「母さんばかりノンビリ好きなことをやっていて、自分たちばかりが勉強、勉強と言われるのはおかしい！」と責められ、「それもそうだな」と、人生の道なかばで「社会福祉とは本当は何なのか」について向かい合うことになった。

　同時期に、縁あって自宅近くのF大学病院の医学部リハビリテーション医学研究生（2年間）として、中途障害を負った人たちの心のケア（医療カウンセリング）にかかわることになった。当時、大学病院内の医療ソーシャルワーカーは2名、役割は退院援助である。しかし、重度中途障害者の退院後の社会復帰先はほとんどなく、自宅退院が当たり前の時代であった。彼らは自宅に帰らされても、人間らしい喜び(生きている意味)が見いだせず苦しんでいた。その方々に対し、リハビリテーション医療の一環としての（リハビリ専門医の判断で）医療カウンセリング（心理療法士ではなく医療ソーシャルワーカーとしての援助）を導入することになり、当時医学部研究生であった私に、その役の打診があった。以後、重度障害者らの退院に際し、心身ともにどん底にある障害者に寄り添いながら、未来への「生きていく希望」の灯りを模索し、具体的な方向（社会復帰）に向けて同行した。

　そのなかで、今も記憶に残っているひとりの青年がいる。彼はT大学体育学部入学直後の新体操の練習中に宙返りを失敗し、上位頸椎骨折（C2）を受傷し四肢麻痺となった。初めて車椅子全介助で相談室に連れてこられたときの、無表情で呆然と私を見つめる彼の目を、私は忘れることができない。医療ソーシャルワーカー（以後MSW /Medical Social Worker）としての私の問いかけに、自分がめざしていた夢についてとつとつと語りはじめた。

　1か月ほど話を聞き続けた後だったろうか、彼は、突然生き生きとした表情になり、「先生、僕は先生のように座って話を聞いているだけの仕事ならできます。先生のような仕事に就くにはどうすればいいのですか？　教えてください」と言ったのであった。

私は心底感動し、「私のような仕事に就くには、まず MSW になるための大学に入学し、卒業して相談援助が必要な職場に就職すればいいのですよ」と伝えた。

　彼は、直ちに四肢麻痺用の車椅子を乗りこなすためのリハビリテーション医療に挑戦しはじめた。もともと新体操の選手をめざしていたので、あっと言う間に車いす自走（電動車椅子ではない）ができるようになり、本格的な自動車の運転に挑戦するための専門の N リハビリ病院（三重県）に転院した。その入院中、病棟看護師長から受験勉強の特訓を受け、2 年後には自家用車を運転して受験し N 大学に入学した。4 年間、彼の姿はいつも学友たちに注目されていたという。卒業時には「福祉を学ぶ学生たちにとって、学ぶべき模範であった」と学長賞をいただき、現在も名古屋市内の「AJU 自立の家」という障害者団体の相談員として活躍している。

　私の「悠々」での活動は、この青年との出会いにはじまっている。


## なぜ泰阜村なのか

　多くの視察者から必ず受ける質問がある。「何故、泰阜村？」

　私の泰阜村との出会いは、今から 45 年ほど前にさかのぼる。二人の子供が 2 歳と 6 歳のころ、当時通っていた教会学校のサマースクールに参加し、この泰阜村の天竜川に沿った山深い地で、大自然の魅力に打たれたのだ。

　早速知り合いに空き家を紹介してもらい、交渉の結果、庭付き御蔵付き、五右衛門風呂付きの古い民家を貸していただけることになった。しかし、時を経て、五右衛門風呂の竈が崩れ、ボットン便所（汲み取り式和式便器）の床が抜けた。建て直したいので売ってほしいと懇願し、承諾されて、縁あって軽井沢の設計士に素敵な木造平屋建ての現在の自宅を建てていただいた。当時は、毎週のように名古屋から知り合いのご家族らと一緒に、ワッショワッショと通ったものであった。このように山深い大自然のなかで遊んだことのない子供たちの興奮状態を見て、親たちもともに癒されていくのを感じる大自然とのふれあいであった。

　さらに、泰阜村に住民票を移して移住してしまうほどの魅力が、もう一つあったのである。それは、山奥に住むお年寄りたちの素朴な隣人愛であった。困ったらどんなことでも親身になって教えてくれる。おいしそうな山野草の食べ方も教えてくれる（時に松茸がベランダに転がっている）。

　都会では高い金額で売っているクワガタ虫が浴室の網戸に止まっている。初夏には庭の腐葉土のなかからカブトムシが出てくる。蛍は庭の前の田んぼに光の乱舞を

見せる。蚊帳のなかでの子供たちの興奮が収まってから、大人たちはこの山奥の静けさの深い意味を、囲炉裏に当たりながら、おいしい地酒とともに味わった。

それから50年近くを経て今がある。南信州の伊那谷に開けた自然豊かな泰阜村（東京からもっとも遠い村と呼ばれているとか）は、満州生まれの私にとって本当の故郷だと感じている。

## 「支え合いともに生きる」をめざして

永年通いなれた第二の故郷と自覚していた泰阜村（人口：1800人、高齢化率38％　2012年当時）は、介護保険制度がはじまる10数年も前から在宅福祉に力を注いだ福祉先進自治体として知られてきた。一例だが、1984年には訪問入浴がはじまっている。それは、診療所に赴任してきた若い医師が、往診に行った先で高齢者が暗い部屋で垢にまみれて寝かされているのを見て、「これは医療以前の問題だ。まずこの年寄りを風呂に入れるぞ」と、トラックに風呂桶を積んで訪問入浴を開始したことに端を発する。これに応えて村はヘルパーを雇い、飢餓状態の年寄りには弁当を配り、清潔に配慮し、一人暮らしの年寄りの最期を布団の横で看取ったと、その医師の行状は今でも年配者の口にのぼる。こうして一人の診療所医師が先鞭をつけた在宅ケアの取り組みは、1988年に全国に先駆けて診療所を核とした保健福祉グループ活動へと発展していき、常勤の訪問看護師、常勤ヘルパー、在宅入浴ヘルパーを雇用、給食サービス、地域デイサービス、ショートステイの開設、廃屋を利用したケア付き住宅の試み、福祉バスの運行、老人医療費・福祉サービス無料等、次々と住人のニーズに直結した在宅医療・福祉サービスを展開した。

これらの在宅福祉村の行政を引っ張ってきた前松島貞治村長によれば、この村に明らかな変化が現れたのは、2000年4月、介護保険が導入されてからだという。それまで実施してきた村独自の在宅サービスを介護保険の報酬単価で換算すると、在宅重度介護高齢者に120万円（月額）かかることになり、介護報酬の要介護5で36万円（月額）が限度とすれば、その差額84万円（月額）をどうするかという問題が発生したという。

さらに泰阜村の手厚い在宅介護サービスの中身が、じつは数人の重度高齢者に集中していたことも明らかになった。1か月100万円以上かかる上乗せサービスが新たな問題となったのである。介護保険制度設計者は、「要介護度4〜5で介護者なし」というケースを想定していないという。しかし、この事実は全国に広がる（泰

阜村のような）過疎の村では、厳然として存在しているのである。泰阜村では、介護保険で不足する分の上乗せサービスを村が単独で行うこととし、何とか「在宅福祉の村」を維持していた。

　しかし、住民の高齢化がいっそう進むとともに、地域の公共機関（JR線の間引き運転、地域バスの廃止、金融機関の撤退、移動スーパーの撤退、近くの商店の閉店等）の撤退が重なった。結果として自家用車を持たない高齢者は、「とても一人では生きていけない」状況に至っていた。以上の状況を踏まえて、たとえ年をとって体が不自由になっても「最後まで安心して住み慣れた地で住み続ける」ことを可能にするために、介護保険のさまざまな軛（くびき）から解放された新たなシステムの構築に、日本で初めて取り組んだのが、「高齢者協同企業組合泰阜」と「地域交流センター悠々」なのである。

　このような「在宅福祉の村泰阜」の取組みの基盤の上に、2008年、地域の高齢者有志（村の議員経験者等）が集まって企業組合を設立、それが「高齢者協同企業組合泰阜」なのであった。

　次に、この「高齢者協同企業組合泰阜」について説明しておきたい。

**「高齢者協同企業組合泰阜」について**

1）事業の目的

　この事業は、開設当時北欧の福祉先進国の一つとして「ノーマライゼーション」の基本理念を発信（1950年〜）し、これまで世界の福祉施策をリードしてきたデンマーク（人口：554万人、国土面積：九州同等、平野で最高峰は174ｍ）をモデルにしている。デンマークでは1987年（デンマーク国高齢者住宅法）から2009年6月までの20年をかけて国中のプライエム（特別養護老人ホーム）を全廃し、新しいタイプの「ケア付き共同住宅」に転換し、より効率的でなおかつ質の高いケアをめざす改革を行った。このモデルを日本に導入し、我が国の2000年にはじまった介護保険制度のもたらした様々な軛から解放された、新たなシステムの構築を試みることが目的であった。

2）「地域交流センター悠々」の建設

　活動拠点としての「地域交流センター悠々」（191坪、資金は国土交通省補助金2億円）は、決して高齢者のためだけの入居施設などではなく、村民が自主的に運営・

管理し、地域住民の「生活拠点」としての「交流サロン」とその横に長屋のような
アパート「ケア付き共同住宅」が統合されているというスタンスである。

　ここでの事業展開を通して、住民自身が「住み慣れたこの村で、最後まで安心し
て暮らす」ためには、何が必要かを考え決定して、運営管理することが、この企業
組合設立の目的である。その作業を通して絆が形成され地域力を増すのではとの確
信である。


３）「地域交流センター悠々の事業内容」

①ケア付き住宅・悠々長屋

　活動拠点としての施設は村民たちから「悠々」とよばれている。施設の真ん中に
屋根のかかった路地裏があり、その両側に「悠々長屋」と呼ばれているケア付きの
アパートがあるというイメージである。地域交流センターは、その名の通りだれも
が何の目的も持たずにちょっと立ち寄り、子供（漫画コーナーやおもちゃまで有）
からお年寄り（大きな堀り炬燵有）までもが、ゆったりとお茶を楽しみながら四方
山話をする場である。

　この畳コーナーの掘り炬燵と隣接した薪ストーブ前の大きな革張りのソファー
は、住民の憩いの場となっていて、リビングに隣り合わせの食堂の長テーブルは
「悠々食堂」として村民に解放され、１食５００円で、手づくりの食事が提供されて
いる（コーヒー、お茶、おやつ等無料）。

　また、バリアフリーの浴室（スウェーデンから輸入のリフター付き）はだれもが
利用でき、在宅の高齢者がケア付きで利用できる。

②《暮らしのコンビニサービス》事業

１．悠々食堂：ランチ定食＠５００円→＠６００円

２．村民だれでもショートステイ（１泊ケア付き３食付き　＠５,６００円）

３．村民だれでもケア付入浴サービス（＠１,５００円）

４．御婆ちゃんの子育て支援（一日一人＠５００円/定員３人/食事代別途料金）

５．通院介助（１回 ケア付き・送迎付　１,５００円/時間　深夜別途料金）

６．買い物代行(前日夕５時までに申し込み可⇒翌日昼にお届け　１回/＠５００円)

７．鍼灸・マッサージ治療院（１回３０分送迎付　＠２,０００円）

８．生活リハビリ教室（１回 ＠１,０００円）

③《その他のサービス》事業

１．産地直送「幻の味シリーズ」販売事業

＊季節の朝採り野菜詰め合わせ

＊サニーショコラとうもろこし詰め合わせ

＊はざ掛け米コシヒカリ

＊日本蜜　など

参考：「ささえあい共に生きる　泰阜村・高齢者協同企業組合」

　　　企画　泰阜村高齢者協同組合研究会

　　　制作　WIZ（2007 年）

　　　https://youtu.be/EGXRhiSc7RY

＊本書は 12 年間にわたる悠々の日々を綴ったブログをまとめたものである。

南信州に春の風　「地域交流センター悠々」の挑戦　もくじ

人が生きるということ
2007 年 - 2008 年

## 泰阜村からのメッセージ

このたび人口2000人の小さな村に、年を取っていても障害があっても子供でも、幸せに暮らすための共同体を作ることに致しました。

それが「高齢者協同企業組合泰阜」です。私、本田玖美子が初代理事長に決まりました。

このブログをはじめたのは、泰阜村と村外に暮らす協同組合員の一人ひとりの方々に、これからできるこの共同体が、毎日どのような作業を積み重ねてできあがっていくのかを、ともに見守り考えていただきたいからです。

今日は、なぜ泰阜村に協同組合を作ることになったのか、そのいきさつについてお話したいと思います。これを読まれた方は自分の感じたことを私にも伝えてください。そのようにして一人ひとりの心が繋がって、新しく泰阜村が生まれ変わるのです。みんなで一緒にはじめましょう。

27年前の夏、子供のためのサマースクールに、6歳の長男と2歳の長女と参加したのが、私と泰阜村との出会いでした。ゆったりと流れる天竜川の東斜面に広がった伊那谷は私にとってずっと探し求めていた「日本のふるさとの原風景」でした。この村が気に入った私は、すぐに借家を探してもらいました。次の週には現在の田本の東にある古い農家の空き家をお借りすることになりました。

名古屋から毎週のように子供たちや友人のご家族を誘って通いました。それから27年一度も退屈したり、いやだと思ったりしたことはありません。村で出会うすべての人が、いつも私たちを見守り、笑顔で迎え続けてくれたからです。これから私が残された人生をかけるのは、そんな村のお年寄りたちへのご恩返しなのです。

2007年6月26日

## 対談「弱き者の生き方」から

昨日、築地のがんセンターと数か月前から化膿して腫れていた歯の治療のために2軒の病院の梯子をしました。東京駅の大丸百貨店でふと目に留まった1冊の本を手に取り、そのまま惹きつけられて購入し帰宅するまでの8時間半、帰宅してからも読みふけり、ベッドに入ったのは午前1時過ぎになりました。

作家の五木寛之さんと考古学者の大塚初重さんの人生体験を、まさに赤裸々に

語ったものです。御二人の貧しいけれども小さな幸せにあふれる日常が、戦争とともに一瞬で吹っ飛んで、崩壊していく有様を淡々と語りながら、自分が人間として鬼と化す瞬間を体験なさったのです。

　戦争が終わって平和な日本のなかで、死の淵から這い上がるようにして生きた人生の最後になった今このときに、人間としての責任感から、語らずにいられなかった思いが、ひしひしと伝わってきました。

　「ロープにぶら下がった自分の脚に、二人三人としがみついてくる戦友を、私は両足で燃え盛る船底にけり落としたんです。……そうやって私は助かった……」(大塚)

　「ソ連兵に『女を出せ』と言われ、トラックからだれか女性を押し出すようにして出すしかない。その女性を人身御供にして、我々は38度線を越えたのです」(五木)

　「凄惨な状況下で人間は『鬼』になる。自分が弱者であるというのではなくて、人間というのはなぜこのように弱く、また同時に強いものなのだろうと感じるのです」(五木)

　お二人は戦後60年以上もの長い時間、だれにもいえなかったこの罪を抱えて生きてきたとおっしゃって、「戦争は決して起こしてはいけない！」と繰り返しています。

　「人はすべて、この世という地獄に生まれてくるのではないか。その地獄の中で、時として……思いがけない歓びや、友情、見知らぬ人の善意や、奇跡のような愛に出会うことがある。そんなとき、人間に生まれてよかったと、たとえ一瞬でも心から感謝する。その一瞬を、極楽というのではないかと思う」(五木)

　お二人の生きた言葉の一つひとつが私の心に届いて、化学変化を起こし「生きていてよかった、明日も誰かのために生きていける」という元気をいただきました。

2007 年 7 月 4 日

## 人が生きるということ

　これまでの人生、ずっと働きながら勉強したり、働きながら子育てしたりしてきたので、記憶にある限り休日にゆっくり休んだという実感がない。自分の前にはいつも自分を駆り立てるような課題があって、妻として母として、そして社会人として、家事や子育てをしながら（手抜きとの批判をものともせず）、生きてきた気が

する。

　今の私があるのは、私の周りの多くの人々の善意によって守られてきたお陰そのものだと、つくづく思う。

　満州からの引き揚げでわずかばかりの財産をすべて失い、小学校6年のときに、母が轢き逃げにあって頭部外傷で入院し、幼い弟2人と父親の家事を担った。

　中学校のときには、父が経営していた建築会社が連帯保証人倒産にあい、すべての財産を失った。借金取りから逃れるために、父親は私たちの前から姿を消したが、借金取りは留守宅の母と3人の子供たちを脅すために、毎日通ってきた。お嬢さんで育った母が町に出て小さなお好み焼き店を開き、家族を養った。家事は長女の私が引き受け、弟の一人はこのころから村の悪い仲間に入り、そこで育った。長い間家族はみんなバラバラで生活はつらく苦しかった。

　しばらくたってやっと西三河にある建築会社に就職先を見つけた父が、私たちを呼び寄せてくれたが、初任給では貧しく、当然のように高校進学を断念して、私が働いて家族を養うことになっていた。しかし、もうお亡くなりになられた当時の中学の担任が、自宅まで訪ねてこられて、「このまま中卒で終わらせるのはあまりにも惜しい、授業料を出すので高校に行かせてやってほしい」と両親を説得してくれた。その熱意に打たれて両親は、私を高校に行かせることにした。

　しかしこのことは、父に過酷な労働を課すことになった。毎晩、過酷な建築現場での仕事が終わってから、自宅で深夜まで内職をして私たちを学校に行かせてくれた。

　ほどなくしてこの無理な労働が祟った父は、肝硬変で倒れ、長期の入院を余儀なくされ、そしてまた、私たちの生活は苦しくなった。


　教育の問題が叫ばれている。世界に冠たる経済大国の日本で、お金がないために、高校や大学に行けない子供たちが大勢いる。

　家族のなかに病気の人や障害者を抱えていると、その看病のため、介護のために家族が全力を尽くして働けず、子供たちの教育費にまでお金が廻らないのである。

　教えている大学でも、大半の学生はアルバイトにほとんどのエネルギーを費やし、テキストや参考文献を読むゆとりがないのが現状だ。大学構内で倒れそうな学生A君に「どうしたの？」と声をかけたところ、「この3日間、アルバイト先のレストランが休みで、水以外に何も食べていない」という。取りあえず研究室にあっ

た食べられそうなものを食べさせて、何がしかのお金を渡し「困ったらいつでも研究室においで」と帰らせたが、そのA君は、授業料も、アパートの家賃も、衣類も、食費も全部自分で働いてまかなっていた。「それでもいいから勉強がしたい」と親に頼んだのだそうだ。

このA君が4年生の6月、祖母の介護をしながら働いて家族を養っていた母親が突然亡くなり、パート警備員をしている病弱な父親が、残された病弱な祖母の介護をすることになった。このままでは家賃が払えないと、A君は4年生の夏休みを前にして大学を中退した。豊かな日本、優秀な学生が貧しさ故に、社会の荒波のなかに消えていった。

大学教育とは何かが今問われていると思う。

今の大学は資格を取るための専門学校化が進んでしまった。

大学こそは、人間とは何か、人が生きるとは何か、死ぬとは何かについてその時代時代の課題のなかで、教員と学生が真剣に突き詰めて考えていく場ではなかったか。

私の人生には、高校進学を必死になって勧めてくれた担任教師がいた。

50年以上たってみて、その行為が現在の私の行動のすべての根幹を支えていることを実感している。教育とは、「一人の子供の人生そのものを掬い上げる役割を担っている」ことを、現場で働く教員一人ひとりが、自覚できるような再教育が必要なのかもしれないと思う。

国政選挙「参議院選挙」がスタートする。

2007年7月11日

## 人が死んでいくということ

長野県飯田市に住んでいた一人のおばあちゃんの魅力的な死に際について、その娘さんにあたるKさんがちぎり絵で絵本にしました。縁あって、「母からのおくりもの」というそのちぎり絵の絵本と出会い、そこに描かれた一人の人間の見事な人生の引き際に感動し、心のなかに仕舞っておけなくなりました。

農家に育ち、農家に嫁ぎ、五人の娘たちを育て、食べることにも着ることにも無

欲で、愚痴一ついわず働きづめだったKさんのお母さんは、82歳の春、腸閉塞で入院手術し、10か月に及ぶ闘病生活を経験しました。

　自宅退院後も人に迷惑をかけたくない一心で、手足のリハビリに励み、家の役に立ちたいと、不自由な身体で台所仕事を引き受けていました。

　その2年後、直腸癌が見つかりましたが、『十分長生きしたからもう入院は嫌だ』と、ストマ（人口肛門）の手術だけを受けて、2週間で自宅に戻りました。その後も自力を振り絞って這いながら部屋のなかを移動していたこのお母さんが、「もうがんばれない」と言って動けなくなりました。

　家族は、「具合が悪いのに入院させないなんて……」という世間の風潮のなかにあって、「二度と入院したくない」と強く望むお母さんの気持ちを考えた五人の娘たちと孫たちは、みんなで全面的に支え合って、家で最期を迎えさせてあげようと決めました。

　寝たきりになったお母さんは、水分以外の食べ物を口にしなくなり、日に日に弱っていきました。それを黙って見ていられなくなった家族は、近くのお医者様に往診を頼みましたが、「治る見込みがないからもういい」と自ら治療を断わりました。苦しさのあまり「早く仏様になりたい」というお母さんを腕に抱きながら、長女は「おばあちゃん、もうがんばらなくていいから安心してゆっくり眠りましょうね」と言って、子守唄を歌ったり、ゆずり葉のお話を聞かせたりしました。

　お母さんに抱かれた赤ちゃんのように安らかな表情をしたお母さんは、「早く早く」という言葉を2回残して、まもなく息を引き取りました。

　お母さんが亡くなったのは85歳の秋の彼岸、果物の収穫がひと段落し、氏子の村祭りが終わったころ、「お祭りが終わったから、もういつおむかえが来てもいい」と葬式に隣組のお世話を受けるのを気遣いつつ、合掌しお題目をとなえながら、「わしほど幸せ者はいない。家で死ぬことができるから」と言い、自らの生き様をみんなの心に残して旅立ちました。


　人は一生涯を通して自らの周りの人々との間に、人間としての心を育むことがなかったら、このように豊かな死を、手にすることはできないのかもしれません。

　《私はそれを怠ってはこなかっただろうか》と、ふと考えています。

2007年7月15日

## この地球という星に生まれた子供たちの未来について

　人は皆、この世という名の地獄に生まれてくるのかもしれない。

　テレビドキュメンタリー「世界がもし百人の村だったら」に登場してくるのは、すべて、この地球という星に生まれ落ちた子供たちの姿である。

　その一人ひとりの子供たちは、「この親を選んで生まれてきた」という言葉を聞いたことがある。愛されて幸せな人生を歩みはじめた子供たちのことである。

　親たちが戦争や、テロや、事故や、病気や、失業やリストラのために、自分の子供たちを守れない国がある。親たちが、自分の子供の臓器を売り払ったり、奴隷や児童売春の標的にしたりしている……。それだけでなく、親たちによる暴力や育児放棄で殺される子供たちが、後を絶たない国がある。そして、この子供たちを食い物にして、ぬくぬくと栄耀栄華を誇っている国がある。

　「しあわせには無数の顔がある。しかし不幸はみんな同じ顔をしている」という。ここに登場している子供たちに共通している不幸は、「貧しいこと、教育を受けられないこと」である。この地球という星に生まれたすべての子供たちの幸せについて、「地球村に住むすべての大人には責任がある」と思う。


　東京の吉祥寺に住む一人のカトリックの老神父が、もう何十年もの間、たくさんのカンボジアの子供たちを養子にして、日本の学校に通わせ高校を卒業するまで養っていたことがある。今もなお、そのＧ神父は１年間の講演料や結婚式やお葬式の司式で得た謝礼のすべてを貯め、毎年カンボジアに学校を建てている。

　カンボジアの村々に毎年１校建てるのに５００万円のお金が必要だという。自分のためには、居候している教会で出されるものを食べさせてもらい、着るものもバザーで余ったもの、いただき物で十分という。Ｇ神父に育てられたカンボジアの子供たちすべてが、感謝の念を表してくれる訳でもないという。子供たちのなかには、青年期になると反抗して家を飛び出し、帰ってこない子もいた。ちょっぴり寂しそうに「男手一つで育てているので……」と口ごもる。それでもＧ神父は、この任務を決して止めなかった。

　今もなおこの地球村に住む子供たちの８０万人が少年兵として、銃を手に戦っている。５００万人が安心して暮らす家がないホームレスである。一体どうしたらこの水の惑星「地球」という星を、地獄のような苦しみから救い出せるのか、一人ひと

りの大人が考えるときが到来していると感じる。

2007 年 7 月 18 日

### 沖縄の 8 月、沖縄の戦後について

　亜熱帯の島・沖縄は、伝統的な祭り「エイサー踊り」で本格的な夏色に染まるような気がする。このイベントに参加すると見受けられる若者たちの嬌声で沖縄行きの機内はまことに賑やかだった。例年であれば、紺碧の空とコバルトブルーの海が私たちを迎えてくれたはずが、大型台風の襲来で、灰色の雲と暗い色をした海が目の前に広がっていて、少し不思議な感じがした。

　私たちの 2 回目になる沖縄・ガマ慰霊の旅は、台風の余波で例年よりもいっそう蒸し暑さを増し、人柱の形をしたやぶ蚊の大群や、ハブとの遭遇の危険をはらみながら無事に終わった。

　8 月 6 日と 8 月 9 日の「ヒロシマ、ナガサキ」の平和記念行事が新聞の見出しに踊る同じ日本で、沖縄における地上戦の凄まじさについて語られることの小ささに、何か背筋の寒くなるような思いを、今年も体験した。「ヒロシマ、ナガサキ」の被爆者たちの苦しみと、沖縄の 20 数万といわれる戦死傷者たちの無念、何がこの違いを生んでいるのか。残されたガマの漆黒の闇のなかで、目には見えぬが確かにその気配を感じる魂たちに手を合わせながら、必死に自問した。

　「無知は罪です」は、瀬戸内寂聴さんの言葉。

　私は、「6 月 23 日」という日が、沖縄守備軍司令官が自決し、組織的戦闘が終結した日として、沖縄中のお年寄りが、「鎮魂の塔」の前に集い、庭に咲く花を携え、それぞれの思いを抱え、静かに祈る日であることを、知らなかった。

　「鎮魂の塔」こそ、沖縄の非戦闘員であった、子どもやお年寄りや幼子を抱えた母たちが、旧日本軍によってガマを追い出され、隠れようもなく逃げ惑って殺された挙句、戦後、葬ることを禁じられ、野原に転がっているそれらの遺骨を、ブルドーザーで掻き散らされようとしたとき、勇気ある住民たちによってその遺骨が集められ、塚として祭られているものだということを、知らなかった。

　有名な「ひめゆりの塔」のすぐ近くにあって、観光地とはほど遠い「鎮魂の塔」の美しさよ！　戦後日本の繁栄が、これら沖縄の人々の犠牲の上にあることを、私は知らなかった。

22

今なお、米国統治27年間を日本人とは認めてもらえず、年金は27年間の空白を保証しない。

　こんなことが許されていいのか！

　私は泣きながら、心のそこから、沖縄のすべての人々にお詫びしたい！

　私がこれまであなた方の苦しみについて何一つ知らなかったことを許してください！

2007年8月6日

### 山里への訪問者たちのこと

　泰阜村は、介護保険がはじまる10年以上も前から在宅福祉に力を入れていた村で知られている。村には毎年のように、いろいろな大学の調査や、テレビの取材や新聞の取材があって、「調査にご協力を」と言うと、「また調査か、一体同じことを何回聞いたら気が済むのかね」と言われる。

　しかし、今回の我々の調査は、今までとはおそらくその規模や調査の中身が桁外れに違っていたらしく、調査用紙が配布されてその中身を目にしたとたん、「なんでこんな調査をやるんだ！　調査の目的は何だ！」という村民からの激しい反応が役場に寄せられ、8月末の2、3日は役場職員がその対応に疲労困憊したという事態が起こった。

　とりわけ暑かった平成19年の泰阜村の夏、泰阜村に何かが起こった！

　去る8月18日の調査員研修会にはじまり、8月27日から9月8日までの訪問調査期間の間、愛知県東海市、長野市、群馬県高崎市の大学、専門学校から、総勢40名近くの学生と教員が、聞き取り調査のため、泰阜村全村民の一軒一軒のお宅を訪問した。全国でも初めての試みであろうと思われる。「泰阜村生活満足度調査」の訪問聞き取り調査である。これは全村民（0歳〜5歳を除く）から、それぞれの世代ごとに、泰阜村の暮らしのなかで実際に感じている要望やご意見を伺うというものである。

　この調査には、泰阜村にしかできないであろうという「助っ人」の協力があった。これが他のどこの自治体でも実現不可能ではないかと思われるできごとである。その一つは、泰阜村はじまって以来という猛暑のなかを、村民の有志のお年寄りたちが自分たちの車を走らせて、村中の一軒一軒のお宅に、「よろしく頼む」という一

声とともに、学生たちを送り届けるという大事業を担ってくれたのである。

　その上にこれがまたまた予算がないので、ほとんど無償である！

　村人は、顔見知りの村民が連れてきた若い学生調査員に心を開くのに、あまり時間を必要としなかった。学生たちは、山ほどの新鮮な野菜、甘いお茶菓子等を抱えて戻ってきた。最後には地酒を２本抱えて帰ってきた学生も現れる始末。一体どのような訪問調査が展開されたことであろうか。

　学生たちは「泰阜村のお年寄りや子供たちや、働く世代の人たちが、みんな真剣に生きていること、村の生活に満足していることが素晴らしい」と感動していた。そしてみんな、泰阜村とそこに住む村人のことが大好きになった。

　「自分の第二のふるさとです。また帰って来たいです」と言ってくれた。

　学生たちは調査の後の慰労会の席上、このような勉強の機会を与えてくれた村と村長に感謝し、村長を胴上げした！

　９月８日に調査本部が撤収され学生たちが帰ると、泰阜村の暑い夏が過ぎ去り本格的な秋がやってきた。泰阜の山里に赤とんぼが舞い、秋の虫たちの大合奏が響いている。

　ススキの穂波が揺れ、萩、女郎花、桔梗、撫子、水引などの秋の花が咲き乱れている。稲刈りが終われば、秋祭りはもうすぐそこだ。

2007 年 9 月 11 日

### 狩場仙人との出会い

　先週末、泰阜村の狩場仙人からお招きを受けた。

　父親の代からプロの猟師だったといわれる鋭い眼光が特徴の Ｍ 氏は、全身無駄なところは何一つないという表現がピッタリの、バネのような筋肉と骨格とを具えていた。６畳一間の離れに通された我々夫婦は、部屋の真ん中にでんと構えた囲炉裏と、真っ赤に熾った炭火に魅入られ、少し開けられた障子窓から見える 秋の渓谷の虜になった。

　囲炉裏端の周りを取り囲む白壁には、Ｍ 氏の父親が使っていた銃や名前は知らないが狩の道具が一面に飾ってあり、りっぱな角をもった鹿の剥製も……。これに続くもてなしの数々は、もちろん山の珍味尽くし、なかでも大スズメバチ（体長４センチはありそうな）の蜂の子は、ほんのり甘く芳醇なチーズのような舌触りだっ

た。非売品なのでめったに口に入らないという。

　マツタケ酒を舌でコロコロと味わい、茸三昧に舌鼓を打ちながら、野山を駆け回って年に3か月だけ解禁になるという狩りの話を堪能した。

　そのM氏があるときからプロとしての猟師を辞めたのだという。「何故か？」と問うと、「何十年もともに猟をし、だれよりも大切に思っていた仲間をお金のために失ったからだ」と言う。「お金で失った仲間は、いかなることをしてももう元には戻らない。取り返しのつかないことをした」と言う。それ以来、とった獲物はいかなるものもお金では売らないということだった。そのM氏に、なぜ私たちのようなものがこのようなお招きをいただいたのか？と問うと、「会った瞬間、何か自分の生き方に相通ずるようなものをピンと感じた」と言われた。

　M氏のここまで潔く生きる姿に感銘を受けた私たちは、M氏とその奥様とその座に同席した5人で、義兄弟の杯を交わしてしまった。

　泰阜村渓谷に立つ庵での、秋雨が降りしきる夜の夢のような一刻であった。

2007年10月31日

## 医療過疎地ということ

　泰阜村は冬支度を急ぐ山里の紅の盛りのなかで、50歳と4か月の働き盛りの男性を見送った。20代になったばかりの二人の息子の父親であった。150人を超える参列者たちのだれもが、そのあまりの若さを心底から惜しんだ。その肺がんの転移による死は、発見されるまでに5年経過していたという。21世紀のこの時代に、いつまでもなおらぬ咳をまわりから指摘されても、主治医を信頼して最後までついていったという……。

　その律儀さでだれからも愛された彼の死に、参列者のだれもが「残念で、残念でたまらない」と涙した。過疎の村泰阜、人口の38％が老人というこの村にとって、50代がはじまったばかりの彼は「大切な宝」であった。

　医療過疎とは、医者がいないことではない。最新の医療に関する正しい情報を、医者も、家族も、本人も持ち得なかったことであると、この日、思い知った。

2007年12月2日

## 過疎の村の老人の安らかな死のために

　長野県は長寿で知られている。そのなかでも泰阜村は元気なお年寄りが多い。80歳、90歳はまだまだ現役で、村の道路や水路等、山林を守る共同作業は彼らが陣頭指揮を取っている。そのお年寄りが最後に脳卒中や事故によって倒れたとき、どうするかが、この21世紀の医療に問われている.

　大都会からやってきた一人の青年医師は、90歳をとっくに過ぎた意識障害のあるお年寄りたちに、胃に管を通して高カロリーの栄養を与える手術や、延命のための手厚い手術を、惜しげもなく投入することに疑問を感じていたと言う……。

　今その80代、90代のお年寄りの人生はどのようであったかに想いを馳せれば、人としてどのようにあるべきかが見えてくる。

　戦後60年たった今でこそ、過疎の村の年寄りたちも、救急車で病院に運んでもらえるようになった。それまで多くの貧しい山村では、お医者様に最後の脈を取ってもらえずに死んでいく身内を、少なからず持っているものだった。その彼らが、戦後日本の復興のために働いて働いて一生を終えようとするとき、年だからというそれだけの理由で、21世紀の現代の医療の恩恵を受けられずに、死ななくてはならないのかを考えたい。

　現代医療の総力を挙げ、それでも適わぬと知ったとき、そのときこそ安らかに、自分の寿命を受け入れることができる。自分のために尽くされた医療とスタッフの尽力に感謝を込めて、「もう十分だ」と、自ら言える気骨を持つ人々であることを信じてほしい。

　医療に携わる人々に、これらのお年寄りたちがこの日本繁栄の底力であったことに想いを馳せてほしい。若い世代のひとびともやがて年を取る。この老人たちを、いかに安らかに見送ることができるか、その心映えが今医療に問われていると思う。

2007年12月26日

## 高齢者協同企業組合許認可下りる

　今朝、電話で朗報が入った。

　高齢者のための共同住宅を泰阜村の南地区につくりたいという願いが、4年がかりで叶った。20年ほど前の藤田保健衛生大学リハビリテーション科での7年間と、

26

それに続く東京都リハビリ病院での3年間の医療ソーシャルワーカーとしての臨床経験、そして高崎健康福祉大学社会福祉学部研究者としての経験に基づき、「介護保険では、ご不自由をかかえた障害者を在宅には戻せない」という確信につき動かされて動いた結果であった。

では、何が足りないのか。

患者さんたちが共通して願うのは、第一に、食事とトイレは自分でしたいということである。そして普通の暮らしをしたいということである。それを叶えるには、地域の仲間たちの支え合いと生活のなかに継続したリハビリが必要である。

健常者のほとんどは知らないが、ある老人介護施設で起こっていることがある。食事の時間になると、たとえ自分で手が使えても、一人で食べることは許されない。ぼろぼろこぼし汚くて、時間がかかるからである。一人の介助者の前に、4、5人の入所者が並ばされ、それぞれの前に置かれたどんぶりから、食べ物をスプーンですくって自分の口に放り込まれるのを、順番に口をあけて食べねばならない。どんぶりには、その日のご飯と汁物とおかずと漬物が混ぜ合わされ、粉ぐすりがかけてある。勇気ある一人の入所者がそれを吐き出したところ、吐き出されたものをもう一度すくって口の中に放り込まれたそうである。その施設に働く人たちのなかには、それが間違っていると知っている者もいるが、だれも入所者のために声を上げなかった。実習に行った学生たちは、そのことに苦しみ福祉を辞めたいと泣いた。

それに似たようなことが重なって、なんとかしたいと思った私は、結果としていま泰阜村にいることになった。

泰阜村の「地域交流センター」は、集う人たちにどんなに障害があっても、そして貧しくても、笑顔と笑い声が聞こえる場所にしたい。これが、私のただ一つの願いである。

私は今日、このことをもう一度こころに誓った。

2008年1月23日

## 泰阜村に春が来た

泰阜村に春が来た。

棚田に水が張られ、元気な苗たちが田植えを待っている。遠いアルプスの山の頂

きには白い残雪が望めるけれど、泰阜の里山は満開の桜でピンク色。

泰阜の人々が、どれほど花が好きか。

この村の桜は「桜守」たちに守られているなどとは、ついぞ知らなかった。昨年の冬の小雪のちらつくなかに一群の古老たちの姿を見て、何がはじまるのかと伺うと、桜の手入れをするのだという。病虫害にやられた枝を剪定し、その根本にしっかりと肥料を施すのだという。そんな隠れた桜を愛するお年寄りたちに見守られ育まれて、今、泰阜村の桜は1本1本が元気で見事な盛りを誇っている。

人口2000人を切った観光地でもない泰阜の何人の人々がこの桜を愛でるのか、だれも数えたことはないけれど、ひょいとこの村を訪ねた訪問者が、その贅沢さに圧倒されることだろう。泰阜村には今も桜守がいて、ほんの一握りの人たちのために雪のなかで桜を守っていることを私は誇りに思う。

後期高齢者医療制度がはじまる。泰阜村の3万円の国民健康保険遺族年金で暮らしている多くのお年寄りたちは、21世紀の日本で、貧しさのために医療を受けることもなく死んでいかなくてはならない。このように誠実に一生懸命生きてきた、自分たちの大切な親や祖父母たちを見殺しにするような、このような日本に一体だれがしたのか。 訊きたい。

2008年4月12日

## 梅雨の終わり

7月に突入してしまった。

6月の初めからつい先週にかけて裏山の薄暗がりは、十数本のピンクの笹百合の芳香に包まれていたのに。

もう今朝は足もとの水路にピンクのホタルブクロが数本、道端の草むらに黄花コスモスの残り花、濃い桃色の野あざみがチラホラ、あたりはいっそう深くなった緑の森が広がった。

コロコロに太った子狸が道路の真ん中で仲間と遊び転げ、車が近づくまで遊びに夢中。家の前の畑に猿が1頭出現し、家の周りは加速度的に自然に戻りつつある気配を感じる。

お隣りさんが無住になってもう10年以上経つ。伸び放題の蔓や草のなかに家屋が沈んでしまった。耕作放棄された田畑にはススキや偽アカシアの木が繁茂、収穫

されることのない梅林とキウイの棚には、目に余るほどの竹が繁殖している。

　都会に移住していった子供たちの手に管理放棄され、限界集落はこうやって、森に戻っていくのだろうか。

　取り残された泰阜大好き住民たちは、「今年も里に熊が出るか」と、不安そうに山や森を見上げているけれど、土蔵荒らしの汚名を浴びた村民たちはだれもその屋敷に近づかない。

　都会に出ていった村民とその子供たちに、自分たちの村が荒廃していく様をどのように感じるのか、訊いてみたい！

2008 年 7 月 1 日

## 泰阜の見送り

　7 月 19 日、泰阜村の村人たちは、95 歳のおばあちゃんを見送った。おばあちゃんを知る村人の多くが、その温かで穏やかな人柄にひかれ「いい人だった」と口にした。泰阜の村に生まれ、泰阜の尋常小学校へ通い、泰阜の家にお嫁に行ったおばあちゃんが、95 年の長い人生を終えて彼岸に旅立った。

　その生涯はこの年の山村に生きる女性のすべてがそうであったように、貧しさとの厳しい戦いの日々にあっても、愚痴一つこぼさず、働き、愛し、楽しんでいたことが、この日わかった。

　戦前の泰阜の主産業であった製糸工場に 30 年間勤め、永年勤続表彰を受けた女性の一生は、たくさんの子供を生み育てながら、家事と野良仕事をこなし、工場で働いた日々であったという。

　脳梗塞で倒れる瞬間まで、宅老所「マーキ」の仲間に囲まれて過ごされ、たった 40 日間病院のベッドで、多くの友人との別れを惜しまれた。意識はないけれど、親しい友人の声かけに体を動かし声をあげられたとか……。

　N おばあちゃん、長い間お疲れさまでした。

2008 年 7 月 14 日

「地域交流センター悠々」オープン
2009 年 - 2010 年

## 「地域交流センター悠々」オープン

　2009年5月9日、泰阜村に日本発の高齢者による高齢者のための共同住宅と地域交流センターがオープンした。開所式には、80名近くの会員と泰阜村村民がお祝いに駆けつけてくださった。その日は快晴で、泰阜村は浅黄色の新緑の山々に囲まれていた。1年で泰阜村がもっとも美しいその季節に、総桧造りの平屋建ての家が立ち上がった。

　この地方の棟梁が、腕に撚りをかけて造られたとのこと。もうこの日本で、このようにみごとな日本家屋はできないだろうと言われていたという。棟梁たちには、自分たちの代で、日本の伝統的な家造りは終わるだろうと思うと伺った。それを聞いて、この泰阜村の地域交流センター悠々は「日本の宝物なのだ」と感じ、この建物に恥じないような交流を、この地に、この建物のなかで実現しようと誓った。

　スウェーデンから、世界初の高齢者協同組合創立者に参列していただいた。かの地では、創立10年目で、大手介護サービスの会社に入札で負けて解散したという。

　私たちは何ができるか、命がけで探し求めていかなければならないのだと、心に誓った。

　開所式から1週間が過ぎ、泰阜村では何事もなかったかのように一日一日と日が長くなり、ゆっくりゆっくりと時が過ぎている。真新しい「悠々」も、何事もなかったかのように当たり前のような顔をして、泰阜村になじんでいこうとしている。南信州の寒村の当たり前の生活に、「悠々」もなじんでいっているような気がする。

2009年5月20日

## 第1回視察研修《愛知県豊根村社協》のみなさまと

　地域交流センター悠々がオープンして2週間。茶碗もお皿もろくに揃ってはいないリビングで、第1回の視察研修をお受けした。この日の総勢は18人。愛知県豊根村社協の皆さまは6人、私たち泰阜村ボランティアが12人（内1名が認知症）。その日は悠々の交流事業 N0.8【鍼・指圧・マッサージ治療院】の日で、10時から順番に治療を受ける人、「泰阜・五平餅定食」に挑戦している人と、全員慣れない台所で奮闘した。

　そこにあるのは、お客様をお迎えする大家族の協同作業であったと思う。この作

業を仕切っているのは 80 代のお年寄りたち、8 時半から 2 時間大奮闘していたおばあ様たちが、10 時半には疲れ果てリビングの中央にある掘り炬燵でお茶をはじめる。付き添いのおじい様たちがそれを覗きながら、あれこれ講釈を述べる。それまでお客様をしていた豊根村社協のベテランスタッフが、たちどころにきびきびと動きはじめ、その続きを仕上げてお昼となった。

　リビング中央の大テーブルは定員 20 席。テーブルを囲んだこの日の大家族は、手作りの昼食に舌鼓を打った。笑顔とおしゃべり、楽しい団欒が私たちみんなを幸せにした。

　総桧造りの大屋根の下で過ごした一日は、楽しかったでしょうか？

　愛知県豊根村も山々に囲まれた小さな村、泰阜村と同じ悩みを抱えているという。一人ひとりが手を取り合って支え合えれば、今よりずっと幸せになれる。一つひとつの小さな村が手を取り合ってともに響き合えれば、きっと今よりずっと幸せを作り出せると、信じられるそんな気がした一日でした。

　私たちこそさわやかな優しさをいただきました。　ありがとうございました。これからもどうぞよろしく。

2009 年 5 月 25 日

### 初めての当直当番顛末記

　泰阜の里は今まさに「猫の手も借りたい」農繁期。

　我が理事たちは、60 代後半から 70 代前半の農家の大黒柱。その上、村の役場のボランティアの役員を兼ねている。その忙しさは、都会の大手企業トップ営業マンに引けをとらない。さてその彼らが「地域交流センター悠々」の当直をどうするかで混乱した。

　N 理事「○○○、たまには女房と一緒に泊まらんかね」

　M 理事「ばか言え、おれとなんか泊まるか」

　N 理事「うーん、寝るだけなら来てもできんことないが……」

　M 理事「お客は女性だろう。知らん男がひとり泊まってだいじょうぶかよ」

　N 理事「やっぱり、女房連れてきて一緒に泊まらんといかんだに」

　M 理事「あれだけ反対してる女房がなんというか……」

　N 理事「組合の女性陣に声かけて泊まってもらうか」

M理事「まず役員が範を示して、それからだに頼むのは」

N理事「うーん、○○○、おまえ、俺と一緒に泊まるか」

M理事「うん、いいよ」

N理事「じゃあ○○日に、俺たち二人で泊まるわ」

理事長「すみませんが、お二人の分担ということで もう一日お願いしてよろしいでしょうか」

「……」

N理事「じゃあ、おれは○○日。女房がなんと言うか……」

M理事「おい、飯はどうするんだ、朝飯は。その人が勝手に起きて自分で作って食べるんじゃなかったのか」

理事長「宿泊のお客様は療養目的の利用なのでお食事はこちらで用意します。1か月8万6千円に含まれていますので、基本的にはこちらで何とかしなければいけないんです」

N理事「うーん、そういうことか」

M理事「メニューがいるに、メニューが。わしらは作ったことないんだに、料理なんて。納豆に海苔に玉子に……それしか思いつかん」

N理事「だいたいから電磁調理器なんて触ったことないから使えんに。ここは魚焼くグリルもないで」

M理事「そりゃ大変なことだで」

理事長「七輪買いましょうか。炭を熾してそれで魚を焼くというのはどうでしょうか」

N理事「炭なんて熾すの大変だに。こりゃあ、えらいことだ。来期は役員のなり手はいんな！」


　こうして悠々最初の理事会は、延々夜中の11時過ぎまで続き、前途多難が明確になった。貧しい寒村の乏しい人材を、この村では公的にも使いつぶしている。この私のしようとしていることも同じことなのだろうか。私が倒れた後は、有料の老人ホーム化するとの噂が頭をよぎる。年金2万円、3万円で、膝や腰の痛みを抱えながら、倒れたときの介護者不在の不安を抱えて生きているお年寄りの姿に、目をつぶれば楽になる。

　私の福祉のプロとしての良心を両手に載せて深呼吸する。

小泉純一郎総理

聞こえていますでしょうか。

泰阜の貧しい年寄りのうめき声、声、声……。

2009 年 5 月 31 日

## 心が一つになれば奇跡が起こる

6 月 14 日、晴れ。

「地域交流センター悠々」がオープンして 1 か月がたった。

公開した交流事業 9 つの内、「学童保育事業」を除く 8 つの事業がスタートした。理事長兼無給の専従職員は、1 か月の過酷な勤務にもへこたれず元気！　総桧造りの「悠々」の魅力で、多くの参加者をお迎えした。

1 か月の転地療養ご利用の Y さん 71 歳は、「ここは私の第 2 の故郷になった」と言う。「1 泊お泊まり体験」を利用した泰阜村田本地区の組合員仲間は、「今まで同じ村にいてもこんなに親しくなる機会はなかった。こうやって気の済むまでゆっくり飲んだりしゃべったりできて本当によかった。これから毎月みんなで泊まろう」ということになった。

自分の親や夫を送り出した後、たまに帰る子供たちを当てにせず、地縁の大切さを互いに学んだ 1 泊 2 日の集まりだった。

6 月 14 日日曜日には組合員の男衆が声かけ合って、この冬に備えた薪ストーブのための木材を山から切り出す大作業を一日がかりで行った。もっとも厳しい山仕事を、体中に痛みや故障を抱えた 70 代、80 代のお年寄りたちが行ったのだ。

汗まみれになりながら「交流センター悠々」の前庭に積み上げた材木の山を見あげながら、一人のお年寄りがつぶやいた。

「心が一つになればこういう奇跡が起こるんだな」

「不思議に今日は足が痛まなかったよ」

ありがたさに言葉を失って庭に積まれた材木の山を見上げた。

天が本気になって我らの「悠々」を守っておられると感じた。ありがとうございます。

この大切な仲間の血と汗を、私は死ぬまで忘れない。

2009 年 6 月 15 日

## 悠々の見える風景

夏至。

埼玉県越谷からやってきた移住希望者Mさんご夫婦が、悠々の風景を変えつつある。いつの間にか枯れ草ぼうぼうになってしまった玄関入り口のプランター、到着した次の日にはすっかり枯れ草が抜かれて、マリーゴールドの可愛らしい苗が植わっていた。

気がつくと玄関脇に繁茂していた雑草もすっかり抜かれて、そこにもマリーゴールドの苗が植えられていた。次の日には、悠々のまわりの石垣の縁にも、マリーゴールドの可愛らしい苗が並んでいた。全部で700本。この夏のはじめから秋口まで悠々のまわりを、黄色のマリーゴールドの花が咲き乱れるのが見える。

無口でシャイな専務理事のMさんが、自分の畑で種から育てた大切な苗を提供してくれのだ。すべて誰に頼まれた訳でもないのに、仲間たちが温かい優しい愛で、生まれたばかりの悠々を育んでいる。

なぜか、悠々に集まってくる仲間たちには笑顔が多い。

「家にいるよりホッとする」と言う。

人のためにと働いていることが、こんなにも自分を温かく元気づけると、気がつきはじめている。

人を愛し愛される場が、悠々に生まれはじめているような気がする。

2009年6月22日

## 梅雨の晴れ間に

梅雨の晴れ間に、真夏の太陽がその姿を現し、泰阜村にも30度を超す炎天下がやってきた。総桧造りで天井の高い「悠々」は別天地。扇風機もいらないほどの涼しい風が吹き通っている。まだまだ桧の香りも充ちていて、外から訪れる訪問客の流れる汗を見て、今日の暑さを実感している。

こんなところで働けてありがたいこと、申し訳ないことと感じる。

「悠々」の来所者の皆様は、例外なく建物のすばらしさと、そのなかで過ごすひと時に、なぜか心までゆったりして、癒されるのを感じるという。

何かをすることではなく、何かをされることでもなく、だれもが一人の人間とし

て、ただ座っていることを許されるということが、この時代には本当に必要なのかもしれない。

2009 年 6 月 25 日

## リハビリ、介護事業スタート

　とうとう泰阜村の交流センター悠々に本格的なリハビリ医療チームがやってきた。ここは、組合員のための共同住宅、第二の我が家として近隣の組合員が日常的に利用している。そのリビングの片隅を使って「地域リハビリ事業」が在宅訪問リハビリとしてスタートした。今日の参加者 6 人のなかには、リハビリに縁のなかった人たちが 3 人いた。

　「リハビリって何？」と訊くと、「痛いところに湿布して、電気鍼をかけて、マッサージだろ？　あんなのは何にも効かん」が、この地域の大方の声。

　この地域のリハビリ医療ニーズのほとんどは、過酷な労働による骨、関節の変形による痛みと、自己流治療法による誤用と、診断も治療もされずどんどん重度化しているさまざまな疾患。加えて「痛み」というわけのわからない「未知の恐ろしい体験」への恐怖が中心となっている。その道の専門リハビリ医療スタッフが、初めて本格的なリハビリ治療に乗り出した。

　今回のリハビリ医療スタッフは、リハビリ専門医 (Dr.)、理学療法士 (PT. 義肢装具士)、作業療法士 (OT.)、医療ソーシャルワーカー (MSW.) の 4 人。その他必要に応じて依頼するリハビリスタッフとして、言語聴覚士 (ST.)、臨床心理士 (CP.)、一級建築士、大工、臨床工学士等の方々。

　今回からはじまった地域リハビリ事業は以下のようなプログラムで実施を計画している。

1)【リハビリ専門医】の評価を受ける（最初は病院での診察が必要）

・その人の生活全体のなかから基本的な健康チェックをし、隠れた障害がないか評価する。

・必要に応じて、主治医の先生や専門の先生へ連絡、紹介する。

・体と心の健康のための治療方針をたて、それぞれの療法士に治療方針と治療指示書を出す。

・暮らしのうえの養生について具体的に指導する。

・病気について、正しい知識を伝える。

2)【理学療法士】は

・身体機能のなかで特に移動や活動に伴う動作に支障をきたす身体的な障害に対して、機能回復訓練／自宅での自主訓練指導をする。

・杖、靴、サポーターなどの導入／修正。

3)【作業療法士】は

・身体機能障害による日常生活、仕事における不便への対応方法を具体的に指導する。

例：手の動きが悪い方への適当な箸、スプーンの紹介。

　　　膝が痛くて炬燵からの立ち上がりが困難な方への適当な道具の紹介。

・主に上半身、手／肩の障害の方への機能回復訓練。

・物忘れ／気持ちの落ち込みなどでお困りの方の評価と治療。

4)【医療ソーシャルワーカー】は

・暮らしのなかの不便や人間関係などの困りごと「生活相談」。

・さまざまな制度サービスの利用のしかたについてアドバイス。

・暮らしのなかで抱えている不安や悩み等への相談、援助。

5)【言語聴覚士】は

・飲み込みの障害、言葉の不便に対して指導訓練。

6)【臨床心理士】は

・認知症の評価と治療について訓練。


参加者の感想：

「本当のリハビリを初めて受けてびっくりした。腰の痛みや、膝の痛みが軽くなった。鍼やマッサージとは違う治療法で効果を感じた」

2009 年 6 月 26 日


## ツバメの巣顛末記

　近年、泰阜村の田畑では殺虫剤がごく少量しか使われなくなった。その上有機農法で腐葉土を田畑に入れるようになり、虫たちが元気になった。それが原因なのか、ツバメが年々増えてきたように感じる。

さて、５月９日に立ち上がった総桧造りの悠々が、ツバメの営巣ラッシュとなっている。そのツバメの営巣を悠々の軒下に許すかどうかで、作るそばから叩き落とす泰阜農家の主たちと、「かわいい」「癒しを感じる」「この姿を見たかった」と、大騒ぎする都会からやってきた能天気な理事長との間で戦いとなった。

　泰阜の農家の主たちの言い分。

　「こんなもん次から次から作らして、いい加減にしなきゃいかん。大体からツバメは汚い、糞で家を汚す、蛇が上がってくる、ダニを撒き散らす、鳥インフルエンザを運んでくる。泰阜の家じゃ、ツバメの巣なんて皆叩き落としているんだに……」

　能天気な理事長の言い分。

　「ツバメは益鳥で、害虫を食べてくれるのだから有機農法には欠かせない。ツバメが営巣するのはほんのわずかな期間、少し家が汚れるぐらい我慢してほしい。蛇だってマムシだって、一歩フェンスの外にでれば何処にでもいるのに……。やっぱり卵を抱いているツバメの巣を落とすのは悠々の趣旨に反する動物虐待じゃないかなあ」

　理事「先生、ツバメが８羽も軒下に入っているだに、これじゃ巣は４つできるだに。来年は８つできるよ。しかしこの出入り口の上はまずいんじゃないの？」

　理事長「その出入り口は当分出入りを止めて、他の出入り口を使いましょう！」

　理事「しょうがねえなあ、とりあえず巣の下にダンボールでも敷いておくことにするか」

　理事長「わがままを言ってすみません。でもツバメの糞が汚いという人が、これから入居する利用者さんの失敗した下のお世話ができるのでしょうかねえ」

　都会からきた理事長との価値観の対立顛末記でした。

2009 年 6 月 30 日

## ホームページ更新！

　開所式から３か月経過してやっと、とうとう、ホームページ更新が成った！

　たった３か月に過ぎないが、長い道のりであった。本気で何度も死ぬかと思った。でも、その度に思いもよらぬ救い主が現れて、私と仲間たちが救われた。田舎暮らしを体験したことのない余所者の理事長は、敷地面積 1,364 坪、延床面積 191 坪

の広大な住宅の運営管理を、気がつけばほんのわずかの仲間たちで、船出してしまったのだとわかった。結果として「授かった」総桧造りの建物を、自分たちの力で貧しい村のお年寄りのために運営することは、途方もなく困難なことかもしれない。私を支える仲間たちも、それぞれに村民からの厳しい試練を受けることとなった。開所以来、高齢者協同企業組合泰阜には、寄付金も補助金も一切なく、村民の事業への参加も少ない。あるのは介護施設入所への待機の列に並ぶお年寄りと、その家族からの問い合わせ。村全体が貧しく、村民のほとんどが日曜も祝日もなく働いているので、ボランティアをする時間的余裕もないのだった。

　生涯のほとんどを都会生活で過ごしたことが、この村では当たり前ではないことを知った。今、私は休日というものとほど遠い生活のなかにある。ほとんどの泰阜村民がそうであるように、私も当たり前のようにいつも働いている。先週、管轄下にある飯田保健所のご指導を受けた。

　「交流事業のほとんどが法律違反になる」とのご指摘であった。

　「知らぬことも罪である」と言われ、対応に追われる毎日となった。

　適応されるそれらの法律のあるものは、昭和33年厚生省環境衛生部長回答の「旅館業法関係における『業として』の解釈について」というものであった。

　戦後の施設中心の医療・福祉制度からの脱却をめざした、時代を先取りするための新しい試みが理解されることは、途方もなく困難かもしれない。

　あらためて、泰阜村にあるお年寄りが「最後まで安心して住み続ける」ための方策を、何とかして見つけたいと思っている。

2009 年 8 月 9 日

## 泰阜の盆参り

　8 月 14 日の夕べ、初盆参りを経験した。

　ご親戚一同と同じ集落（組）の仲間たちが、ご仏壇から移す灯を、墓に続く道筋に立てられたろうそくに、次々と火を灯しながらお墓へと行列し、おばあちゃんの霊魂をお迎えした。

　初秋の夕風が吹き通る美しい迎え火の祭り。

　1 年前に 90 代で長寿を全うされた母について、仏間で持たれた宴席で長男がふと述懐した。

「自分が育ったころ、この家はいつもいつも満州からの引揚者や戦火で家を焼かれた人たちで一杯だった。母は、何回もご飯を炊いて皆に食べさせていた。父と母はそういう人だった。自分は それらの人たちから可愛がられて育ったと思う」

　この夜、組合の重鎮の一人が、偉大な父母にこのように育てられていたのだと知った。組合がめざす「支え合い」の精神は、この貧しい泰阜の地で、このように育まれていたのだった。生半可な優しさなど通用しないこの時代にあって、この父母に育てられた子供や孫たちがいる限り、泰阜ではじまった「支え合い」の精神の灯は消えないと思う。

2009 年 8 月 16 日

## 「地緑」再生の秘訣とは……

　8 月のお盆が終わって、泰阜の野山はひっそりと秋に向かっている。朝夕に子犬を連れて家の周囲の森に入ると、秋の山野草の群にあちこちで出会うようになった。今朝は道端から、仏様のために桔梗、女郎花、撫子と名も知らない白い可憐な花をいただいた。棚田では心配された病虫害の被害を何とか免れた稲が、重そうに頭を垂れ黄金色に染まりはじめた。

　農家の集まりでは、秋の取り入れの話題が口に上るようになった。そんなゆったりと流れている泰阜の秋の真ん中で、高齢者協同企業組合泰阜の「高齢者共同住宅」と「地域交流センター悠々」の開所以来 3 か月の歩みは、「共同住宅」へのお試しお泊まり事業と「地域交流センター悠々」での、さまざまな交流事業を通して、地域の人々と都会のボランティアさんたちのかけがえのない「癒しのふるさと」づくりになっている

　昨夜は埼玉県越谷から毎月 1 週間泊まり込みでボランティアを買って出てくれている M さんご夫婦が、毎月恒例開催となった組合員有志でつくった「悠々の会」盆踊り大会に参加した。お二人は「誠実で暖かな、冗談が飛び交う交流会」の魅力にすっかり夢中になった。この宵は、「悠々の会」会長が脳梗塞で倒れて緊急入院し、後遺症もなく退院してお元気なお姿を見せた快気祝いとなった。

　参加者のお一人は、この地域でなくなってしまった「盆踊り大会を復活させよう」と提案した。毎年この日のために皆で盆踊りの特訓をすることが暗黙の内に決まった。恒例の「カラオケ」がはじまった。

この日の悠々では本物の手拍子しかない「カラオケ」となった。結果は無残にも、だれも歌詞を覚えていないことが判明した。組合顧問のH先生は、「よし！　僕がみんなのために『カラオケセット』を寄付するぞ！」と叫んだ。

　一月に一度だけれど、顔見知りの村人が集まって、一晩をゆっくりと共有する「地縁」、いつの間にかなくなってしまったいつもの夏祭り、「盆踊り」や「カラオケ大会」や「年越し」を、この地域交流センターでやりたいと、みんなが思った。

　豊かな自然に包まれた泰阜の地に、辛抱強く優しい父や母たちが、残りの人生を身を寄せ合って過ごしはじめた。

　泰阜村田本集落、この地を選んだことは、間違いではなかった。この地でこのような父、母に囲まれ愛されて、人としての一生を終えることができる幸せを感じている。

2009 年 8 月 22 日

### 地縁再生を考える

　涼やかな秋風が黄金色にゆれる棚田の上を吹き渡り、伊那谷に広がる野山に紅葉がはじまった。そんな秋風のなかで、「地域交流センター悠々」の理事長の一日はけっこう忙しい。先日から組合員ご夫婦 1 組が 1 か月の予定で入居している。

　ご主人は先月脳梗塞で倒れて緊急入院し、発見と迅速な医療機関への搬送、専門病院での適切な治療が奏功して、目だった後遺症もなく退院し、自宅療養していた矢先だった。かいがいしく看病に当たっていた奥様が、自宅に隣接した沢（1m 下のコンクリート底）に落下し、尾骶骨と股関節、腰背部を強打した。2、3 日は起き上がれず、療養中のご主人に抱えられて、緊急に購入したポータブルトイレで用を足したとのことであった。

　4、5 日経過しやっと起き上がれるようになってから連絡があった。

　ご主人が「2、3 日はがんばってみたが、もう賄がとてもできん」という理由である。早速ご入居となった。

　ここでの経験談を聞きに、このご夫婦の地元のお仲間が入れ替わり立ち替わり訪ねてきた。

1）まず《3 食のお食事》のこと

＊ 3 合炊きの炊飯器持参で自炊。理由は入れ歯の不具合と口腔内の障害のため、

粥に近いほど軟らかでないと食べられない（ご主人はこれに慣れていたが、本当は美味しくないと言う……）。しかし、夕食後の好物の寿司（蟹サラダ巻き、酢鯖の巻き寿司、マグロの握り）は食べられるようだ。

＊味噌汁は味が濃いので嫌いで、薄味の澄まし汁になっている。

＊普段は漬物と野菜の煮物が主菜だが、食事会の際にさしみと焼き豚が好評でリクエストされた。

2)《寝具》のこと

　ご主人は「畳に布団でないと寝た気になれない」奥様は「ベッドでないと夜中にすぐに起きれない」という理由で、奥様はベッドと寝具を持ち込まれた。

　このように基本的に畳のお部屋を準備し、そこにそれぞれの寝方を選択できる「悠々方式」は正解であった。

3)《テレビの持ち込みと据付冷蔵庫》

　悠々では個室にテレビは置いてない。しかし、持ち込みは可能となっている。Mさんご夫妻は悠々用の小さなテレビを購入し、ご主人は自室の布団で寝っころがってゆうゆうとテレビを楽しんでおられた。奥様は広い「悠々」の台所や食堂を往ったり来たりしながら「ここは広くていい運動になるわ」と日に日に元気を取り戻されている。

4)《共同住宅と交流センター悠々見学会》

　入居中の奥様を尋ねて、たくさんのお年寄りが悠々見物に訪れている。ご要望にこたえて、理事長が「悠々」の案内をさせていただいている。短期の体験入居希望者が相次いでいる。ありがたいことである。


《地縁再生》とは

　つい最近「理事長先生は、泰阜のおかあさんなんだよ」と言われた。

　その言葉をいただいてはっと気づいたことがある。「地縁再生」の中心には「おかあさんの存在が欠かせない」ということを。日本のふるさととは、そこにお母さんがいるから故郷になるんだということを。だからお母さんには、生きている限り、朝も昼も夜も日曜も祝日も盆も正月もないのだということを。そして給料もないんだということを悟った。

　悠々では、今年のお正月に「泰阜のお年取り」を計画している。みんなで薪ストーブと掘り炬燵を囲んで、「地縁」で結ばれた家族が集まってご馳走をいただく。そ

れから NHK の紅白が終わったら、みんなでお寺の除夜の鐘を突きに行き、そのまま地元の神社に初詣に出かける。

　元旦の朝は地域の元旦マラソンに参加するぞ！

2009 年 9 月 6 日


## 支える会のこと

　錦色に染まる泰阜の谷を、初霜が真っ白に覆った朝、理事長就任以来初めて 38 度の発熱でダウンした。開所以来夢中で走り続けてきた日々、1 円の運営補助金もなく企業としてあることとは、ずっと走り続けることなのだと知った。

　これほどに凄まじい苦しみが襲いかかると知らないではじめたこと、「無知は罪です」と寂聴さんが言っていた通りで、本当に申し訳ないことと思う。多くの人に迷惑をかけ続けたが、それにもかかわらず、「地域交流センター悠々」と共同住宅「悠々長屋」を訪れる人たちは、ゆっくりと流れる時のなかで、「生きている実感」を感じると言う。

　いつもいつも倒れそうな「悠々」だけど、「見ていられない」と、入れ替わり立ち替わりやってきた仲間たちが、「悠々の心」となった。

　この時期に恩師が、「泰阜村までは行けないけれど、何とか君を助けたい」と「本田玖美子を支える会」発起人となってくださった。電話でその言葉を聞いたとたん、声を上げて泣かないではいられなかった。なんという優しさ、なんという励まし、なんという救い……。

　「人生に絶望なし」とヘレンケラーが言われたけれど、本当にそのとおりだと思う。さあ、みんな、元気出して、前に向かって歩いてみようよ。ネ！　ネ！

2009 年 11 月 6 日


## リフレッシュ休暇

　長い間、心の窓から言葉が生まれないでいた。

　泰阜の山々が錦色に染まり、木枯らしとともに木の葉が舞い散って、初霜が野山を真っ白に被う冬が来ていた。

　開所式から半年経った 11 月 22 日、雨の午後、総会が無事終了した。

理事長を除く新理事たちは全員村会議員経験者という豪勢な陣容で、その進行捌きは見事であった。総会前、理事長解任動議が出されるという風評に、緊張で張り詰めていた理事たちであったが、第2回通常総会は、通常通り終わった。

　総会の席上、重要な通告を行った。

　一つは、今期の赤字70万円の結果組合員の出資金が1人頭39,000円まで減ったことを告げ、来期もことによると赤字になった場合出資金がもっと減ることが予想されるので、もしそのつもりはなかったと思われる方は、遠慮なく連絡いただきたい。近日中であれば、出資金の満額を返済する用意がある旨を通告した。

　この件に関して、その後組合員からは何の連絡も受けていない。

　二つ目は、開所式以来4か月（145日間）の間、「地域交流センター悠々」と共同住宅「悠々長屋」を支援し続けてきたボランティアの実態報告を行ったことである。組合員62名のうちボランティアへの参加人数はのべ298人、実働時間は2,101時間（長野県最低賃金換算1,409,771円）であった。

　そしてここには、働く人々の笑顔が常にあったことを添えた。

　貧乏組合「悠々」は、今年度特に60時間を超えてボランティアとして「悠々」を支えてくださった、お二人と1組のご夫婦に感謝状を贈呈した。その愛には愛をもって返すしか方法が見つからなかったのであった。

　「悠々」は、来年初めに、90歳女性でこれまで単身独居でがんばってこられたお年寄りを、永住入居としてお引き受けすることが決まった。自宅ではないが、見慣れた風景の連続性のなかで、「最後まで安心して暮らすこと」の実現の第一歩がはじまる。

2009年12月10日

## 「悠々の会」忘年会

　毎月恒例の組合員有志が開催する「悠々の会」が忘年会を開いた。その日集まった総勢16名の小さな会の構成員は、82歳の悠々の会会長夫妻を筆頭に9名のお年寄り仲間たち、毎回埼玉県越谷市から駆けつけるMご夫妻、高次脳機能障害の認知リハで通院中のK君、慢性疼痛の認知リハで通院中のM君、この日から理事長の助手として初出勤した3人の子供たちのママ、賄いのプロ、そして理事長。

　開所式から7か月、いろいろな人たちが悠々を訪れ、いろいろな感想を述べて

去った。

　しかし、今、悠々に集い、ともに笑いともに感動しながら、悠々で心を温めあった仲間たちが「支え合いともに生きる」⇒「地縁」の何たるかをわかりはじめている。それを実感しながら、ここで最後まで生きられそうだと感じはじめている。

　長くて短い7か月だったけれど、私に新しい生命を吹き込んでくれたひと時が暮れた。

　泰阜村では3日前から降り続いた雪が、今日も山々を白一色に覆っている。森の木々と一緒に私たちも普通の暮らしのなかで、人と人との愛をじっと育みたいと思う。

2009年12月20日

### 人間が生きるとは何か……

　泰阜村に住んでお年寄りたちに教えられていることがある。
　人間が生きるとは何なのかを。

　「悠々」に入居するお年寄りはみな「死にたがり」である。「こんな年まで生きてしまってこんな山奥に捨てられて……」と言う。たまに訪れる自分の家族にはこんなことは言わない、らしい……。

　「悠々」のスタッフ一同、心に決めている原則がある。
　「プロとして一つひとつのケアに全力を尽くして優しくあろう！」と誓い合う。優しさとは難しいことでもあるし、当たり前のことでしかないことでもある。

　要介護5でも排泄はトイレでする。お風呂はスタッフと一緒に普通の風呂にはいる。希望すれば家族と一緒に入ることができる（ついこのあいだ混浴可能になった）。食事はいつもスタッフや村の訪問者と一緒におしゃべりしながら同じものをいただく。少し柔らかかったり、小さく刻んであったりするが、形態はみな同じ。健康管理のため1か月に1回病院で受診する。運がよければ待合室で近隣の顔見知りに出会える。

　「交流サロン悠々」にはいろいろな暮らしのサービスがあって、村の人たちが出入りしている。おしゃべりしたくなったら部屋から出てきて、「わしも仲間に入れてくれ」という。耳の遠くなった91歳のKさんは「遠聴機みみ太郎」で会話の仲

間入りが可能となった。

　暮れの「杵つき餅つき大会」で大きな餅を食べたがるお年寄りたちに、命がけで
びくびくしながら三つも食べることを許してしまったりした。でも年寄りたちは昔
のように大好きな餅を「腹いっぱい食べさせてくれなかった」と、いつまでも愚痴
を繰り返している。

　まだ元気で「悠々」に入れないお年寄りたちが集まってきては「わいわい」「が
やがや」と悠々の住民との交流を楽しんでいる。

　「わしらも必ずここに入れてくれや」と理事長に頼んで帰る。人間の幸せとは、
優しさに支えられ、いつものように普通の生活を継続できることなのかもしれない。
人間はこの宇宙の大自然の一員であること。一員でしかないことを。

　１＋１＝２ではないことを。

　見えないものを感じ取ることを教えられた。これらのことは、戦後教育ではこれ
までだれも教えなかったことであった。

　泰阜村は真っ白な雪に包まれ、大自然とともに冬眠しているような季節となった。
訪れる人も少なく、トロトロと燃える薪ストーブの前で、ゆっくりと漫画に夢中の
お年寄りが一人……。

2009 年 12 月 26 日

### 迎春

　大晦日から降り出した雪で、泰阜村は真っ白に化粧した新年を迎えた。

　「泰阜村のお年取り」を体験したいという、兵庫県からの青年をお迎えした。美
味しいワインとチーズ on 日本蜜、アマゴのいくら醤油漬け等「泰阜村幻の味」を
堪能し、NHK 紅白が終わったと同時に、雪のなかを除夜の鐘を突きに山寺に出かけ、
田本神社に初詣するというコースを楽しんだ。

　雪の山道を汗びっしょりになりながら帰宅した若者たちにはゆず湯が待ってい
て、コーヒーを飲みながら明け方の３時半まで話し込んだという。

　泰阜村にこんな楽しい「お年取り祭り」があるなんて知らなかった。

　たくさんの若者たちに知らせたい。大都会の夜空に輝くイルミネーションもいい
けれど、お正月にはみんなでふるさとに帰って、満月の雪明りのなかを、サクサク
と新雪を踏みながら除夜の鐘を突きに行こうよ。その足で村の鎮守様に初詣して新

年の幸せと世界の平和を祈ろうよ。

これが地域交流センター「悠々」のお母さんの夢でした。

ありがとうございました。

とっても楽しかったです。

2010 年 1 月 3 日

## 91 歳悠々おばあちゃんの雪見温泉浴

日本中を襲っている激烈大寒波！

暖かなはずの悠々も薪ストーブ前から離れられないほど寒く、今日でもう 3 日も続けて雪が降った。

入居して 5 日お風呂には入れなくて、ちょっとだけ臭くなってきたお婆様たち。大雪で訪問できなくなった入浴ヘルパーさん、大好きなお風呂が延び延びになっている I さんの顔を見て、スタッフの T さんが突然「そうだ温泉に行こう！」と言い出した。

理事長も「そうだ、I さん、温泉に行こうよ。温泉に行く？」

「うん、いいね」I さんが頷いた。

悠々の外は雪、雪、雪。深い山奥の秘境といわれている天龍「お清めの湯」まで 40 分。降りしきる雪のなかを雪見温泉行きとなった。到着した「お清めの湯」の女湯は貸切状態。一行 4 人は掛け流しの溢れでるお湯にゆったりと首まで浸かりながら、降りしきる雪景色を眺めた。

40 年前に夫を亡くし、1 人暮らしでがんばってきた I さん 91 歳。

「この年まで生きてきて、こんな嬉しいことが起こるとは思わなんだ。生きていてよかった」とつぶやいた。

このときから笑顔が見えるようになった I さん、部屋から出て薪ストーブの前で新聞を読んでいるようになった。失禁も全くなくなって、トイレでの排尿排便が普通になった。みんなの会話に言葉を挟むようにもなった。

人間はたとえ年をとっても、不自由な体になっても、幼くとも、人間らしくあることは、一人ぼっちではできないのだ。「支え合いともに生きる」ことがなければ、実現不可能なのだと知った。

2010 年 1 月 14 日

## 春の雪

　伊那谷の泰阜村に降る雪は、重くシャーベットのように湿っている。

　薪小屋に積まれた残り少なくなった薪を心配しながら、春になったら、○○で摘み草をしようね、プランターに花を植えようね、庭の隅を耕して、野菜を植えよう…と、入居者と一緒に春の計画に余念がない。

　Ⅰさん91歳（要介護2）が入居して40日が経った。長い間独居だったⅠさんとの暮らしは、本当に楽しい！

　40日前は紙オムツと尿取りパットを、朝夕2回ヘルパーさんに取り替えてもらっていたのに、この1週間、ほとんど自力でシャワートイレを使いこなしている。気が向くと悠々の交流サロンに出入りして、「面白そうな話に私も入れてもらおうと出てきたのに、もう帰るのかい？」と訪問者を引き止めたりしている。

　突然とっとと自室から出てきたので「何か御用でしたか」と訊くと、「電話が鳴っていたので、電話番ぐらいしようかと思って」とか「カーテンでも引こうかと思ったのよ」と言って、私たちの度肝を抜いている。

　入居当初は「Ⅰさん、おトイレはどうですか」と声かけするスタッフに「この人は顔を見るとトイレ、トイレという、私はトイレばあさんじゃない」と言ったとか……。私たちはこれを機会に深く反省し、トイレ誘導をしないことにした。そのかわり、理事長はトイレ誘導したくなる理由について説明した。

　「検査の結果、Ⅰさんには尿路感染があって、お尻を清潔に保つことが必要だと先生からご指導を受けたの。そのためにお茶をたくさん飲んで、おしっこをたくさん出してお尻を清潔にしておくために神経質になっていたの。十分な説明をしないで勝手におトイレ介助をしようとしていたことを許してくださいね。もしⅠさんさえよかったら、私たちにも手助けさせてください」

　「わかりました。よろしくお願いします」とⅠさんは納得して、私たちの介助を受け入れた。それから1週間も経たないうちにⅠさんは、前述のようにトイレに自分で行くようになり、尿意、便意が復活した。

　このⅠさんは、かつて大勢の使用人に取り囲まれて育ったのだと聞いた。誇り高いⅠさんを授かって、私たちは本当のケアとは何かを学んでいるような気がする。

2010年2月18日

## ボランティア論再考

　過日、長野県Ｔ市で活躍される市民ボランティアグループ18名の視察研修をお受けし、私たちは「ボランティアとは何か」について学んだ。

　通常よく聞く市民ボランティア活動といえば、近隣のちょっとしたお手伝いを想像する。たとえば送迎、独居老人の話し相手、施設慰問、公共施設でお花を活けるなど。それはまた安全、軽作業、軽い責任、期間限定等の条件で守られていたりする。その結果、ボランティアで得られるはずのもっとも大切な充実感が得られないままでいることが多いのではないかと思う。

　では、この泰阜村で必要とされるボランティアは何かというと、冬の玄関から道路までの雪かきだったり、屋敷の周りの草刈りや用水路の清掃管理、日常の買い物、安否確認、病院への送迎だったりする。どれもこれも力仕事で、自分の家の管理をしながら他所の家の面倒をみるなどということは、そんじょそこらの善意では続かない。

　この村を春の盛りに訪れると、感動する桜並木がある。この桜を管理している桜守たちは、冬の雪のなか、1本1本の桜を見回りながら、枝打ちしたり肥料をやったりして桜並木を守っている。夏には泰阜村に1歩足を踏み入れると、例年マリーゴールドの鮮やかな色合いの花に迎えられ、感動する。

　有名な観光地ではないから観光客がどっと来るわけでもなく、だれに見られるわけでもないけれど、この泰阜村の村民が花を愛していることが確実に伝わってくる。キリスト教や仏教などの確固とした宗教心に裏打ちされているわけではないけれど、ここには山深い村に生きるもの同士、互いに助け合うこと、支え合うこととは何かを知っている人々が住んでいる。

　ボランティアって何だろうか。

　私は、ここ悠々の里に暮らしてみて、それが「ともに支え合いながらともに生きること」だとあらためて知った。

2010年2月25日

## 91歳要介護5、Ｋさんのこと

　悠々長屋に入居して11日目のＫさんが、「ここに来てよかった」と、そっと呟いた。

そのKさんは今朝、洗面所で自分の手で顔を洗った。昨日は箸でおかずを自力で食べた。完食だった。悠々に来てから1時間かけて食事している。必ずだれかが一緒に食卓テーブルについて、お茶を飲んだり、おしゃべりをしたりしながら一緒にいる。Kさんは「ここは大変だあ。一日中お茶を飲んだり、ご飯食べたり、おしゃべりしていて寝る暇もない」と嬉しそうに笑いながら言う。

スタッフが移乗介助しながら「よいしょ」とかけ声をかけると、「どっこいしょ」と合いの手が入り、私たちは大笑いする。

今までの施設では、週2回の入浴時にしか着替えをしなかったので、ほんの少しの着替えがあれば十分だったようだが、悠々では毎日「地域交流センター」で顔見知りに出会うので、着たきりすずめというわけにはいかなくて、おしゃれな普段着を息子たちに買ってもらった。今日はどれを着ようかと、毎日相談して決めている。暑さ寒さやお出かけ先にあわせ、いろいろな服をコーディネートする。

食事も以前はケアスタッフの都合に合わせて片付けられているのでは、と想像するしかないことではあるが、悠々では働く我々と同じ量を、自力でほとんど完食している。

来所当初は、両腕は胸元に硬くクロス状に組み合わせられ、両足もエックス脚となって固まっていたが、パーキンソン症候群の治療をはじめて2、3日で、次々と手足が自由に動き出し、口も自分の意思で開閉自由になった。円背の背筋は伸び、顔を上げ食卓に配膳されたお皿に箸が伸びるようになった。

パーキンソン病の末期は呼吸困難となって苦しんで死ぬことが多いと聞けば聞くほど、21世紀のこの世にあって、こんな簡単な医療が届かなかったことに身震いを覚える。

IさんやKさんとの毎日の生活は本当に愉快でたまらない。お二人ともとても聡明で、冗談が掛け合い漫才のようで、私たちを笑わせている。どっちがケアを受けているのかわからない。

こんな幸せってあるのだろうか。こんなに幸せでいいのだろうか。この困難な時期にあって、悠々にこのお二人の老人を授かったことは奇跡としかいいようがない。

天の配慮に心から感謝！いたします。

2010年3月11日

## 春、泰阜村村長をお迎えして

3月31日夕、「地域交流センター悠々」スタッフと「悠々長屋」住人は、開所以来初めて泰阜村村長松島貞治氏をお迎えした。おかしなことであるが、施設の指定管理者として運営管理を委託されて11か月間、ただの一度も泰阜村の職員ならびに村長と親しく懇談する機会に恵まれなかった。余所者が聞いたこともない理念を掲げてわが村に乗り込んだということで、今になって思えば流言飛語で、村長もわれわれも苦しんだのであろうと思う。

予想通り、懇談会のはじまりは硬い雰囲気が漂い、どうなることかと心配であったが、さすが泰阜村！　村長と理事たちは、飲むほど酔うほどに、これまで苦しめられてきた噂の真偽のほどは確かめようもないが、とにかく「そんなことは聞いたことも言ったこともない」ということで、今までの我々について流されていた噂はなかったことにしようとお手打ちになり、参加者はご機嫌で「いい会だった」と笑顔で散会となった。

「そうか」と余所者新参者の理事長は、このことを通して山深い伊那谷に住む顔役たちが、どのようなプロセスを踏んで政事を行うのかについて、また一つ学んだ。

「高齢者協同企業組合泰阜」の理事長に就任して1年、当初私は泣き虫であった。毎日、途方にくれ泣きながら泰阜の山のなかを彷徨った。

貧しさのなかで死んでいくお年寄りを助ける方法は、唯一「お互いさま」の精神を取り戻すことしかないと、高齢者による高齢者のための協同組合を起こそうと思ったのだった。この理念に、国が「まちづくり交付金」をつけ、村長が村民を説得してくれたのであった。

その恩を自らの力のなさ故に裏切ってはならないと、ただそれだけの思いで歯を食いしばった。わずかだがその弱虫の私を絶えず励まし支え続けてくれた村民が存在して、今日があると思う。

「高齢者協同企業組合泰阜」ががんばるのに十分な助けは、いつも必ず与えられた。そして昨夜は、海のものとも山のものとも知れぬこの理事長を、辛抱強く見守っていてくださった村長をお迎えできたのであった。

この夜いちばん嬉しかったこと、それは入居者とスタッフが幸せそうな笑顔に包まれていたところを見ていただいたことであった。

ただそれだけを頼りに、泣き虫理事長はがんばれるのだから……。

2010 年 4 月 1 日

## 実りの秋、異変

　泰阜村の棚田に黄金色の稲穂が揺れている。今年は台風が近くを通り抜け、大雨にも打たれたけれど大きな被害もなく収穫を迎えられたように見えた。ところが、例年の 5 割減収という。猛暑がこの貧しい村を直撃している！　我が家の庭の山栗の木が青い実を庭一面に落としている。そんな木を見上げていると「暑いよ！」と悲鳴が聞こえてくる。

　悠々のお年寄りたちも、空に灰色の雨雲が現れると、必死の思いでその影を追っている。「あの雲は、泰阜までやって来るのかねえ」「来る来る、今度こそきっと来るよ」　願いもむなしく、ギラギラした日差しが戻ると、「しかし暑いねえ」と、だれに言うともなく独りごちる。そんな夏だった。

　夏祭りが過ぎ、お盆が過ぎて、もう秋の彼岸を迎えた泰阜村。

　悠々の 91 歳のお年寄りたちは熱中症に見舞われたときもあったが、秋風が吹くようになって体調が落ち着かれた。4 人しかいないスタッフの 2 人を、週 2 日ヘルパー講習会に出したこの 3 か月。それを支えた残りのスタッフと、遠く埼玉と東京から駆けつけたボランティアさんへの感謝は、とうてい言葉では言い尽くせない。スタッフが帰ってきて、やっと余裕が出てきた悠々に笑い声が響くようになった。決算は 9 月末、11 月の総会準備のために最近の理事長の目の色が変わってきた。

　「泰阜村は村そのものが村民のボランティアで成り立っている一つの NPO 法人ではないか」との指摘を受け、こんなにも村民が疲れきっていることの理由がわかった気がした。

　隣村の親と同居している独身の長男が自死された。その理由が友人へのメールに書かれてあったという。「過疎の村に住む若者は、村のほとんど強制的な使役から逃れることができない。仕事でどんなに疲れていても、ほとんどの休みは村のために駆り出される。もう疲れた……」残された母は、その日から泣き崩れたまま、床から起き上がれなくなっているという。

　理事長として私は「悠々」運営の方針転換を決意している。

　悠々の活動を支えるボランティアさんたちは、今後都会から来ていただくよう積

極的に発信していくことにした。

　このブログを目にした皆様にお願い！

　あなたの時間とエネルギーを、少しだけでいい、過疎山村、風の谷〜泰阜村にいただけませんか？

　ご連絡をお待ちしています。

2010 年 9 月 19 日

認知症について考える
2011 年

## 初夏、里山に花の精がやってきたよ

　泰阜の里山が1年でもっとも美しい季節は、本当は初夏の終わりの今ではないかとひそかに思う。新緑が緑を深くした里山の木陰のなかに、笹百合の淡いピンクの花がいっせいに開いた。深い緑の木陰に咲くこの花の美しさは、その香りとともに傍らを通る人を思わず振り返らせ、その花の在処を探させてしまうほど、今年はイノシシにも、バンビたちにも荒らされなかった花が自宅裏山に咲き乱れた。

　天からのこの贈り物で、理事長はまた元気を取り戻した。

　「悠々」の入居者は6月はじめに8人になり、経営的にもやっと安定した。本当に長い道のりであった。これまでの経緯を知る人々は皆、「よく辛抱した！」とひそかにねぎらってくださった。8人のなかに「悠々」が社会的に受け皿となることを期待される可能性が見えた3人の入居者がいる。何らかの障害のため生涯独身で、両親の元で庇護されて育った方たちが、親亡き後、兄弟に見守られて過ごしたものの、兄弟も高齢となりその子らにケアを任せるようになった後、「悠々」を探し当てられて、新しい家族の一員となった人たちである。

　「悠々」ではいつものような穏やかな一日が流れていく。

　自宅にいれば当たり前の毎日を、少しの手助けでいつもの自分でいられる。食事も取れるし、自由に歩きまわれるけれど、認知症があったり、家族ができる程度の医療的ケアを必要としたりしているため、一人では生きていけない。

　今のところこのような人が入れる介護保険施設が（満床）ないため、自己負担が介護保険施設より高額になっている。家族はもともとないのだから、家族介護を前提としている介護保険の在宅サービスでは不十分であろう。

　「悠々」はこの制度の谷間に咲いた「笹百合」になれるか……。

　がんばれ理事長！

　がんばれ東日本！

　がんばれ日本！

2011年6月23日

## 札幌からの訪問者

　北の国札幌からはるばる5日もかけて「悠々」に到着されたS氏。2年前に倒れ

られたご不自由な体で、大きなトランクを引っ張り、大きなリュックを背に、篠突く雨のなかを夜の8時過ぎに到着されたそのお姿には、鬼気迫るものがあった。

　かつて社会的に優れた功績を残され、なお飽き足らず75歳になった今、北海道の夕張市に「悠々」を作りたいという一念で来所したという。お住まいは札幌の市街地にあり、地下鉄が走っているというが、翌朝「こんなに田舎とは想像もしなかった」としばし絶句しておられた。

　お疲れのために、翌日も翌々日も「死んでいるか」とスタッフが心配するほど眠り込まれていた。少しお元気を取り戻されてから、「この風景を以前どこかで見たことがあるような感じがする」と言われた。

　いろいろお話をしながら、「日本のふるさとの原風景なのですね」と納得なさった。「こんなにゆっくりと生きることはなかった。ここにいたら自分の病気が治るような気がしてくる」と、働き蜂であった自分の人生を振り返っておられた。

　かつて泰阜村の風景が、日本のいたるところに広がっていたころ、日本中は当たり前のように田舎で緑に包まれていたのではなかったか。

　私の育ったころの遠州浜松は、清い小川が流れ、花々が至るところで咲きみだれ、蛍が飛び交い、みんな同じように貧しくて、家族が身を寄せ合って暮らしていた。現在の泰阜村は、中学を出た子供らが次々と働く先を求めて都会に出たまま帰ってこなくなり、山は荒れ、田も畑も荒れ放題のところがここかしこに増えつつあるが、75歳を超えた後期高齢者が、それでも山と水を守っている。

　S氏は重い荷物をゴミ箱に捨て、重いトランクを宅急便に託して、先ほど帰途に付かれた。かつての職場の仲間たちに声を掛け、「悠々」のような共同住宅とその事業を「夕張に実現したい」との固い決意を繰り返された。

　Sさんがんばれ！
　夕張がんばれ！
　東日本がんばれ！
　日本がんばれ！

2011年6月24日

### 第5期介護保険事業計画を考える

　山間の里、泰阜村でも熱中症の噂を耳にする季節になった。

村のお年寄りは日差しの厳しい午前11時から午後4時ごろまでは、野良仕事をしないで家でじっと昼寝をしてこの暑さをやり過ごす。そのかわり朝は4時には起きて、田畑の手入れや庭の草取りに精を出す。何十年も続いた普通の風景である。

　最近、あまりの暑さに耐えかねて、お友だちを誘い合い悠々にやってきて、お昼を食べてからゴロリと横になっておしゃべりをしたり、テレビを見たりして、ゆっくりと涼んで夕方帰るお年寄りが増えてきた。

　嬉しいことである。

　これこそ究極のエコ対策になっている。熱中症からお年寄りを救えるかもしれないとひそかにこの自然現象を喜んでいる。


　さてこのたび、故あって理事長はK市の第5期介護保険事業計画のお手伝いをすることとなった。今回の介護保険改訂の主眼は、認知症の「介護予防」ということだった。

　2007年に実施した南信州西南地区の限界集落の半分以上のお年寄りは、「認知症」という結果がでている。しかし、我々の調査結果では、認知症にかかっているものの、住みなれた自宅で地域の人たちに見守られ、在宅サービスのヘルパーさんの助けをもらって、自宅の掃除をしたり、草取りをしたりしながら幸せに暮らしている人が、ほとんどだった。

　この人たちから在宅サービスの家事援助を取り上げたらどうなるか。

　在宅サービスをもっと安く効率よくという方向でいくと、政策的にはこれほど反対している施設入所で、集団で見るしかないのではないか。これも調査の結果だが、現状ではデイサービスは地域の要介護者の銭湯と化しているので、認知症の人たちに適切なケアは期待できないということである。


　悠々の利用者が口をそろえて言っているのは、「悠々では何一つあれやれ、これやれと言われない。自分の好きなことをして本当にゆっくりできるので、まるで家にいるようで嬉しい」ということだった。だれもそれと気づかないが、このなかにはもちろん半分以上認知症のお年寄りが存在している。ひょっとして、悠々は究極の介護予防になっているのかもしれない。

2011 年 7 月 6 日

## 認知症、夜間徘徊を考える

　昨日までの猛暑がまるで嘘かと思われるほど、「悠々」に涼風が吹き通っている。お年寄りたちも薄い半袖からあわてて長袖ブラウスにチェンジして、久しぶりのお湿りにほっとひと息入れる。

　泰阜の里山の緑も、棚田の苗も今日の雨をうけて元気に見える。悠々の芝生も一面に緑が広がり、ベランダのプランターのなすやきゅうり、トマトが、この雨でぐっと大きくなったのが見える。ついでにかぼちゃの日よけも大きな葉っぱを広げながらぐんぐん伸びているようだ。

　この６月に入所されたＫさん89歳の夜間徘徊が本格的にはじまった。妄想も酷くなり、昼のお茶の時間に他の入居者が付き合わされている。自室のテレビの後ろに隠れている馬小屋（馬がお産した事件で大騒ぎ）で展開される出来事である。ほかのお年寄りの「夢を見たんだに」という一言に、「本気にしない」と言ってぷんぷん怒っている。

　理事長はじめスタッフは、Ｋさんのその話の切れ間をさっと掴んで、ツバメのヒナの話、なすが一つ大きくなって今晩はどんななす料理にしようかなどと、話題の切り替えに機転を利かせる。これが高級テクニックで、ほかのお年寄りがその話に乗らないと、あっという間に馬小屋の話に引き戻されてしまう。

　お陰様でスタッフは多勢なので 、「三人寄れば文殊の知恵」と、ない知恵を振り絞っている。ところが、夜中の宿直が寝静まった時間帯に歩き回られる「徘徊」には少々参ってしまった。まさに夜間のスタッフの手薄は「悠々」の弱点だからである。内側から鍵をかけても開けてしまうし、寝込んでいるほかの入居者の部屋に入ってしまうらしい。

　困った！　本当に困った！

　これまで守ってきた「悠々」の基本理念「縛らない」「閉じ込めない」「怒らない」「薬で眠らさない」等の原則が試されている。とりあえず、すべてのドアはダブルロック、入口の自動扉は厳重な鍵の確認を当直者に依頼。突然の乱入で眠りを妨げられるお年寄りには、ひたすら事情を説明して謝った。加えて以前主治医と相談して与えている安定剤を、夜飲んでもらおうかということになり、顧問医師に相談することになった。

　入居前の病院では車いすにＹ字ベルトを施されていたとか……。

悠々では何の拘束もないKさんは、穏やかに自室で過ごしているかに見えたけれど、いよいよ、強烈パンチの利いた悪口雑言をなんとかかわしたり笑い飛ばしたりしてお付き合いしてきた限界かと、弱音を吐いてしまう。

明日は悠々に穏やかな一日が来ますように……。

2011年7月7日

## 認知症について考える

突然始まったKさんの夜間徘徊についてずっと考え続けていた。考えて、考えて、はっと気づいたことがある。Kさんのお世話をしている「悠々」の側には、何かKさんを不安にさせるようなことがなかったか?

1　この1か月前から理事長は公私ともに忙しかった

2　毎週のように視察・見学者が出入りしていた

3　入居者のおひとりが入院中に腸内感染し、排菌+のまま帰ってきたため、赤ちゃんを抱えているスタッフが3人急遽辞めた

4　4日前、中心的存在のスタッフが癌に倒れ、当分治療に専念することになって悠々が勤揺した

Kさんはこの悠々の危機的状況に、反応なさったのだった!　この重要な時期に、理事長が浮き足立っていてはならなかったのだ。腹を据えて、スタッフも大切なお年よりをも守らなくてはならないと悟った。

Kさん、ごめんね。明日から、もっともっと皆でKさんのこと大切にするからね!

2011年7月8日

## 理事長の腹の括り方

悠々でのKさんの「夜間徘徊」が一日で止まった。ついでに「悪口雑言」も収まった。私たちがやったことは、理事長が朝一番に自室に飛んでいって、「おはよう! 昨日はよく眠れましたか?　調子はどうだった?」と、ゆっくりと話を聞いたこと。お風呂から上がったとき、お茶を飲みながらゆっくりと髪のブラッシングをしながら話を聞いたこと。お食事のときもお茶のときも、傍らに座って一緒に過ごしたことだった。妄想も、幻覚も、悪口雑言も、「お母さんが傍にいてくれれば必要がない」

のだろう。

　認知症が重篤となってから見知らぬ場所に移されて、見知らぬ人々のあいだに一人生きていかねばならないのは、Kさんにとって「どんなに不安だろう」と思い知った。私たちがKさんにできることは、行為としての食事が自立、排泄が自立（ときに失敗してパンツが隠してあるが）、歩行器歩行が自立していると、「細やかな思いやり」が手薄になると気づくことである。重度の認知症の方への支援は、対象者自身が「母のようにいつも見守ってくれる人が傍にいて、愛されていることを実感できること」なのであろう。まるで幼子がそうであるように……。

　理事長はどんなに忙しくても、こうやってスタッフと入居者のお年寄りを守らねばならないのだと腹を括った。

2011 年 7 月 9 日

## カナカナゼミの響く谷

　台風一過、カナカナゼミが森に響き渡る季節がやってきた。いっそう深まった緑のうねりに乗って、あたり一面に山百合の香りも満ちている。

　盆が近づくと、家族の待つ家に帰る人、悠々に残る人がそれぞれに心乱れる時がくる。「誰もが家に帰りたい」たとえ親族がいてもそれが家族とは限らない。結婚しなかった人、子に恵まれなかった人も、年を重ねて独りになった人も。

　「みんな家に帰りたい……」昔のように連れ合いがいて、子らがそれぞれの家族を連れて戻ってくるそんな家。「悠々」のお年寄りたちが、盆が近づくとないものねだりのように、かつて自分たちが幼いころ、家族に囲まれた父母がいて、祖父母がいて、支え合って暮らしていた、貧しくとも温かなそんな家にもう一度帰ることを夢見るとき。泰阜には大家族の名残があって、お年寄りは街から孫たちが帰ってくるのを心待ちにしている。だれも迎えにくる人もないお年寄りたちと、今年も盆踊り大会を開こう。血は繋がっていないけれど、縁あって同じ屋根の下、同じ釜の飯を食って、残りの人生をともに寄り添って生きる新しい家族じゃないか。

　泰阜の山々に囲まれたこの地に帰ってくる先祖様を囲んで、ともに盆歌を歌いながら踊ろう。冷たいほどの涼風が山々の峰から谷から吹き通ってくる風に吹かれて、人の世の限りある命を慈しもう……。

2011 年 7 月 24 日

**悠々の盂蘭盆会**

　８月を目の前にして悠々スタッフの勤務シフトをどうするかで苦悩している。ただでさえ人手の足りない泰阜村、「猫の手も借りたい」どころではない。

・悠々の役員、スタッフ２名が新たに病気療養に突入！

・障害の子を抱えているスタッフ（２名）の元に子供たちが帰ってきて出勤できないという

・入居者の家族も初盆仕度で多忙のため、お年寄りを家に受け入れられないという

・頼りの社協も人手不足で、介護サービスを休止したいとのお申し出がくる

　８名の入居者が敏感にわれわれの不安をキャッチしている。

　「自分たちはここにいていいのか」と……。

　昨日「どこか、この人を預けるホテルはないのですか？」とご家族に言われて、死ぬほどつらかった。

　８人のお年寄りを死ぬ気で看ようと心に決めて、自分のすべての予定をキャンセルする。

＊朝７時から夜７時までの「賄い」３食

＊８人分の身体ケア＋入浴ケア

＊８人分の汚れ物の洗濯／片付け

＊総務／経理事務／電話応対／訪問者の応対

＊学生実習／指導（中学生／大学生）

＊視察・見学対応

　いつものことだが、きっとだれか助け手が現れて、この窮地を脱出できると確信している！

　「Yes,we can create hope !!」

　マンデラ大統領、あなたはこの言葉を胸にして、アフリカを救ったのですね！

2011 年 7 月 26 日

**地方が変わる、日本が変わる**

　在宅福祉の関係者で、この人を知らないのは「もぐりだ」と言っていい。吉田一平さん、このたび愛知県愛知郡長久手町の町長選に立候補する。

４年前、まだ「悠々」が海の者とも山の者ともわからぬときに、在宅福祉の村「泰阜村」視察の際、本田玖美子に会いたいとおっしゃって、２時間もの間、私の夢に耳を傾けられ、「要するにあなたは人間が好きということですね。今日はよき人に出会った」と言われたのが初めての出会いであった。

　このように著名な方とは知らずにいたが、それからというもの悠々の非常時にはいつも協力を惜しまなかった大恩人である。

　愛知万博の広大な森を引き継がれ、白い街名古屋の真ん中に豊かな森を守っている。その闘いの２５年間は、人を愛し、それゆえ森を愛し、自然との共生を大都会で育まれた偉人である。

　「東日本大震災のあと、こんなところでちまちまやっていられない。この手で街を変えるんだ！　そうしないと日本は変わらない」とおっしゃって立候補なさった。

　吉田一平さん、夏の選挙戦、お体に気をつけてがんばってください！　勝利を心から祈念いたします。

2011 年 8 月 5 日


### 地域再生計画を考える

　昔日本では、夏にはつきものの夕立一過、さわやかな涼風にほっと一息ついて夕涼みをしたものだった。ところが、このごろの夏はどうだろう。毎日のように襲われる雷雨！　地球規模でただごとではないことが起こっていると、予感させるに十分なものがある。

　昨日からその雷雨が明けて、一度に猛暑が訪れた。ところが悠々のお年寄はみんなそろいもそろって寒がりで、全館クーラーがかかって涼しくなると、間の戸をそろそろと閉め切って布団を被って寝てしまう。部屋のなかは見る間に３０度を突破し、ムーッとしはじめる。気づくのが少しでも遅れると、突然「寒い、寒い」と言いはじめる。体温は３８度２分、熱中症である。

　悠々の冷房は全館方式で、中央のリビングに２機のクーラーが作動し、そこから冷気が各室に間接的に入っていく方法が取られている。各室には扇風機が１台ずつ設置されていて、適度の温度管理がなされる仕組みがあるにもかかわらず、このお年寄り（少し、いえかなり認知が入っている）との攻防は多分に命がけでもある。

　先日の定期受診で入居者のお一人がさらなる癌の転移を認められ、家族が積極的

治療を拒否されたので、私たちがターミナルを引き受けることになった。主治医のご指導と見守りのなか、癌性疼痛を私たちがどのようにサポートできるか。現在の逼迫した人員で、どのようにお引き受けするのか、大きな課題に身震いする。

　家族がいるのに……。無残である……。

　「盆には家に帰りたい」と、朝晩電話をかけ続けたが、適わなかったお年寄りである。

2011 年 8 月 9 日

### 泰阜の盆入り

　8 月 13 日、テレビではいつもの通り高速道路の大渋滞が映し出され、猛暑のなか、日本人のふるさと回帰がはじまった。悠々でも、村の長老夫妻がお寺に訳を言って盆飾りをいろいろいただいてきた。

　帰省しないで悠々に残っているお年寄りは、泰阜村のご先祖様をお迎えしようということになった。「盆にはおとうちゃんとおかあちゃんの墓参りに行きたいよ」と、幾度も繰り返し呟いていた一人のお年寄りが、深夜脳出血で倒れ緊急入院した。脳幹部分の広範囲の出血で一時は命の危機にさらされるほどであったが、一命を取りとめた。その控えめで忍耐強い性格と細やかな心配りでスタッフの慰めとなっていたＩさん。出会ったすべての人に衝撃を与え「失いたくない大切な人」と、口々に回復への祈りを集めた。声をかけると瞼をしばしばさせ、口をもぐもぐさせ握り返した手に力が返ってきた。

　「ばんざーい」これは希望が見えた。「早くよくなって悠々に帰ろうな」と声をかけると、口元がまたもぐもぐと動いた。そこにいるだけで、スタッフや訪れる人に慰めと癒しを与えられるような、そんな愛すべきお年寄りに、どのようにしたらなれるのだろうか?

　出会う一人ひとりにそんな自問自答をさせる貴重な存在!　Ｉさん、もうしばらく私たちと一緒に生きていてください!

　夕方 6 時、悠々の門口に迎え火が焚かれる。泰阜の山々に帰ってきたご先祖様の霊に手を合わせ、しばしの間悠久の宇宙にともに遊ぼう……。お盆、この世と彼岸との敷居が取り払われるしばしのとき、人が生きる意味を考えたい。

2011 年 8 月 13 日

## 視察、見学シーズン

　稲の穂に少しずつ実が入って穂の先が垂れはじめている実りの秋が近いこの時期、田の周りではもう秋の七草の花盛り、泰阜村がもっとも美しい季節に入った。

　この時期、悠々にも全国から視察、見学のお問い合わせが続く。だが悠々では、お年寄りの一人が入居2か月で退去なさることに決まった。お体のご不自由な方や認知のご不自由なお年寄りのなかで、一人心の病を抱えられクリアーな頭脳でいることに違和感を覚えて苦しんでおられた方だった。

　この間、村の「盂蘭盆会」のような伝統行事を楽しみ、仲間の方々とコミュニケーションをとられることに努力されたが、もっと都会的な文化の場への自由な外出への手助けが、この山村ではどのようにしても不可能だった。相談の結果、家族が住まわれる近くの街の高齢者賃貸住宅を新たな住処とされることになった。悠々との決定的な違いは、そのような自由な外出を支える人手だった。

　泰阜の介護職員は、ただでさえ若い労働力が不足している上、悠々の賃金が近隣の介護職員の時給の3分の1ほどでしかないそうだ（ハローワーク情報）。

　近隣の市街地では、職に就けない介護職希望者がいるのにである。本当に悔しい限りである。

　そこで提案！
＊家族にもヘルパー講習を受けてもらって規定の介護費用（身体介護に限って）を払うことにできないだろうか

　この村では、親の介護には介護保険の在宅サービスを利用し、若い人は外に出て働いているケースが多い。したがって過疎山村の介護スタッフの手はどうしても足りなくなって当たり前である。すでに村にある人手を資源として介護の世界にも確保するための現場からの悲痛な提案である！

　この提案が行政の方々の目に留まりますように‼

2011年9月2日

## Sさんの快気祝いパーティー

　3か月前「悠々」に入居されたSさん (85歳) は、訳あってバルーン留置したお姿での生活であった。それはSさんにとって、手足のご不自由とはまた違った、男としての自尊心にかかわるつらいことであったのだという。

4日前の定期受診で、医師から「おしっこの管を外せるかもしれない」と言われ、「そんな嬉しいことはない」と、2日ばかりの経過観察入院となった。残尿量わずかということが判明し、2泊3日の入院でSさんはすっきりした姿で退院となった。

　「悠々」の皆が、その颯爽と帰ってきた男前のSさんを見てびっくりしたり大喜びしたりしてお祝いの言葉を次々に贈った。そのなかに「退院祝いをしたいよ。皆で焼肉でも食べて祝いたいよ。金は俺が持つ！」という人がいた。　理事長はこれを受けて「そうだ、皆でSさんの快気祝いをしよう。明日は焼肉パーティーだね！」ということになった。


　昨日の快気祝いパーティーは、たまたま長野県リハセンターの先生方の視察の日と重なって、このパーティーにお相伴することとなった。

　テラスでのパーティーでは、なぜか入居のお年寄りたちもノンアルコールビールを「飲みたい」と所望して乾杯し、本当ににぎやかな会となった。その席で花束贈呈のあと、Sさんが挨拶に立たれた。その言葉に私たち一同は深く感銘を受け、人間の尊さに触れた思いがした。

　「もしもの時は悠々があるから大丈夫」と言う……。

　「悠々」は村のお年寄りに支えられ、信頼され、愛されて強くなった。

　5年もの間一人暮らしをがんばってきた94歳の入居者が、「この年でマッタケが食べられるとは思わなかった。長生きして本当によかった」と呟いた。

　お年寄りの笑顔に囲まれて、今日も「生きていてよかった」と思えた一日をいただいた。

　「入院したベッドで自分は考えた。人間にとってもっとも大事なことは信頼するということだよ、みなさん。信頼は絆だ。その絆が悠々にあると思った。自分は悠々に帰りたいと思った……」

　3時のお茶のとき、Sさんが仲良しのお年寄りに向かって「自分はここでなら90まで生きられるような気がする」とつぶやいていたのが聞こえた。お年寄りが邪魔にされず「生きていてもいいのだ」と自信を取り戻せる場所に「悠々」はなれるか……。

2011年9月10日

## 今日はいい一日だった！

　一日を振り返って、「今日はいい日だった」と心から思える日ほどの幸せはない。ここ1か月あまり体調を崩し、もう駄目かもしれないと弱気になっていた。しかし、今日は村のお年寄りと「キノコ三昧」を楽しんだ。今年のキノコは不作だったが、1Kgのマッタケを30人で分け合ってご馳走となった。入居者もスタッフも、村のお年よりも、今年初の山の幸に舌包みをうち、幸せを味わった。

　血縁による絆がゆらいでいるために不安でいっぱいのお年寄りたちが、「悠々」に集まって　一つの心となった。「みんなで持ち寄って、わずかなものでも分かち合って食べることが、こんなにも幸せなんて」と言う。

2011年10月16日

## ケア付き共同住宅について考える

　2008（平成20）年2月に設立した当組合は、この11月22日に第4回通常総会開催を迎えられることになった。やっとその準備に取りかかることになって、皆てんてこ舞いである。

　開設から3年半を振り返って、過疎山村・高齢化率38％の村で全く新しい構想に基づいてお年寄りに「最後まで安心してこの村に暮らす」を実現するのは、ご他聞のとおり大げさではなく「血反吐を吐く」ほど大変であった。

　今、このように言葉にできるようになったのは、スタッフ、組合員全員が、入居者のお年寄りの「この年になってこんな幸せが貰えるなんて信じられない。もったいない。できたら女房も連れてきたかった。ここでなら長生きしたい」という言葉と、こぼれるような笑顔に支えられたからである。

　みんなでがんばってきてよかったと思う。


　ところで、「ケア付き共同住宅構想」が、国の新しい「高齢者ケア」の形として取り上げられている。運営のシステムは明らかでないまま……。「介護保険制度」も似たような状態のまま導入された記憶がある。介護保険料を高齢者の2万円の国民年金、遺族年金から天引きするという暴挙は続いたままである。

　「ケア付き共同住宅構想」で心配な点の一つが、「経歴詐称、病歴詐称」された方

の入居契約を施設としてはどうにもならない点である。私たちは、現在の日本社会はまだまだ基本的な人間への信頼関係で契約が成り立っていると信じて、この事業を創設した。しかし、「心の病」に関しては、個人情報保護法の「守秘義務」により「本人と家族の承諾なしに転院や入居にあたってこの病名を診療情報にさえ明かしてはならない」と、解釈されている現状にある。

　病歴詐称・経歴詐称された「心の病」をお持ちの方の入居により、ともに暮らしている他の入居者やスタッフがストレスで体調をこわして次々倒れていき、事業そのものが成り立たなくなる危険まではらんでいる。

　「心の病」の方々の医療情報守秘の現状は、今後ますます増大する「心の病」を抱えた高齢者の地域への扉を閉ざす結果も危惧される。

　悠々でもこれらを経験し、あらためて法律の整備を痛感し、訴訟にむけて弁護士と協議検討中である。


厚生労働大臣様
新しい制度導入に当たっては、それに伴う法整備が不可欠であることを、国に提言いたします。

平成 23 年 10 月 23 日

高齢者協同企業組合泰阜

理事長　本田玖美子

2011 年 10 月 22 日

### 《悠々》の存在価値を問う


　第 4 回通常総会を前に、理事たちでこの「悠々の存在価値はあるか」について議論した。賛否両論沸騰したが、私たちは「悠々を続けたい！」という意見で一致した。

《理事たちの声》

1　「悠々」は自分たちの心血を注いで育ててきた施設、自分たちが入れるまで守りたい。開所から 2 年半、これまで風評被害のなかを村民の組合員、理事たちとその家族さえもが厳しい批判に晒されてきた。少しずつ「悠々」がやろうとしていることが理解され、村民が集まってきた。村で表立った非難も聞かれなくなった。

68

これまでがんばってきたことを無駄にしたくない。

2　ケアサービスの質が下がるので介護保険施設にはしない。

理由：

①自分たちが超高齢になって受けたい在宅ケアは、普通の暮らしを継続するための生活サービス。通院、買い物、家事（食事の支度、洗濯、掃除）、入浴、家の管理、地域の仲間との交流、話し相手、緊急通報システム。これらのサービスは介護保険では受けられない。

②「自宅でできるだけ長く暮らすために必要な上記のような生活サービス」を要介護認定前に利用できない。

③介護保険サービスだけでは、地域の「支え合いともに生きる」機能を維持できない。

《一般組合員の声》

1　「悠々」があるだけで、もしもの時は助けてもらえると思うと安心して家で生きていける。家の電話の前に大きな字で「悠々」の電話番号が貼ってある。家族にもそう話してある。

2　「悠々」の仲間に入っていることが、村のなかで少し違う感じがする。

《入居者の声》

・94歳　男性　要介護2　認知症＋

「人生の最後に何一つ強制されず自分らしくゆっくりと生きていけるなんて夢のようです。もっと早く知っていれば、妻も一緒に連れてきたかった」

・85歳　男性　要介護1　認知症＋

「入院中に考えたことがある。人間にとっていちばん大切なものは信頼だ。信頼は絆だ。悠々には絆がある。自分は悠々に帰りたいと思った。ここはストレスがなく家よりずっと幸せだから、先生、余分なことは心配せんでいいよ……」

・90歳　女性　要支援　精神＋

「家にいるときは毎日泣いて暮らしていたが、ここでは何のストレスもなく毎日暮らしていける。人生の最後に本当にこんなに自分ばかり幸せでいいのかと思う」


　　穏やかに普通の暮らしが継続できること。これ以上の幸せをお年寄りは望んではいないことがあきらかです。

　　介護保険制度を使えないので今後も貧しいことが予想されるけれど、地域のみんなで力を合わせれば「悠々」は健在だと思う。

そう信じて、今日もがんばろうと思う。

2011 年 11 月 3 日

## 安心の容（かたち）とは……

今日は日曜日ということで、3 組の視察、見学者をお迎えした。

そこで繰り返し紹介する「悠々」独自のケア・サービスと施設の工夫がある。

1 組目は悠々の開所前からたびたび来村され相談に乗っていただいていた兵庫県の友人医師たちである。彼は「今年の悠々には普通の生活が見えるようになった」という。普通の生活とはどのような容をしているのか訊いてみた。

・トロトロと燃える薪ストーブの火の前でゆったりと新聞を読んでいるお年寄り、その横でぐっすりと眠りこけているお年寄りがいる。

・すぐ傍でスタッフと一緒におしゃべりしながら洗濯物を畳んでいる女性のお年寄りがいる。

・オープンキッチンには食事の支度に忙しい賄いさんの姿が見える。

・食卓テーブルで、もう一人のスタッフが一人ひとりの「暮らしぶりノート」をつけている。

・掘り炬燵でテレビのフィギュアスケートを見ているお年寄りは、一人がさみしいのだという。

・テラスではご近所さんが、悠々のお年寄りのためにお正月用の干し柿をせっせとつるしている。

・お部屋には相撲中継を見ているお年寄りがいるし、癌のターミナルで傾眠傾向のお年寄りが寝ている。

・そんな「悠々」の片隅では理事長が視察見学のお客様の相手をしている。

各人のそんな動きの一つひとつが、共通空間の路地裏のリビングのなかですべての仲間に見えていて、繋がっていることが安心の容なのか……。べつに特別なことは何もなく、みんな好きなところで好きなように暮らしている。穏やかな顔をしてゆっくりと時の流れのなかに生きている。

「安心」の容とは、それぞれのお年寄りがそれまで自分の家で生きてきたように、

普通の暮らしが継続していることなのかもしれない。

　2組目は建築士を同伴されたT村の議員先生である。その方たちはやはり施設の工夫に注目されていた。「悠々」の特別な工夫の一つは、この施設がコミュニティ再生のために、10戸の共同住宅の「長屋」部分と中央に配置されたリビングと20席の食堂でなる「路地裏」で構成されていることである。さらにそこでは近隣の住民がいつも「悠々」を訪れて、それが生活の一部になるようにさまざまな伝統的な行事が催されているため、入居者はいつも村人たちとの交流の中心部分に暮らしていることになる。

　二つ目は個室の間の仕切り戸の1枚が格子戸でつくられ、部屋のなかにいながらにして施設全体の生活音や匂いが感じられるように、一つの共有空間を形成していることである。プライバシーの尊重よりも、昔の襖の暮らしを選択した所以である。

　三つ目は浴室。浴室には4人用の浴槽が設置され、スウェーデンから取り寄せた日本に40台しかないという可動式シャワーキャリー＆リフターが取り付けられている。お年寄りたちはリフターに乗って、一人ずつ2人のヘルパーにケアされながらゆっくりと肩までつかっておしゃべりを楽しんでいる。「いい気持ちだ。極楽、極楽！」と言って最高の笑顔を見せる。

　四つ目は手すりの工夫。入居まで暮らしていた自宅では高齢者の多くは、手すりではなく箪笥の取っ手や障子の桟やちょっとしたところにつかまって移動している。これに着目した悠々では、浴室とトイレ以外には手すりがない。多くの場合、手すりが力を発揮できるのは、手すりをしっかりと握り込めるごくわずかな人たちであって、中途半端な大きさではかえって手が滑って支えにならないということがわかってきた。本人たちはトイレットペーパーカヴァーに腕を乗せ、もたれかかってズボンを脱いだり、入口ドアの細い取っ手にしがみ付いたりして立ち上がっている（そのため、たびたびドアの開閉の調子が悪くなっている）。

　悠々にはリビングのまわりを取り囲むように、ちょうど手すりの高さに収納ボックスが取り付けられ、それをつかってひょいと杖なしで部屋から出てきたりしている。入居当時は厳重な見守り監視が外せなかった94歳の転倒常習犯のお年寄りが、重心をまっすぐかけてゆっくりとフリーで歩き回られるようになった。

3組目は上伊那にあるS病院の看護師長さんたちの施設見学。彼女たちは広々とした明るいバリアフリーの居住環境に注目し、浴室の広さや車輪が外されたリフターでゆっくりと一人ずつ肩まで浸かることのできる快適さに感動しておられた。「組合員でない私たちでも入れるでしょうか」との質問に、「もちろん空いていればどうぞ、民宿ですから」との答えに、「ええっ！」と歓声が聞かれた。

　一般入居者の個室（6畳居室＋6畳DK＋システムキッチン＋冷蔵庫＋トイレ＋押入れ／ウォークインクローゼット＋仏壇置き棚＋鍵付物置）、3食付、ケア付の入居費用15万5千円は格安だそうである。理事長の自分も確信を持ってそう思う。介護保険を利用していない大部分のサービスは、いまだに赤字だからである。

・「悠々」のお年寄りは二人の介助者付でゆっくりと風呂に入っている。

・全員、毎月病院に付き添い付で通院できる。そこでは懐かしい顔なじみに会って「久しぶりだね、たっしゃでいたかね、心配しておったんだに。会えて良かった」と、涙ぐみながら出会いを喜んでいる。

　かかりつけの主治医の先生も、元気なときのお年寄りの状態を把握できるので、緊急な事態にも直ちに的確な診断ができるという。これこそ地域連携ではないかと思う。

・入居者は全員（本人の拒否がない限り）歯科医に受診して入れ歯の調子を診てもらえる（最後まで自分の歯でご飯が食べられるようにとの願いである）。

・入居者は孫の結婚式に付き添い付で一日中出席できる（遠くにいる90歳近い兄弟姉妹たちと最後の別れを惜しんでいたという）。そのこぼれるような笑顔の写真を見て、私たち「悠々」からの心ばかりのプレゼントが実現してよかったと思う。

・自分の気に入った季節の衣類の買い物に連れて行ってもらえる。等々。


　最近、「支え合う」とか「寄り添う」ということが盛んに聞かれるようになってきた。しかしそれを少しだけ実現しようかと取りかかってみた結果、本人の自分らしい人生に寄り添うケアには、どこからも補助金が出ないことが判明して来た（つまり介護保険では出ないから……であるが）。

　やればやるほど赤字になる。苦しさの余り、こんな贅沢放り出して村に返そうかとの弱音がぼろぼろ出てくる。じゃあ、自分たちは第2特養に入っていいのか。となるとそれは困ると声をそろえて大合唱になる。

11月22日の総会開催を控えて「高齢者協同企業組合泰阜」3年目に突入！　勝負の年が再スタートする．

2011年11月13日

## 自治体との新しい関係

11月22日第4回通常総会が無事閉会した。

開所以来初めて村の三役（村長、副村長、村議会議長）と住民福祉課長をお迎えした。総会、懇親会での交流で、泰阜村の新しい地域連携の一角として、参画する場を与えていただけることになりそうである。理事たちが、目を輝かせこの瞬間の到来を喜んでいるのを見て、このがんこものの理事長が理事たちにどれほどの苦労をかけてきたかを、あらためて思い知った。本当に本当に済まないことをしたと思う。

事業収入が初めて1千万円を突破し、今年度からは消費税を納めることになった。この痛みをもろに被って、私たちはあらためてこの国の税徴収の無残さを体験している。現実には、理事長はじめ理事たちは運営にかかわる作業に一切の報酬もなく無給、当直は時給@200円のボランティア、入居者の健康管理に欠かせない医療機関への送迎と付添い介助もすべてサービス、緊急搬送入院に真夜中まで付き添い、結婚式への付添い介助、お墓参り、友人たちに会いにお隣の施設訪問への付添い介助も当然のことながら全く無報酬である。どこのだれも、家族さえ知らないことだが、これらの人件費、ガソリン代は施設持ちである。

一時、病院の送迎、付添い介助経費をご家族にご負担いただこうかと提案したことがあったが、家族から余分な医療費をかけるなと拒否された。癌のターミナル期のお年寄りのことである。それ以来、いったんお引き受けした入居者のために顧問医師が必要と判断した受診に関しては、私たちが無料で病院にお連れすることになった。

消費税はさてどこから払うのか、私に苦しみが一つ加わった。このような戦いの日々にあって、（多くの施設で経験されているとのことであるが）福祉の仕事にご家族からの感謝をいただけないのも、この仕事に魅力を与えない要因なのかもしれない。

昨夜はゴジカラ村の元理事長、現長久手町長の吉田一平氏とそのお仲間の方々と一献傾ける機会をいただいた。25年の運営実績を持つゴジカラ村には、あふれんばかりの若いスタッフやボランティアが出入りしていた。吉田一平氏から「昔は苦しいときもあった」との言葉も伺ったが、氏の真実を求める心の魅力に今では400人ものスタッフが集まっているとのこと。その夜は、何故かそのお仲間に受け入れていただき、幸せな宵であった。感謝！　感謝！

2011年11月27日

### 季節入居＋緊急避難

　開設以来の村民組合員のNさんが倒れて入院し、退院したらしばらくお世話になりたいとの声をいただいた。

　最近、寒さが一段と厳しくなってきたとたん、悠々の周りのお年寄りが救急車で病院へ担ぎ込まれることが多くなった。そして彼らは、要介護認定の対象にもならないほど身体機能障害が軽いため、すぐに自宅に返されてしまう。それらの多くのお年寄りは、単身独居か高齢者二人世帯である。たとえ子供たちと同居していても、彼らは働き盛りで夜遅くまで帰宅しないことが多いし、仕事を休んでまで親の通院や身の回りの介護を引き受ける子は多くはない。

　Nさんも長い間独居だった。亡くなったお父さんの建てた家、二人で暮らした風景が心にも体にも染み込んだ「我が家」への愛着が、年を重ねる毎に体のご不自由が重なり一人暮らしが難しくなっても、彼女を自宅に留まらせた理由だった。

　冬季、Nさんはじめ村の多くの独り暮らしのお年寄りは、子供たちから火事が危ないという理由で自宅でのストーブの使用を禁じられている。その結果、テレビの前で一日中電気炬燵にもぐり込んで暮らすことになる。これらのお年寄りたちは、春になると筋力が低下して転びやすくなり、認知症も進み寝たきり予備軍となる。この人たちのために「悠々」は常時3つの部屋を確保し、平時は民宿として有効活用されているが、村のお年寄りの短期季節入居に利用できるようになっている。

　悠々は191坪の全館床暖房・バリアフリー構造になっており、各個室に手すり付のトイレ＋システムキッチン（電磁コンロ、冷蔵庫付）＋6畳和室には整理ダンス、押入れ、テレビ完備である。一泊5千円でケア付3食付である。

　理事長と理事たちが長い間がんばってきた目的は、これらの泰阜村のお年寄りた

ちを、緊急のときにサポートすることで、「最後まで安心して住み慣れた地に住み続ける」ことを応援するためであった。

　その第一歩がスタートする。お年寄りの笑顔がまた一つ増えるかと思うと本当に嬉しい……。

2011 年 12 月 1 日

### 迎春準備

　今朝の 10 時のお茶に、薪ストーブで焼いた里芋に柚子みそを付けて食べることになった。そのホクホクしたおいしさは、悠々のお仲間のこぼれるような笑顔が証明している。その時の話題……。　5 人の入居者は 90 代の揃い踏みで、昭和生まれはここでは青年扱いとなる。

　今日の話題は大正 15 年、消防団で飯田に参集したとき、ただ（無料）で列車に乗れたこと、「なあ」と相槌を求められ、「わしはまだ生まれておらん。まだ腹のなかにもおらんかったに」と昭和生まれの青年。どこに行くにも米を腹巻にまいて持って行ったとか、まったくレトロな話題となり、なぜかみんな元気になった。

　そこに交じって昭和 3 年生まれの元乙女 N さんは、お茶を注いでもらったり、せんべいを分けてもらったりして今日で 6 日目のお泊まり体験で見違えるように元気を取り戻された。日曜日には長男のお迎えがあるが、悠々の生活にすっかりなじんで、「帰るのはいいが、家は寒いでなあ」と、気持ちが少し揺らいでいる。悠々での生活は、自分の部屋に戻ればすっかり自宅と同じで、お茶と食事の 1 日 5 回の食堂でのおしゃべりがほどよい刺激となって、心地よいリズムを作っているようだ。

　悠々の年末の厳しい勤務体制が明らかになってきた。
・社協の在宅ケアサービスは、入浴ケアサービスが 12 月 29 日〜1 月 3 日まで休業
・2 名のスタッフが「障害者施設の年末・年始の休業中お子さんの自宅介護」のため介護休暇
・1 名のスタッフは病気療養中
・非常勤スタッフも年末年始の地元のお役目優先のためお休み
　今年もまたピンチとなり、理事長の家族が総動員で賄い、日直、当直、入浴ケア

を引き受けることになりそうである。

　今年も家に帰れないお年寄りと年末年始を過ごすことになるのかな。理事長70歳……。盆と正月とゴールデンウィークは試練のときである。

2011年12月10日

## 人工股関節置換術後の早期退院患者受け入れ

　2月10日、H大学病院で両股関節の人工骨置換術を受けた患者さんからの連絡が入った。

　「術後1か月経ったので自宅退院し復職してもいい」と、突然言われたとのこと。術後急性期のリハビリを受けただけで、本格的なリハビリはまだであった。自宅は山間部の急な坂道に囲まれ、昔ながらの旧家は、家中段差だらけという作りになっていて、痛みを抱えた両足での移動はだれが見ても困難と思われた。その家で、その後どのように暮らしたらいいのかの具体的な何の説明もなく、途方にくれてのご相談だった。

　その日の内に主治医に連絡を取ったが、連絡が付かず5日後に診療情報提供書をいただけることとなった。近隣の回復期リハビリ病棟への入院の手はずを整え転院するまでの期間、バリアフリーの悠々は安心の避難所となった。

　ここでは、毎日の生活のなかで不安なく自立して移動できるので、それがリハビリとなっていくのだろうと思う。もう一つ住民の方のお役に立ててよかった。

　悠々も師走の行事が立て込んできた。ご近所の元青年がクリスマスイルミネーションを飾ってくれて、毎晩お年寄りが喜んでいる。もうそろそろ門松を製作しようかとあれこれ考えているとのこと。

　理事長は、隙間を縫って、今年こそ25日までに年賀状を書こうと心に決めたが……。勝負！というところかな。

2011年12月15日

生まれて初めての誕生祝い！
2012 年

## 新春慶賀

　謹んで初春のお慶びを申し上げます。

　悠々の年末年始は過去に経験しなかったほど過酷でしたが、落ち着いて分析してみると、民間企業ではだれもがこの苦難を営々と担って来たと聞きます。沖縄の友人（理事長）からは、今回の年末年始も施設でスタッフが足りない部署はどんなことでもカヴァーするために飛んでいって働いていると聞いたばかりでした。

　ほとんどの公的機関はお休み体制に突入し、職員は国民のお正月行事を楽しむことができますが、民間企業ではお休み期間のための余剰人員の確保の余裕がなく、勤務可能な人たちが死に物狂いでこの期間を乗り切っているという現実を経験いたしました。

　こんなことを愚痴ってはいけないとは思うのですが、はて、その人たちは社会のなかのいちばん弱い人たちのために、少ない人数で普段の2倍、3倍働いているのではないのかな？　しかも低賃金で……。

　悠々でも同様のことが起こっていました。

【理事長の年末年始顛末記】

＊残留の入居者は4人（帰省したのは2人のみ）＋緊急入居者1人（83歳　独居女性、要支援）

＊スタッフはヘルパー1人（2交代）、賄い助手1人＋理事長の家族（夫＝来客接待、娘＝賄い）

　12月30日、前日神奈川県相模原にある夫の家の墓参りの後、横浜にある夫の実家で年末の挨拶を済ませ、トンボ帰り⇒おせち料理の買出し⇒悠々で年末の定期支払い、事務整理⇒年末に帰省するお年寄り（2人）を送り出し、年末年始に緊急避難入居するお年寄り（1人）をお迎えする。年賀状準備。

　12月31日、朝食の賄い⇒10時のお茶のセッティング⇒入浴ケア（5人・含要介護4）⇒昼食⇒午後からおせち料理に取りかかる。昼過ぎから年末年始を過ごすお客様（鳥取大学准教授・地域政策学専攻）のお迎え⇒3時のお茶のセッティング⇒お年取り祭りの賄い⇒総勢14人の夕食⇒夕食の後片付け⇒泊まりの客の酒席セッティング⇒夜7時から明け方2時過ぎまでお客様の接待（日本の地域ケアシステム構築論について）⇒当直。

1月1日、朝7時より朝食賄い（お雑煮＋お節）⇒10時のお茶セッティング⇒年始の来客（入居者家族）接待⇒昼食賄い⇒14人昼食セッティング（入居者＋来客）⇒3時のお茶セッティング⇒帰省客お見送り（宿泊料金精算）⇒宿泊客お迎え（5人）接待⇒夕食の賄い17人分⇒夕食⇒泊まり客入浴用意⇒泊まり客の酒席セッティング⇒夜7時から10時ごろまでお客様（NPO法人観星会理事）の接待（年間行事として観星会誘致の話題）⇒11時帰宅

　1月2日、朝7時朝食賄い⇒朝食⇒10時のお茶セッティング⇒夫と入浴介助（3人含要介護4）⇒昼食14人⇒来客接待。帰省客お見送り⇒帰宅⇒年賀状、自宅の掃除、ごみの整理。

　以上が怒涛のように過ぎ去った今回の年末年始でした。

　それにしても、お役所の人権はしっかり守られているのだなあというのが実感でしたが、嬉しいこともありました。94歳の入居者の長女さんが（自分の自宅に90代のお年寄りを抱えているにもかかわらず）、12月29日の夕食と1月2日の昼食＋夕食の賄いを完璧に担ってくださったことでした。この応援がなかったら悠々は、破綻（理事長が倒れて）していたことと思います。年を取った組合員は、みんな自宅に子供たちと孫を迎えて大忙し、理事たちは村の年末年始の行事に借り出されて徹夜組みもいるとのこと。泰阜村の本当の貧しさは、働く人材が全くいないということなのでしょう。これをどうするかが、今年の理事長に与えられた課題だと思っています。

　今年もよろしくお願いいたします。

2012年1月4日


**90歳Mさん、生まれて初めての誕生祝い！**


Mさん、満90歳誕生日おめでとう！

　本当のところは昨日だったのだが、理事長の都合で本日の誕生日祝いとなった。

　少し心の病を持ってはいるが認知はしっかりしているMさんは、自分の誕生日をよく覚えていて、「今日はわしの誕生日なのに何も祝いをせんのか。寿司はつくらんのか。○○さんは確か花束を貰とったに」と毒舌を吐いていたという。出勤そうそうその報告を受けた理事長は、早速スタッフと90歳の誕生会の打合せをした。泰阜村にはプレゼントらしきものを用意するお店はなく、隣町まで車で走り、病院

受診の際に困っていた少し壊れた手提げ式のハンドバッグを素敵なショルダーバッグに買い替えることにした。加えて正月明けの今日は、どこにもお祝い用のホールケーキがなく、とうとうすべての材料と道具を買いそろえて、誕生日ケーキを手作りすることになった。昼食後直ちに理事長とスタッフはレシピと首ったけでケーキ作りに取りかかったものの、理事長は30年ぶり、若いスタッフも10年ぶりであった。

　4人の入居者と3人のスタッフの拍手のなか、9本のローソクの立った悪戦苦闘の手作りケーキと花束、そしてショルダーバッグのプレゼントを受け取ったMさんは、動揺を隠せず、「本当にわしに？　こんなことしてもらったのは生まれて初めてだに……」と何度も繰り返された。向かいの席に座っている同じ90歳のKさんは、「元気で長生きしろよ」と言葉をかけた。みんな幸せそうだった。

　正月が過ぎて穏やかな悠々の暮らしが戻ってきた。

　正月早々、○○観光会社から福祉施設見学ツアーを企画したいので悠々も加えていいかとの電話が入った。観光バスで40〜50人規模で来られたら、悠々の入居者はパニックに陥ることだろうに……。

　ああ、やっぱり悠々は、いつまでたってもお金とは縁がないらしい……。貧しくても大自然に囲まれた里山のふもとで、お年寄りがゆっくりと暮らしている。本当の幸せとは何かを思い出させてくれる、そんな地、泰阜……。

2012年1月7日

### 初めての入居契約更新

　平成21年1月9日、悠々長屋の最初の入居者Iさん92歳が入居されて丸2年が経ちました。これをうけて第55回の理事会では、この2年間の実績を踏まえ、経済的側面、職員の負担の側面等を見直し、契約条項に以下の条項を付け加えることとなりました。

1）年末年始（12月29日〜1月3日）、ゴールデンウィーク（4月29日〜5月5日）、お盆休み（8月13日〜8月17日）の特別休暇の期間、特別料金として一人日額2,000円を追加徴収します。

2）外出介助（家族の結婚式参列等の個人的事由による外出、病院受診、入退院、歯科受診等の付添い介助料金を（交通費km単価30円＋付添い介助料金時給1,500

円）を徴収します。

　この実質的な値上げは、入居者の増加に伴い、頻回の受診付添いが負担となり、スタッフを増員しなければやっていけなくなったからです。また、ただでさえ低賃金のところ、国民的祝日に休憩時間もなく働き続けるスタッフに特別手当を出したいからでもあります。どうぞご理解とご協力をお願いいたします。

　社会の底辺のところで、黙々とお年寄りや障害者の御世話をする人々に、もっと光があたりますように！
　国民の祝日に、黙々と自分の年をとった親や障害者の世話を担っている貴重な家族に、もっと光があたりますように！
　東日本の皆様に、今年はもっともっと暖かな光が届きますように！
　祈ります！

2012 年 1 月 12 日

## 悠々の小正月「どんど焼き」

　悠々では、例年 1 月 15 日の小正月に「どんど焼き」をする。
　「悠々の会」のお年寄りたちが、正月飾りや前年の家中のお札を持ち寄り、青竹のやぐらを組んで焼却した。その年の正月飾りやお札の燃え盛る炎の煙を浴び、最後の置き火で焼いたお餅を食べると、その年は災難を免れるという。
　92 歳要介護 4 の誤嚥の常習者でもある I さん、今年は焼餅を 3 個も平らげて大満足だったらしい。スタッフが目を離している隙に、訳を知らない来所者のお年寄りに、すっとお代わりを頼んで get したらしい。「よかったね。無事で……」
　昼ごはんの宴会では、来所者の男性軍＋イケてるおばあちゃんたちが、とろろ酒をいただいた。入居者の 94 歳、90 歳の酒豪男性お二人にはノンアルコールビールで乾杯に加わってもらった。ところが、隣のテーブルの、「うまい、うまい、こんなうまい酒は初めて飲んだ」の言葉に、「うん？」と納得できないという顔をした。これまで何度も一緒にお酒を楽しむチャレンジをしたが、認知症のお年寄りの抑制がすっかり外れ、その後の興奮状態を経験して、ノンアルビールになってしまったのだった。
　小正月が済むと、悠々では新しい年がはじまる。いつもの日常がもどってきた。

生まれて初めての誕生祝い！　2012 年　81

お年寄りとの毎日は、はらはらどきどきの繰り返し。全員90歳を突破して、人生の達人たちが勢ぞろいしているのだ。認知症といえども、人付き合いの機微に通じ、その知恵は本当に並以上のもので、スタッフ一同、「やられた！」と言って毎日大笑いしている。

　今年も一同、みんな平安で無事でありますように祈ります。

2012年1月20日

## 泰阜村の幻の味《日本蜜》の大量注文！

　泰阜村は自然の宝庫だ。33年前に泰阜村と出会い、ますますその確信は深まっている。地域産業起こしに何らかのお手伝いがしたくて、「悠々」の事業に「泰阜村幻の味シリーズ」と銘打った泰阜村特産品事業を加えた。

　その一端を紹介すると、

　幻の味シリーズN01「サニーショコラとうもろこし」

　これは、泰阜村の企業からの退職者Mさんが、孫にも安心して食べさせたいのでと徹底した有機農法、特に有機燐系殺虫剤を一切使わず、「土肥菌液」（さまざまな酵母菌の組み合わせ）を手作りし、種からこの菌液をかけ大切に育てたとうもろこしは、甘くて畑で取れたてを生のまま食べられるという代物である。われわれは毎年これを1本250円で、200本限定で売り出している（インターネットのみ）。他にも、泰阜の夏野菜の詰め合わせセットは、太陽の恵みをいっぱい受けて甘くておいしい。なによりも、安全・安心の野菜として、幻の味としてネット販売している（数量限定ですぐ売切れてしまう……）。

　このたびこの幻の味シリーズからNo.2「日本蜜」のご注文をいただいた。

　450ml @5,000円は、あまりの高さに村民で買う人はいないが、視察研修や、お試しお泊まりで訪れた人々に好評で宝物のように珍重されている。貴重な日本蜜蜂が山奥の栗の花や、胡桃の花や黒百合の花などの蜜を集めて得もいわれぬようなこくのある味がする。

　さて今回、この幻の味シリーズNo2.「日本蜜」40本のご注文である。

　私たちを陰ながら応援してくださった東京のH様のご長男の結婚式の引き出物に登用していただいた。このお知らせに嬉しくて、誇らしくて、「悠々」のスタッフ一同と理事たちは心で万歳をし合った。泰阜村の宝物が、東京で（世界のグルメ

が集まることで知られている東京で）通用したのだ。

　早速パッケージのデザインを注文した。このデザイナーは、私たちを陰ながら応援してくださっていて、HP とパンフレットのデザインをお願いした方である。

　どんなデザインで登場するか、お楽しみに！

2012 年 1 月 30 日

## 高次脳機能障害者 F さんとの出会い

　昨日、長野県地域リハビリテーションの集いが松本合同庁舎で開催され、「地域再生はリハビリテーションが試金石」というテーマで「悠々」について話す機会をいただいた。90 名近くの参加者の 8 割は障害者福祉にかかわる人々であったが、残り 2 割の方々は、福祉関連企業、地方議会議員、自治体の障害者福祉担当の方々であった。今後、長野県における「地域リハビリテーション」について語るために、これまでの世界の「リハビリテーション」の潮流について眺めた。

　デンマークから「ノーマライゼーション」の基本理念が発信されたのは 1950 年代、障害を持つアメリカ人法（ADA）が制定されたのは 1990 年。

　日本は、地域に施設入居待機者があふれ、若年の障害者には医療、福祉とも利用可能な施設がない状態である。2013 年 8 月ごろ総合福祉法が施行の予定という。世界の潮流から遅れに遅れている現状が、あらためて浮き彫りになった。

　この日体験発表された F さんとそのお母さんの 18 年間の苦闘は、この国の福祉行政の貧困さを痛いほど感じさせるものであった。

　この高次脳機能障害の本人と家族の終わりのない闘いに、新たな展望はあるのか、講演会終了後、ご両親と彼女を取り巻く支援者らとご一緒に、「悠々」について議論した。

　「松本にこの『悠々』のような施設がほしい」と本人とお母さんが叫んだ。

　お父さんは「経営状態はどのようになっていますか。グループホーム（GH）とはどこが違うのですか」と、具体的な可能性について質問してきた。

　理事長「デンマークではじまった認知症の方のために作られた GH は、4、5 人の少人数の高齢者を顔見知りのご近所の人たちがお世話をしました。だれが支援者で、だれが認知症者という区別はなく、普通の暮らしをご近所さんたちで過ごすというのが本来の形でした。日本の介護保険制度にこの GH が導入されたときには、

入居者は9人、スタッフは顔見知りのご近所さんなどではなくプロのスタッフに囲まれることになりました。その結果、少ない人数で最低限度のお世話をされ、そのなかの徘徊する方のために施設への出入り口には鍵がかかり、安全のためにケアに抑制がかかるようになりました。

「悠々」ではこの様々な規制から自由になりたくて、介護保険指定事業所になることを断念しました。1か月ケア付、3食付で15万5千円、入居者を6～7人までに限定しているので、財政状態は正直いって厳しいです」とお答えした。

Fさんは「私のような車椅子の者でも入れますか？」と尋ねた。

理事長「もちろんです。車椅子の人でもケア付2食付で、空いていれば民宿に5千円で泊まれますよ。まずお試しお泊まりからどうぞ」

彼女は「未来が開いたような気がした」と、明るい顔を上げた。

暖かくなったら、ご家族と支援者たちが「悠々」を訪問したいとおっしゃった。Fさんは自由が利く右手でピアノ演奏を披露された。その屈託のない音色にのせて、彼女の愛らしい心が私の胸に届いたとき、私は癒された気がした。

私は最後に「Fさん、これからも自信を持って、あなたらしく生きていってください。それだけであなたが生きている意味があるのですから」と伝えた。


今日は本当にいい日だった。

ありがとう、Fさん、ご両親、支援者の皆様。

そしてこの企画のためにご尽力いただいた「県立総合リハビリテーションセンター」のスタッフの皆様、ありがとうございました。

たくさんの幸せを、ありがとうございました。


みんなで力を併せて、幸せになろうね！　ね！

2012年2月11日


## 悠々でのターミナルを考える


庭の片隅にまだちょっぴり雪の名残が見られるけれど、晴れた日のこの日差しの暖かさは、春の到来そのもので、年寄りたちの顔が、窓の外の明るい空や庭の片隅の緑の芽吹きを探している。

今年は南信州伊那地方にインフルエンザの猛威が襲ったけれど、悠々のお年寄り は今のところインフルエンザウィルスからは無事逃れているようだ。

　この時期、悠々でも緊急体制を敷き、お年寄りが「ゴホン、ゴホン」とすると、スタッ フの心配そうな目がじっと注がれることになる。お年寄りたちはその目にお澄まし 顔で「大丈夫、大丈夫」と、口をそろえて答えるけれど、顔色チェック、体温チェッ ク、食欲チェック、排便チェックして、OKの後はスタッフの記憶の経過観察リス トに載せられる。

　このような厳戒態勢のなかで、先週末にMさん90歳が肺炎で入院した。食欲 はあるけれど咳が続き、夕方になると37.2度の熱が朝になると36度台まで下が りということが3、4日続いたので、週明けにかかりつけの病院を受診したところ、 肺の下葉に水が溜まっていた。主治医から入院を告げられたが、本人は「入院はい やだ」といって頑としてスタッフの説得を撥ね付ける。すったもんだの挙句、押し の利くスタッフと役員さんの総勢4人がかりで入院となった。

　この非常に賢いけれどすこし心の病をもち、高齢になられてからは認知症の症状 が重なったMさんは、生涯一人身で年を取ってからはずっと独居で生きてきた方 である。入居当時は毎日激しい幻覚、妄想に苦しみ、そこからの脱出にスタッフと 一緒に悪戦苦闘が続いたものだった。このごろは穏やかになられて、悠々のことを 自分の家として受け入れられている矢先の入院だった。

　入院病棟で「悠々に帰る」と言い続けたらしいMさんは、退院後も相変わらず「ゴ ホン、ゴホン」と咳をし、いつものようにみんなと一緒におしゃべりしながらご飯 を食べ、自分のベッドでテレビを見て過ごす毎日となった。夕方になると微熱が出 て朝になるとちょっと元気になるという毎日だけれど、本人が望まない治療はしな いと決めて、家（悠々）でゆっくりと過ごすのがいいのだと、主治医からご指導を いただいた。

　私たちは、身近なご家族のいないこのMさんの最後を、このような形で看取り をするのだと心を引き締めた。私たちは、Mさんが安心して最後をゆだねられる ように、最善を尽くそうと思う。

　最後まで、家で家族に囲まれて普通の暮らしを送ったと彼女が感じるようにと、 祈りたい……。

2012年2月21日

## ふるさと移住

　先月「悠々」に、一日 TBS の取材チームが入り、数日後に放映された直後から多くのお問い合わせのお電話をいただいた。東京都、埼玉県、神奈川県、茨城県、栃木県等からのお問い合わせの多くは、移住したいので入居条件等を知りたいといわれるもので、私たちはパンフレットの送付と付属の民宿での「お試しお泊まり」を紹介した。

　お問い合わせのもう一つの特徴は、それらの方々の多くが南信州近辺のご出身で、移住するなら「ふるさとに帰りたい」というものであった。

　高齢者協同企業組合泰阜設立趣旨

《過疎地に住む村民の『住み慣れた村で安心して暮らしたい』という願いと、大都市住民の『癒しのふるさとを持ちたい』という願いを叶えるために、平成20年に日本初の高齢者による企業組合を設立しました》という言葉ではじまる事業の夢の実現に一歩近づいたと感無量であった。

2012 年 3 月 17 日

## デンマーク・ネストヴェズ市福祉見聞録 (1)

　平成 24 年 3 月 19 日、成田空港から福祉先進国デンマークに向けて 7 泊 8 日の視察研修の旅に挑戦しました。デンマークには山がない（最高峰 174m）、大自然豊かな山国泰阜から出かけた私には、見渡す限りの地平線に囲まれ、風力発電の風車が回っている国デンマークは異国そのものでした。

　今回の視察の最大の目的は、デンマークが 1987 年【デンマーク国高齢者住宅法】から 2009 年 6 月までの 20 年をかけて、国中のすべての特養（プライエム）を全廃し、新しいタイプのケアつき共同住宅に転換し、より効率的でなおかつ質の高いケアをめざした改革を行ったということで、その実情をこの目で確かめることにありました。

　この改革の目的は、わが国同様、年々厳しさを増す財政状況のなかで高齢化率がどんどん上昇していく課題（高齢者ケア全体の経費が 2 倍になると推計された）を解決すること。この国の政策として 20 年も前から一貫して取り組んでいたこと

が、今回もっとも衝撃を受けたところでした。

　20年間の経緯のなかで様々な住宅の形態、運営方法、スタッフの業務内容などの改革を行った結果、現在に至ったということで、地域との融合に課題が残されていると語られた謙虚な姿勢に、またまた胸を打たれました。

　以下、改革が単に特養を廃止してケア付共同住宅を立て直したということではないことを肝に銘じ、今回のデンマーク福祉制度改革の概要について紹介したいと思います。

《デンマークの概要》

デンマーク国土面積：約4.3平方キロメートル（九州とほぼ同じ）

人口：554万人（兵庫県とほぼ同じ）

首都：コペンハーゲン

言語：デンマーク語

宗教：福音ルーテル派（国教）

政治体制：立憲君主制　18歳以上の男子に徴兵制有（義務4か月）18歳以上選挙
　　　　　権有　1949年NATO加盟　1973年EC加盟

主産業：金融、不動産、運輸、交通、通信、鉱業、エネルギー（天然ガス、原子力
　　　　発電所無）

失業率：4.2%　一人あたりGDP：56,147 $

経済成長率：2.076%

GNP：世界第5位

平均的な国民の税負担率：所得の50%（国税25%十市民税25%）、付加価値税（消
　　　　　　　　　　　　費税）25%

　　　　　　　　　　　　保健、福祉、医療、教育は無料（保育は自己負担有）

年金：高齢者年金約9万円／月、障害者年金約12万円／月、重度障害者年金約
　　　24万円／月

平均寿命：77.96歳（男性75.64歳、女性80.41歳）

高齢化率：22%　親子の同居率：6%

平均在院日数：4.5日

　デンマークはノーマライゼーションを提唱し実行した国として知られている。その国で1979年から1982年にかけてアナセン教授を委員長とした「高齢者問題委員会」が設置され、「生活支援法」において、高齢者福祉の三原則「自己決定」「生

活の継続性」「自己能力の活用」が定められた。

　この理念はその後のすべての福祉改革に貫かれ、世界をリードするデンマークの福祉の核心となっている。

2012 年 4 月 5 日

## デンマーク・ネストヴェズ市福祉見聞録（2）

　21 年前、藤田保健衛生大学医学部リハビリテーション医学教室研究生として多くの障碍者にかかわっていたとき、私は 50 歳であった。その当時、介護保険制度もなく、交通バリアフリー法もなく、障碍者は自宅に閉じ込められ、絶望の淵に沈んでいた。

　30 年前に母校で習った福祉の原理原則「基本的人権」は、まるで絵空事のように見えた。大学病院で命だけは助けられても、重い障碍を抱えた身で、その後の人生を如何に生きるべきか、その答えをだれも与えることが不可能に見えた。

　人が生きる意味とは何か、それよりも何よりも、私に何ができるのかを問うたとき、知識も技術も、方向性さえ持たずにいることに気づかされ、猛然と母校・日本福祉大学大学院への受験勉強に取りかかった。奇跡的に入学が叶い、多くの偉大な先生方と出会ったことが、今日の「悠々」の事業展開の基礎となった。日本に真の福祉のポリシーが厳然として生き続けていることを、今回のデンマーク視察・研修のレポートを通してあらめて再認識したことを、感謝をこめて綴りたいと思う。

　「デンマーク・ネストヴェズ市高齢者施策の概要」

　デンマーク国は人口 554 万人（2010 年）、九州と同じ位の小さな国である。近年、経済の低迷に加え高齢化の進行による高齢者ケアにかかる経費が 2 倍になるとの予測から、大規模な行政改革を実施した。2007 年 1 月に従来の 14 のアムト（県）と 275 のコムーネ（市）を廃止し、5 つのレジオン（region 州）と 98 のコムーネ（commune　市）に統廃合。これにより従来は公務員がその人出で対応していた保健、医療、福祉のケアシステムを① ICT 化（情報コミュニケーション）するとともに②すべての「プライエム」（特養ホーム）を「ケア付き住宅」に転換することで一気に整理統合し、公務員の大幅な人員削減を実施。国の財政再建を果たしたと思われる。この改革にいち早く成功したのが今回の視察・研修先ネストヴェズ

市である。

1）ネストヴェズ市の概要

面積：681 平方キロメートル　半分は市街地、残りは郊外（田園地帯）

人口：約 8 万人　高齢化率：16％

昼間人口の移動：労働者の 15,000 人はコペンハーゲンなど市外へ通勤、8,500 人
　　　　　　　　が市外から通勤してきている。公共交通のインフラが整備（電車、
　　　　　　　　路線バス）され、平坦な地形から自転車の利用も進んでいる。

義務教育：19 小学校区あり、0 年生（6 歳）〜 9 年生（15 歳）　強制的な卒業はなく、
　　　　　　必要と判断されればオプションにて 10 年生もある。

市立保育所：73 の乳児保育所→学童保育（0 歳〜 12 歳）
　　　　　・学童保育には運営費が市から補助される民間委託有り
　　　　　・保育法の枠内でそれぞれ自由な運営方針のもとに実施可能
　　　　　・保育料は市内同額（0 歳〜 3 歳未満時は高額自己負担となる）

2012 年 4 月 14 日

### デンマーク・ネストヴェズ市福祉見聞録（3）

2）ネストヴェズ市における高齢者施策の待徴

・ネストヴェズ市の人口は約 81,000 人、65 歳以上の高齢者は約 13,000 人（16％）、
そのうち高齢者ケアサービスの利用者は 2,300 人（約 18％）である。

・自治体の行政は市議会が実施、市長は市議会より選出される。実際の行政運営は
①児童文化部　②職業・介護・保健部　③技術環境部　④財務部の部局が司ってい
る。そのなかでも職業・介護・保健部局が全予算の約 48.6％を占めている。

・ネストヴェズ市における行政区画は東西南北に 4 分割され、必ずその一部に都市
部を含み農村部が福祉サービスの格差の影響を受けないよう配慮されている。

・病院運営等は広域行政機構（レギオナ）の所轄業務となり、市（コムーネ）は高
齢者ケアサービス等（在宅ケア、在宅・病院外来でのリハビリテーション、高齢者・
障害者施設事業、児童教育等）を管轄している。平均在院日数 4.5 日というデンマー
クでは、基本的に退院後は自宅に戻る。自宅に戻ることが困難な場合、適切な住居
を用意する責任を市が負っている。市が適切な住宅を 2 か月以内に用意できない

場合には、法律によってペナルティが課され、病院に対して1日約3万円の罰金を支払うことになる。

・高齢者住宅ならびに在宅における医療行為は、インシュリン注射や経管栄養、酸素吸入、医師の判断の下に胃ろうの処置も行う。家庭医は痛みの緩和ケアを行い、病院で亡くなる比率は20%以下となっている。

・市の高齢者専用住宅は570戸分（約4%）確保されており、残る約1700人は自宅で24時間在宅ケアサービスを利用している。同居率6%というデンマークでは、24時間在宅ケアシステムにおけるサービス提供の量的な制限はなく、さらなる質の確保のために在宅ケアシステムをIT化するとともに、ケアスタッフの専門職の教育、人材養成に力を入れている。

・保健・医療・福祉分野の国営直轄事業に民間事業者の参入が可能となり、同時にそれぞれの事業体毎の独創性が尊重され、利用者の選択の幅が拡大されることとなった。

2012年4月23日

## デンマーク・ネストヴェズ市福祉見聞録（4）

### 3）ネストヴェズ市における高齢者施策の実際

　デンマークは国中のすべてのプライエム（特別養護老人ホーム）を廃止し、これをケア付住宅に転換することで高齢者ケアにおける「在宅ケアシステム」が完成したということができる。

　日本とのいちばん大きな違いは、子供との同居率が6%という事実があり、基本的に国が高齢者ケアを担う以外に手段がないということで国民的コンセンサスを得ている点である。国が小さく（国土：九州と同じ位）、人口も少なく（兵庫県と同じ位）、システム構築には恵まれている条件にあるといえる。

　20年前、デンマークにおける「高齢者ケアシステム」は以下の6つの分野に分けられていた。

①プライエム（特別養護老人ホーム）

②在宅ホームヘルプサービス

③訪問看護サービス

④デイサービス

⑤配食サービス
⑥緊急通報システム

　今回のネストヴェズ市視察研修では、従来の在宅ケアシステムが以下のように統廃合され、新たな「在宅ケアシステム」として生まれ変わっていることが確認された。
①プライエム or 高齢者専用住宅⇒地域交流センター＋ケア付高齢者共同住宅
②在宅ホームヘルプサービス＋③訪問看護サービス⇒24時間在宅ホームヘルプサービス（ヘルパーの教育・研修 up により専門性を追加：医師の指示の下、医療行為が可能となる）＋ ITシステムによるスケジュールとケアの質の管理
④デイサービス⇒地域交流センター
⑤配食サービス⇒在宅ケア利用者の食事は（朝食を除く）配食センターで調理されたものが週2回配達される。（援助が必要な利用者には）それをヘルパーが解凍する。利用者はメニューから選んで注文する。
⑥緊急通報システム⇒緊急通報システム
［新設］
⑦地域リハビリテーション⇒退院直後の「医療的リハビリテーション」は病院外来で継続されるが、「介護予防・維持期のリハビリテーション」が（PT.OT. の専門家によって）地域交流センターで実施されるようになった。

2012年4月25日

## デンマーク・ネストヴェズ市福祉見聞録（5）

### 4）デンマークと日本の福祉制度を比較

　ここまでデンマークの福祉改革について述べて、デンマークと日本の社会福祉の違いは何か、その根拠は何かについて考えをまとめておこうと思い至った。それを踏まえて、デンマークの福祉改革とは何かをあらためて述べたいと思う。
　1945年8月15日に第2次世界大戦が終結し（大学の講義で終戦記念日さえ知らない子供たちを見てきたが）、その翌年日本国憲法が発布され、そのなかで初めてわが国は「社会福祉」という概念があることを身近に知ったのではなかったかと思う。それから今年で66年、まもなく憲法記念日が来る。

地球上で社会福祉がシステムとして確立している国は、北欧３国（デンマーク、スウェーデン、フィンランド）といわれてきた。この北欧３国でさえ福祉の容にそれぞれの特徴がある。語弊を恐れずに述べれば、デンマークは福祉のソフト分野に、スウェーデンはどちらかというとシステムのハード分野に、そしてフィンランドは教育分野に卓越していると考えている。実際わが国も、憲法25条で「国は国民の福祉について責任がある」とうたい、バブル時期の一瞬「老人医療費無料」を実施、大盤振る舞いをしたことがあった。だがそれは北欧の「社会福祉」とは、何かが根本のところで大きな違いがあると感じる。

《その違い①》質素・堅実な暮らしぶり

　北欧３国への視察・研修のたびに、これらの国の人々に共通した質素で堅実な（それでいて決して貧乏ではない）生活に胸を打たれる。日本の大都市に溢れる光の大洪水やデパートのショウウィンドウを飾るブランドものから発せられる派手さはないが、国民の暮らしに密着した洗練された生活用品が溢れていた。

《その違い②》投票率90％以上の選挙で選ばれる政治家の治世

　常に90％を超す投票率によって選ばれた社会民主主義国の政治家たちが、まず何よりも国民目線で国を司ってきた歴史の積み重ねが、今日の福祉先進国としての地位を築いたのではないだろうか。

《その違い③》100年以上戦争を回避してきた。

　かつてインタビューで、「どうしてあなたの国はこのように福祉を推進することが可能だったのですか」との問いに、福祉大臣が「私たちは100年以上戦争をしなかった。国民のために戦争を回避する道を選んできた。そのことが今日の福祉先進国を築いたと思う」との言葉がいつまでも耳の奥に残っている。

《その違い④》デンマークの失業率4.2％と日本の失業率4.5％（2012年総務省）の意味

　かつて高度経済成長期（1980年代）に、失業率2％台という低い水準を維持していたことが世間の日本礼賛ブームの一端を担っていた時期があったが、1990年代の経済低迷期に失業率は5％台まで上昇した。1997年の大型金融破綻事件を受けて失業率が上昇し、98年に4.7％に至った際には、自殺者の急増という社会現象に繋がった。

　社会保障が整備されていない日本では、職を失うことが即生活破綻を意味しているからである。にもかかわらず世界的不況のなかで欧米各国の高い失業率に比べて、

日本の低失業率の安定性の要因は、終身雇用（世帯人員扶養の給与体系）という日本型雇用の特色が維持されていることにあるといわれている。しかし、この終身雇用（世帯人員扶養の給与体系）を前提にした社会制度は、不況による企業倒産で急激に失業率が上昇すると、自殺の急増という大きな社会的ストレスを生むことが、日本の特徴といえる。

　一方北欧では、税金は高いけれども手厚く補償された失業給付と、生産性の低い中小企業で失業した労働者を、福祉などの公共セクターで吸収した結果、失業率が低く抑えられていることを示している。

《その違い⑤》ボランタリーな精神的土壌

　これらの国でたびたび耳にする言葉の一つに、「困っている人がいたら助けるのは当たり前」というボランタリーな（無償の助け合いを当たり前とする）精神的土壌がある。今回の視察・研修先ネストヴェズ市でも、ケア付共同住宅入居者100戸にたいして200人のボランティア登録者があるという。もちろん無償である（今回「ボランティアとは無償という意味でしょう？」と反対に問われた）。

　日本だって昔、今のお年寄りが子育てをしていたころ、「お天道様が見ているんだから悪いことはしてはいけない」とか、「困った人がいたら、助けるのが当たり前、それが人の道」「弱いものいじめはしてはいけない、それが人の道」とか言われたものだった。その精神的な土壌ともいうべきものは、どこに行ってしまったのだろう。

　敗戦から遮二無二復興をめざして働いてきた私たちは、資本主義の競争原理のなかで生き、子供たちをここまで育ててきた。隣人を蹴落として這い上がることを、だれもいけないことだと教えなかったような気がする。


　少し前まで世界に誇る経済大国と呼ばれていた資本主義国日本は、世界不況の最中に東日本大震災のアッパーカットを受け、その一方で少子高齢化期に最初に突入する国として経済的に瀕死の借金大国に追い詰められている。

　端からは見えぬが、世界でもっとも社会福祉を必要としている国の一つではないかと思う。

2012年5月1日

## 県立公園 "万古渓谷" ——新緑に包まれて

　ゴールデンウィークの「悠々」は、「開所3周年記念祝賀会」で大童だった……はずだった。

　今年から開所記念パーティーを中止した。その理由は、当組合の組合員63名のうち56.4％は高齢の村民、残り43.6％は村外の若い応援者たちで、泰阜村民にとってゴールデンウィークというのは、村外に出て行った子供たちが村に帰ってきて、自分の家の田を起こし、家族総出で田植えをする年に数回の記念行事にあたる。

　そんな大事なときに、悠々のパーティの手伝いどころではない！という。まったくもってその通り！ということで、残念ながら取りやめになった。

　ゴールデンウィークの泰阜村の美しさは、言葉ではとうてい言い尽くせない。日本の緑の樹木に抱かれた自然の美しさは、観光地として数え切れないほどあるけれど、泰阜村の開発から取り残された本物の里山や渓谷の美しさには神々の息吹をたしかに感じるものがある。

　ここを訪れた人たちが、例外なく、心も体も癒されて帰って行くのを私たちは知っている。本当をいうと、泰阜村の外にいて、いつも私たちのことを心にかけてくださる人たちに、報告と小さなおもてなしでご恩返しをしたかった。


　今年のゴールデンウィークには入居者のご家族が入れ替わり立ち替わりに訪れてにぎやかだった。ほかにも神奈川県辻堂から泰阜村に来訪された組合員ご夫妻は、理事長家族と県立公園万古渓谷のほとりで、溢れかえるような新緑のシャワーを浴びて一日を過ごした。それが何よりのおもてなしだったと言われた。

　これからもたくさんの村外の組合員の方々にご恩返しをしたい。これまでの苦しいときを支え励まし、助けてくださったことにお礼を申し上げたい。開所記念パーティの案内は届かなくても、いつでも私たちはお待ちしています。どうぞご遠慮なくお越しください。そしてやっとなんとか独り立ちできそうなところまで辿り着いた私たちを見て安心してください。

　先日文科省の教科書審査官からのメールで、私たち「悠々」での取組みが、平成25年の高校社会科教科書に掲載される（写真付）ことが決定したと知らされた。

　また、内閣官房、総務省等の方々がヒアリングに来所され、「悠々」の事業を何らかの形で国でも取り上げていきたいとの言葉をいただいた。

私たちの願いは一つ、過疎の村・泰阜村の片隅で、ひっそりとはじまったばかりの取組みが、国の目にとまって、今後東日本の被災地の復興の一助になれば嬉しい……。

　がんばれ、がんばれ、東日本！
　あともう少し、決して諦めずに、そこまで手が届くのを待っていてください。必ず助けが届くことを信じていてください！

2012 年 5 月 11 日

### 田本月曜会、5 月月例会

　今日は、月 1 回近隣のお年寄りたちが集まる交流会「田本月曜会」の開催日だった。要介護状態にならなければ、配食サービスは受けられず、少し元気なお年寄りたちは外出の足がないので買い物にも不自由をし、栄養のバランスのとれた食事とは言い難いものを食べていることが多い。その人たちが月に 1 回集まって「悠々食堂」の御馳走をお腹いっぱい食べ、残ったものを折り詰めにして帰る。「これで晩ご飯ができた」、「子供に食べさせたい」……。

　今日の「悠々ランチ」はチラシ寿司に茶碗蒸し、ポテトサラダに山菜の漬物、デザートに手作り柏餅だった。悠々の酒豪たちも、ノンアルコールビールをご相伴して大喜びだった。

　来月から「リハビリ教室」を同時開催する。さてさてスタッフはまたまた大忙しとなるが……大丈夫かな。

　悠々の軒先に 今年もツバメが巣を作った。お年寄りも喜び、私も何だか嬉しかった。初めて悠々の軒先にツバメが営巣した 3 年前、一人のお年寄りと大喧嘩になったっけ……。

　「糞が汚い、家が汚れる、蛇が来る、ダニが落ちる、鳥インフルエンザを持ってくる」等々が、その反対要因だった。喧嘩の発端は、ツバメがたまごを温めはじめている巣を竹の棒で叩き落としたことだった。

　「人間の糞尿とツバメの糞とどちらが汚いと思う？　悠々には、だれもお年寄りの尿や便を汚いと思う人はおらんに？　ツバメの糞もきれいに掃除すればきれいに

なるら？　悠々は一度も便や尿の臭いがしたことはないら？」と撃退したのだった。

　ツバメが卵を温めているのをお年寄りがニコニコしながらのぞいている。「ヒナはもうかえったか？」「顔が見えとらんでまだだに」

　ツバメが来るということは、近隣の緑の木々に例年通り虫たちが表れて餌が豊富にあるのだと思う。そう思いたい。野菜たちが殺虫剤まみれだったら、餌となる虫は存在せず、ツバメは来ないのだから……。私たちの口に入るのはどちらの野菜か……。目には見えないが最大の賭けである！

2012 年 5 月 14 日

## 「悠々」の理事会風景

　泰阜の杜の新緑が落ち着いて、あたりに響き渡るうぐいすの谷渡りに聞き惚れていると、朝づくりの農家の方々の梅の実取りの姿が見える。もう少ししたら泰阜の茶畑の茶摘みがはじまり、おいしい新茶がいただけるかもと、ひそかに胸がどきどきする。

　泰阜村では今年もリハビリセラピストの雇用が叶わなかったようで、リハビリ過疎地が続いている。ロコモシンドローム（骨・関節の不具合による痛み）を抱えている村民の方々には、栄養と同じぐらいリハビリによる手入れが不可欠だと思うが、21 世紀の日本、遺伝子治療が脚光を浴びているこの時代においてさえ、リハビリ＝マッサージというのが住民の認識である（だから役場も真剣に動かない！のではないか……と思う）。

　そこで悠々では、（仕方なくではあるが）リハビリセラピストがいなくても、「健康に良いことを本格的にはじめるぞ！」と【悠々・地域リハビリ教室】事業を実施することになった（昨日の理事会で承認を得た）。

　ご存知だと思うが、悠々の理事さんたちは理事長と顧問医師を除く全員が村議会議員経験者である。そのことは同時に、その視野が常に村全体に広がっており、村民のニーズが痛いほど理解されていることを意味する。お金がなくてもできること！　これは一つひとつの事業が、村民の笑顔に直結することを指しており、今回の【地域リハビリ教室】事業についてあれこれ議論しながら、「村の年寄りがどれほど喜ぶか……」と役員の顔も笑顔、笑顔であった。

　今回の特徴の第一は、【悠々・地域リハビリ教室】事業の対象者が、①泰阜村民

であること　②参加を希望することの二つだけで、すべての村民を対象とし、あらゆる規制を撤廃したことである。そしてその趣旨は、「安心して最後までこの村で住み続けることができることをめざす」である。

　第二は、Social Capital（絆　地域力）の再構築である。


　３年も経ったこのごろでは、理事会の面々が、様々な事業案を次々と繰り出す理事長に慣れてきたようだ。そして、それを面白がり、村民の笑顔に出会えるお手伝いをしている「悠々」の役員であることを、誇りに思っていただけるようになったようだ。毎月１回の理事会は昨日で60回となっていた。理事の皆様とそのご家族が被った数々のご苦労を「お天道様がきっと見ていなさる」と信じている。

2012年６月１日


## 第１回【悠々・地域リハビリ教室】風景

　６月２日第一土曜日９時から【悠々・地域リハビリ教室】がスタートした。過疎の村の70代、80代ついでに90代のお年寄りは、みんなみんなロコモシンドローム（骨・関節の使い過ぎによる変形と痛み）を抱えている。急坂な谷間の棚田を開墾し、田畑を作り、谷の湧き水を里山の田畑に引くために水路を作り、女はその間に桑畑をつくって蚕を飼いまゆを出荷し、子を生み育てた。背中に子を背負いながら腹の中に次の子を宿し、農作業の切れ間がなかった……という。

　日本の戦前、戦後を生き抜いてきたこのお年寄りの痛みを、何とか楽にしたい！というのがこのリハビリ教室の一番の目的である。そのお年寄りが、リハビリの先生まで来て診てくださるというので、大勢集まられた。入居者５人、スタッフ４人と合わせると総勢19人となった。

　「お医者様に、こんなに丁寧に時間をかけて自分の身体を診てもらったのは初めて」

　「足湯がこんなにいい気持ちだとは思いもしなかった。いつも冷えてしびれていた足が後まで暖かくて足が軽くなった」

　「超音波温熱器がこんなに近くでかけてもらえて、嬉しい！　いつもの夜中の痛みがなくなって楽になった。遠い隣町まで通わないとかかれんので、いつも痛みを我慢してきた。嬉しかった」

「脳のリハビリは、久しぶりに緊張して、皆でわいわい言って難問を解くのがこんなに楽しいとは思わなかった。これはハマるね！」

「顔見知りのみんなに会えて、一緒にご馳走を食べられてこんなに楽しい一日を過ごせて嬉しかった。また来たいのでよろしくお願いいたします」

参加費は千円（お食事付送迎付）。

悠々はこの日一日、笑い声と笑顔、笑顔に満たされていた。


スタッフの皆さま本当にお疲れさまでした。これが村の社協スタッフの半分、看護師は３分の一の給料……。この悩みだけが理事長の心に重くのしかかっている。でも、スタッフが「先生そんなこと気にせんでください。私たちも働くのが楽しいんですから」と言ってくれる。

この理事長、なんという幸せ者なのだろうか。ありがたくて涙が出る.

2012 年 6 月 5 日


## 悠々のある日曜日


泰阜村の杜の緑が濃くなって、幻の花〝笹百合〟の群生地では、蕾の先が赤く膨らんだ笹百合に１本１本添え木を確かめる。蕾が大きく開いたとき、細い茎が持ちこたえられずに倒れてしまうからだ。この季節になると「笹百合の花はまだかね」と知る人ぞ知るで、尋ねられる。「もう１週間ぐらいかねえ」と、にわか仕込みの村民（私）が言う。大好きな泰阜のわくわくする一瞬である。

さて、そんなのんびりした休日の朝を楽しんでいたとき、携帯電話が鳴った。悠々の 95 歳の「H さんの様子がおかしい。血圧が 191mmHg もあり反応はあるが混乱している。朝食にも起きてこない。いつもと様子が違う」というのだ。平日は低血圧の方なので降圧剤は服用していない。顧問医師 H 先生とともに悠々に駆けつける。

診察の結果、「緊急性はないと思われるが、内服薬の検討も考えてかかりつけ医の先生に往診をお願いするほうがいい」と指示された。村医の S 先生が駆けつけてくださって、診察の結果「大丈夫！　この方は最高血圧 250mmHg/150mmHg 以上でなければ心配ない」ということで、あっという間にお帰りになった。でも身動きもしない 95 歳のお年寄りをどうやって病院に運れて行くか途方にくれていた

私たちは、村医のS先生の往診から本当に安心をいただいた。

　S先生ありがとうございました！

　30代の若さで、ご家族ともども泰阜にお越しいただいて、村の年寄りのために休日もなく走り回ってくださることに、口では言い表せないほどの感謝でいっぱいである。

　在宅福祉の村《泰阜》。この若い医師を村の宝として大切に大切に応援していきたいと思った。

2012年6月10日


## 悠々の心の処方箋


　悠々ではお陰様で、お年寄りの体調が今のところ落ち着いていて、平和な日々が流れている。この時期、山里のお年よりは多忙な日々を送っていて、そのお陰でお元気そうに見える。みな農作業と草取りに追われているらしい。

　悠々でも春先から、たけのこ、わらび、こしあぶら、木の芽、ウド、新茶、梅の実35Kgなどなどをいただいた。みんなで「ありがたいね」と大喜びした。

　先日、入居者H翁が95歳の誕生日を迎えることになって、お好きな食べ物のご希望を伺ったところ、「こちらに伺ってからうなぎを食っておらんねえ」と言われた。確かにずっと昔は、泰阜村でも天竜川にわなをかければ、普通に捕れて、よく食卓にのぼったものだったそうだが、「いつごろか、うなぎはスーパーで中国産の冷凍うなぎを買って土用の丑の日に、行事のように食べているだけになったね」と、あらためてこの時代が失った日本の宝について確かめたことだった。「でも、H翁の誕生日にはうな丼パーティーを開いてお祝いをしなきゃね……」と話し合い（そのかわり今年の土用の丑の日はなしということで）、理事長が飯田のスーパーマーケットまで走ってうなぎを探した。

　しかし、しかし、うなぎがいない……のでびっくりした。その日の悠々の昼食会の人数は、スタッフ4人＋定期清掃の業者さん1人＋入居者9人なので、計14人前必要だ。申し訳ないがお一人半匹としても、うなぎは7匹必要となる計算で、スーパーの冷凍ケースの前で、1匹1,480円のうなぎを手に取って「うーん……」となってしまった。「えっ‼　中国産のうなぎが1匹1,480円？　それが3匹しかいない……。その奥に隠れていらっしゃる2匹のうなぎは1,980円……。どうや

らこちらが日本産らしい」

　結果、理事長判断にて中国産を3匹購入、スタッフのためには1パック480円の海鮮チラシを購入することに決定した。結果的には「うなぎも食べたい！　海鮮チラシもおいしそう！」と訴えるお年寄りにも、少しずつ分けあって皆でいただくことになった。

　プレゼントは、元新聞社の編集局長さんにとフリー日記帳が選ばれ、理事長の庭先に咲いた顔が隠れるほどのピンクのバラの花束＋デコレーションケーキとなった。

　ところが、デコレーションケーキに飾られている点灯したローソクを数えはじめ、「8本しかないよ、これはおかしいよ」とおっしゃって、「9こ（太いローソク9本、細いローソク5本）がのらなかったの」と、理事長が許しをこうことで一件落着となった。

　その笑顔でいっぱいのお写真を少し離れたご家族（92歳の妹さん）にお送りすると、たいそう喜ばれたとのことであった。

　悠々の幸せのおすそ分けを、これからも続けていけたらと思う……。

2012年6月15日


## 新盆の刻

　九州の集中豪雨が続いている。「今まで経験したことのない……」とテレビが地域住民に危険を発信している。けれど今回も多くの方々が犠牲となられ、生き残った方々にも地獄のような生活再建の日々が目の前にある。これらの人々の苦しみを思うとき、これらの人々への支援を滞らせながら、テレビのなかの消費税増税騒ぎが仮想の出来事のような感覚に陥る。

　今年も新盆の時期になった。今年も多くの村人が逝かれた。なぜか若い人が多かった。悠々では、92歳のIさんが、「盆が近づいたで、私も急がなきゃいかん。早く早くわしの葬式の用意を急いでくれ」と言う。途方にくれたスタッフが「これはもう先生しかできん！」と理事長を呼ぶ。

　「Iさん、この世を生きているのはつらいもんだねえ。私らが十分なこともして上げられんで申し訳ないよ。許してね。でも人は自分の都合で死んでも、あの世に席が間に合わないと、もう一度この世に送り返されるらしいよ。お迎えが来るまで

順番をもうちょこっと待っていようか。生きていたらきっと良いことの一つもある
かもしれんでね。娘さんにちょこっと会いに来てもらおうかねえ」

　このくらいが理事長の限界。きっと寂しかったのだろうと思う。早速いちばん大
好きな長女さんに応援を頼んだ。「盆が近づくと、先に逝った人のことを思って、
寂しがります。お忙しいときに申し訳ありませんが、いちばん大好きな長女さんに、
Ｉさんの傍にいてほしいのです。私たちを助けてください！」

　翌日、早速長女さんが来所。ずっと傍にいて四方山話をして過ごされていた。お
昼も、３時のお茶もご一緒で、また幸せなお顔が戻った。


　私たちがどんなに力を尽くしても、家族の存在にはとうてい及ばない。それでも
毎日毎日のお世話を（私たちスタッフの小さな愛を）注ぎ続けようね。

　必ず良いことあるからね！

　お天道様が見てるからね！

　それにしても、もう少しまともな給料を出してやりたい。スタッフそろって慰安
会もしてみたい。悠々のような、介護の職についているスタッフの〝愛〟に対して、
この世では何と報いの少ないことかと……心の底から思う

2012 年 7 月 14 日


### 秋色に染められて


　泰阜村にも大雨が降って、雨が上がった次の日から山里が一気に秋色に染まった。
早稲の刈り取りがはじまった棚田に赤とんぼが舞い、ススキが銀色の穂をなびかせ
萩の花がゆったりと赤色を撒き敷らす。撫子のピンク、女郎花の黄色、桔梗の色鮮
やかな青に染められて、泰阜が秋に入った。

　９月に入ってすぐに泰阜村でも村を上げての「防災訓練」があった。

　歴史の長いお隣の「特養」では本格的なお年寄りの救出計画があって、近隣の住
民総出で避難体制が組まれているのだと風の便りに聞いて、副村長に「悠々のお年
寄りはどうしたらいいのでしょうか？」と尋ねた。

　その日は理事長判断で、まっしぐらに「悠々」に駆けつけ、７人のお年寄りと２
名のスタッフの安否を確認し、避難所に急行し所属している地域の班長に状況を伝
え、「悠々」について指示を仰いだ。「悠々」については何の計画もされていないと

いうことだった。施設ではないただのアパートの住民は、自主的に避難しなさいということらしい。確かに平均年齢89歳（97歳〜83歳）、独歩可能はお二人のみというアパートである。かつてこの施設が大きな工場だったころ、両側に流れる沢があふれて水に浸かったことがあると聞いた。近隣の住民がみんな恐れていることは「山崩れ」である。「その時はどこへ逃げたらいいのですか？　私たちはどうしたらいいのですか？」と必死になって訊いたことがある。一人の翁が「そんなときはジタバタしたってどうしようもないのさ。流されるも地獄、生き残るも地獄」と言われた。

　一人ひとりの安心しきったお年寄りの顔を眺めながら、どうやってこのお年寄りを救い出すのか、理事長への宿題が加わった。

　東日本のお年寄り、もうがんばる気力も擦り切れているのでしょうか。

　あなたたちのことも一緒に、この胸にかかえて、考えていきたいと思います。

　大規模災害のとき、自主避難不可能なお年寄りばかりの過疎の地で、これらのお年寄りをどう考えたらよいのか……考えたい。

2012年9月4日

## ひたひたと各地に「ケア付き共同住宅」

　各地にひたひたとケア付き「高齢者共同住宅」建設の噂を耳にするようになった。しかし、悠々が高齢者等による共同経営であるという肝心な運営システムについての噂は聞こえてこない。加えて今一つの肝心な特徴、近隣の地域住民の見守り機能を含む「地域交流センター」が中心であることも見落とされているような気がする。この「地域交流センター」なる施設もすでに各地に存在していて、少人数の人々の集会場や趣味の会やお茶のみ会、健康教室等に利用されている。ではこれらの「交流センター」と「悠々」のそれと何が違うか？

　多くの視察団が悠々を尋ねて、「どうしたらよいか？」と訊かれる。電話で訊かれると答えに窮する。「目には見えないものなので、口ではとうてい説明ができません。厚かましいお願いですが、一度その目で見てください」と答えることが多い。

　悠々にあるのは「普通の暮らし」そのものである。自分の家に暮らしていたら、そのように過ごしておられたであろうその生活を、そのまま続けていただいている。

　悠々に来て、スタッフにゆったりとケアされている穏やかなお年寄りの顔を見て

いると、それがわかる。「悠々」のケアの原則は一つである。「お年寄りが笑顔でいられるように！」ただそれだけである。

　悠々のスタッフは、各自でそのときそのときの判断で、お年寄りのニーズを受け止め可能な限りの知恵を振り絞って対応している。だからマニュアルはない。統合失調症のお年寄り、認知症のお年寄り、入退院を繰り返すたびにケアが重くなる頭のしっかりしたお年寄りたち、一人ひとりの人生に寄り添って、「家族だったらどうするだろうか？」と自問自答しながら、日々ケアの最高の質をより向上させたいと願っている。

　近隣の在宅のお年寄りも、「私たちに見守られていること」を知っている。「何かあれば必ず駆けつけてくれること」を知っている。地域の絆、それが「住み慣れた地で最後まで安心して暮らす」ための生活条件であることを私たちは学んだ。最近とみに、可能ならばそのことを伝えたいと思うようになった。

　この９月から、夫の勤務地Ｋ市で手がけられた「地域巡回リハビリ活動」事業のお手伝いをしている。そのため「悠々」のブログを書く暇がなくなった。古稀を過ぎて高速道で100Kmを往復している。もうしばらくの間お許しをいただきたい。

2012 年 9 月 23 日

### 第 5 回通常総会開催にあたって

　台風が「悠々」のすぐ横あたりを通りぬけたあと、いっそう秋が深くなった。

　台風 17 号来襲の夜 、3 人のおばあちゃんたちが「今夜は、真ん中のロビーの畳コーナーで一緒に眠りたい」と言われた。その訳を訊くと、「昔、伊勢湾台風で怖い目にあって、それを思い出したら怖くて眠れない。だれかと一緒にいたい」と言うのであった。その晩、3 人一緒にお布団を並べて、夜中まで大型テレビの台風情報に見入り、大丈夫らしいと確かめてからそのまま休まれた。翌朝、元気に起きてきて、台風がもたらしたサプライズに 3 人のおばあちゃんの絆がいっそう深まった気がした。

　「出会い」……。長い人生のどこかで、人はだれかと出会うのだろう。そして、その続きをともに歩くことになるのだろう。3 人のお年寄りにとって、気心の知れた大事な友として確認し合った宵であったのだろう。

　さて開設から 4 年半経過し、「高齢者協同企業組合泰阜」はこの度、第 5 回通常

総会を開催することになった。「半年も持たないだろう」と囁かれ、全く運営資金なしでスタートした当初を振り返ると、万感の思いがこみ上げる。髪を振り乱して孤軍奮闘している理事長を、遠巻きに眺めていた理事たちのなかから「3年はこの理事長を応援してみるか」と、賭けてくださったお仲間が残り、支え励まし、村の掟をじっくりとわからせ、導いていただいたおかげで今日があると確信している。

この優しく太っ腹な理事たちは、すべてが村議会議員あるいはその経験者で村の重鎮である。いつもこの「悠々」で起こっていることを、広い視野から眺めるセーフティネットとなっていることが、村民及び村からの信頼の根拠となっている。

この4年半、多少の赤字はあったけれど無借金で押し通したのも、これら理事たちの運営管理の賜物である。いつの間にか薪は、理事たちのこれまでのネットワークで途切れることなく寄付でいただいている。やっとわずかばかりの余裕ができて、足りなかった台所消耗品を買い足してもいいと、お許しが出た。ご不便をおかけした賄い担当のスタッフにお礼を申し上げたい。

また村のお年寄りの方々のリハビリのために「足湯」のためのジェットバスを購入することができた。少しだけ心に余裕を持って毎月の理事会を迎えることができるようになった。

今では笑顔で、熱い議論を闘わせているお仲間たちが、「自分が倒れたらお世話になるんだから、悠々を潰すわけにはいかない」と言われるようになった。「悠々」は泰阜村のお年寄りたちのものと感じていただけるようになったのだ。本当に嬉しいと思う。感謝でいっぱいである。

11月17日（土）の総会には村長はじめご来賓をお迎えする。今年こそ「在宅福祉の村」泰阜の、小さな柱の1本として認めていただけるだろうか……と期待している。

2012年10月2日


## 翁90歳、最期の迎え方

10月某日、泰阜村で生まれ泰阜村でその一生を生きてきた翁の90歳の誕生日を祝った。家族も花束を持って駆けつけ、恒例のお誕生日ケーキと理事長からの花束＆プレゼントでお祝いした。誕生日ケーキを大きな口を開けて食べ悠々のお仲間とハッピバースデイを手拍子で祝い、家族との記念写真に笑顔で写った。

その日から何かしら弱って離床を嫌がることが多くなり、目が離せなくなった。1週間ほど前から促さないと嚥下が難しくなり、自ら手を伸ばすのが小梅の蜜煮と果物になり、食事やお茶のお誘いにも、「いらん」といって自室で寝ていることが多くなった。時折下血があり、下腿にポツポツと紫斑が見られるようになり、幻覚も口にするようになった。

　しかし、意識はしっかりしていて私たちとの受け答えは明確で、笑顔もなくなったわけではない。家族とも話し合い、「このまま私たちの未熟なお世話でいいのでしょうか?」と確認した。家族も迷いながら、「おじいちゃんは泰阜村から離れたことがない人で、悠々のことが大好きなので、できるだけここにいさせてあげたい」と……。

　理事長に眠れぬ夜が続いている。栄養剤の点滴や輸血のための入院をしたほうがいいのかどうか、穏やかな寝顔を見ていると迷う。

2012年10月22日

### 翁90歳、最期の迎え方《入院》

　90歳翁の誕生日翌々日、大量の下血があり、診療所医師、家族と相談して入院となった。そのとき入院先の医師にターミナルもとお願いした。

　入院と決まって本人は初めて「おれは今日でもう終わりだと思う」などと弱気を吐いた。診療所医師に「救急車で搬送しますか」と尋ねると、「いや家族に連れて行ってもらって」と言われ、「家族は車の運転ができないので」と、理事長が1時間かかって隣接の市街地にある総合病院に連れて行くことになった。翁Kさんは、行きの車の中で、泰阜村の見事な錦に彩られた山々を見て「泰阜村はいいなあ。春には見事な桜が咲いたなあ」と、名残を惜しまれていた。

　その言葉に、心のなかではどきどきしながら「Kさん、ほんとに泰阜村は美しいねえ。こんな美しい村は他にないねえ。だからもう一度元気になって泰阜村に帰ってくるんだに。春になったらまた悠々の皆と一緒に花見をしようね」と、逝ってしまいそうな大切な翁の心を必死に引き止めていた。

《入院》

　貧血が進み真っ青な顔をしたKさん、血圧測定ももちろん採血も尋常ではなかった。検査後の結果説明を家族と一緒にお聞きした。「癌の再発はこの検査では見当

たらない。さらに精密検査を実施するには、今の体力では無理と思う。様子を見ながらはじめましょう」と、だいたいこのような説明であった。

「よかった！ 癌の再発ではなく、この治療の苦しみをとりあえず免れたかもしれない」と、胸をなでおろしたのだが、私たちが彼のベッドを訪ねて、「明日またくるから今日はここでお泊まりしましょうね」と言うと、ベッド柵にしがみついて両足をおろし起き上がろうとしはじめた。「話が違う。おれはこんなところで泊まるつもりはない。悠々に帰る」と言い張って、帰るに帰れなくなった。

その晩午後11時半まで家族が本人をなだめるために付き添うよう病院から依頼された。とうとう家族が「もうこれ以上できません。何とかしてください」と看護師に頼み込んで、「では」ということで、注射で眠りについた。翌朝も「おれはこんなまずい飯は食えん。悠々の飯を食いたい」と言いはり、家族はあれこれ対応に苦慮し、その夜も「悠々」に帰ると言い、夜中まで家族が対応に苦しんだ。

理事長もそして家族も、本人の苦しみを思うとき「これでよかったのか」と、もっと苦しむことになった。「医療と福祉」がもっと「本人の心」を中心に一つになることはできないものなのだろうか……と思う。

2012年10月31日

### 第5回総会閉会——感無量のうちに

11月17日（土）午前11時、開会宣言からはじまった第5回総会が、村長、田本老人会長を来賓としてお迎えし、組合員56.4％の出席をもって滞りなく閉会した。

総会後事務処理の膨大な作業のために、県中央会のT氏が駆けつけてくださり、そのご指導のもとに総会議事録の報告書ならびに定款変更（任期満了に伴う役員改選、役員数の縮小等）の手続きをやっとのことで完了し、理事長としての任務を終えた。

総会は温かい雰囲気で進行し、終了した。私にとって初めて「心の血」を流すことなく終わった総会であった。 会場は「緩やかな地縁という絆で結ばれた」仲間同士の支え合いが醸し出す温かな雰囲気に包まれていた。

総会閉会の最後に松島貞治村長から、私たち役員と出席した泰阜村在住の組合員、東京、埼玉から駆けつけた3名の村外組合員、全スタッフを前に、次のような祝

辞を賜った。その言葉は私たちの心に染みとおり、癒し、励まし、力強い支えとなった。

「私は組合設立にあたって理事長に伝えた言葉があります。『これから様々な困難が待ち受けているかと思うが、どのようなことがあっても、先生がここに掲げられた理念を高く掲げ続けてください。それだけを私はあなたに期待します』と言ったのです。この事業は、10年前に先生からプレゼンテーションを受けたことからはじまったのです。それを受けて村会をはじめ村の職員や主だった村の要職にある方々に持ちかけたが、だれひとり理解できるものはおらんかったのです。実際に建物の建設に取り掛かることができたのは、それから4年後、開所式までこぎつけたのは実に6年半かかったのです。波乱万丈のなか、よくここまでこられた。この先生の理念こそが、泰阜村が全国に向かって発信しなければならない使命だと思います……」

資本主義社会の持っている合理主義によって、介護保険制度が「人間の尊厳」を「無駄」と切り捨てた部分を、無謀にも私たちは自力で拾い続けようと試みた10年間であったと思う。しかし、無謀な私の挑戦を「見捨てておけない。先生をここで殺してしまったら泰阜村の恥だぞ」と、厳しい世論のなかを親衛隊のごとく守り、滔々とさとし、指導し続けてくださった理事たちが、私を支えた。そして同じように厳しい世論の荒波を浴びながらも、揺るぎなく組合員で居続けた村のお年寄り組合員たちが、心と心で結ばれて今では一つの家族となった。

今回の総会は、理事長がどれほど愛され信頼され、守られているかを、そしてどれほど幸せ者であるかを証明した場となった。

感謝以外に私はこの人たちに何を返すことができるのかと、万感の思いを胸にしながらこのブログを書いている。そして、残された今一つの仕事、古希をすぎた理事長と役員の次の世代が現れるのを祈り続けることである。

2012年11月20日


### 沖縄からW理事長をお迎えして

昨日、沖縄から組合員のW先生をお迎えし、手土産の泡盛を御馳走になった。先生には平成23年度の総会資料を郵送し報告書を読んでいただき、その上でのご視察であった。その目的の一つは、実際の「悠々」の様子をその目で確かめ、理事

長を労うことであったらしい。

　W先生との本格的な出会いは、終戦60周年記念が広島と長崎で盛大に行われる場面をテレビの画像で見ながら、それに比較して「沖縄戦」が私たち本土人（沖縄のU氏の言葉）の記憶から置き去りにされている感が拭えず、せめてその本土人の一人が、花と線香とローソクの灯をささげ手を合わせたいと願ったことにはじまる。

　紹介していただいた個人タクシー運転手U氏からは、4度にわたる「沖縄がまの慰霊の旅」にお付き合いをいただいた。慰霊の旅は年ごとに厳しさを増し、観光からは遠く離れた「人知れぬがま」に導かれた。年1回お盆前後の2泊3日で平均15〜20か所を訪問した。その度にその場に眠る人々の無念を思って、憔悴し腑抜けのようになって帰途に就いた。

　平和ガイドと称されるU氏は、導かれるままに手を合わせて祈る姿に少しずつ心を開かれ、「このような沖縄のがまは、現在知られているだけで2,000か所あります。すべて私が案内します」と告げられた。毎年通っても100年かかる。古稀を過ぎた私ができることは何なのだろうと思う。

　そのご縁でW先生は、我々の組合員として参加されることになった。

　本年、「悠々」のようなケア付き共同住宅の建設を沖縄に実現したいとのことで、1泊2日の滞在時間を入居者や、スタッフ、来所者の立ち居振る舞いを観察し、質問を繰り返されて、「当たり前の時間が流れるこの空間には、目には見えない愛がある。それをどのように再現するかを考えたい。今度はスタッフを連れて来ます」と帰途につかれた。

　開所当時の苦しい時期に、いつも変わらぬ愛で励まし続けてくださったW先生のお役に立てればこれ以上の喜びはない。先生、本当にありがとうございました。

2012年12月1日

## 地域コミュニティの一員として

　一昨日からの雪で村が真っ白な衣を被り、本格的な厳冬に突入した。今朝はこの下伊那地域に大雪警報が出て、あちこちで融雪剤を撒く作業がはじまった。昨日は近隣の住民総出で、不在地主や高齢で手入れを放棄した村道沿いの支障木の整備に汗をかいた。

「悠々」がある泰阜村田本地区は、65歳以上の住民が半分以上を占める「限界集落」である。道沿いの手入れを放棄した地には、どこもかしこも竹が繁茂し、雪が降ると雪の重みで道路に次々と垂れ下がった竹で、その大切な生活道路が雪解けのはじまる春まで通行不能になる。

　昨日は雨交じりの雪の降る合間に、総勢30人ほどの年寄りが、痛む足腰をものともせず黙々と急坂足場の悪い沿道ぞいの竹や蔦の絡まる雑木を切り倒し、横を流れる沢越えに切り倒した竹を道路に引っ張り出し、トラックに積み込みその竹を燃やすために、野菜を抜いて提供してくれた畑まで運ぶ大仕事だった。小休憩を挟んで実に3時間の重労働は、パソコンとペンしか持たない理事長のやわな体に堪え、久しぶりにどっと寝込んだ状態になってしまった。

　「今日は先生も出てくれたんかい」とリーダーに言われ、「今日は『悠々』代表で出させていただきました」とこたえ、慣れない山仕事によろよろとほとんど子供の手伝いにしかならなかったが、竹を燃やすという持ち場を振られた。

　その日は時折強い風が巻き上がって恐ろしい日であったが、運び込まれた想像を絶するほどの竹を燃やし尽くして、「今年の冬はやっとこの道を使える」と住民が安堵している横顔を見ながら、過疎の村の本当の厳しさは、「人が作っている」ことを実感した。

　都会で便利な暮らしを送っている不在地主のなかには、多くの現役の高級官僚もいらっしゃる。何度連絡しても素知らぬ態度が続くのは、決して許されぬ罪だと今回こそ思いを強くした。

　選挙戦の真っ只中で、日本のふるさとの存続が、限界集落の重労働のために苦しむ年寄りの肩にかかっていることを自覚している立候補者は一人もいないとお見受けする。深々とふる大雪のなかで、被災地の真の復興は遅々として進まぬままに、選挙なんかしている場合か！と怒りに震えてくる。

　とはいえ、こうやって住民とともに汗を流す作業に参加させていただくなかで、3年半前につくられたばかりの共同住宅が、地域の仲間の一員として認められていくことを肌で感じた一日が終わった。

2012年12月9日

## 94歳Iさん言「投票は日本人の権利だ！」

12月16日日曜日は前日来の氷雨が上がって、暖かな選挙日和となった。

この日は、朝一番から「今日は、わしは投票に行かなきゃいかんで、だれかわしを投票所まで運れてってくれ」と、だれかれを捕まえては懇願していているIさん94歳にスタッフがてこずっていた。

「先生どうしたらいいですか？　日曜日なので人手が少なくて、Iさんを投票所まで連れて行く人の余裕がありません。本人は『これは日本人の権利だ！』と叫んでいるんです」と、悲鳴に近いスタッフからの連絡が入り、理事長が呼び出された。「確かに投票は日本人の権利に違いない。偉いよIおばあちゃん！　日本人の権利でもあり義務でもある投票に欠かさず出かけていたIさん、要介護4の今年のあなたの状況はちょっとだけ苛酷なんだけどやってみるか」と、先日の竹きり作業以来、肩と腰を痛めて寝返りもままならぬ身ではあるが、自分の車にえんやこらさと全介助で乗せ、投票所に向かった。

泰阜村の投票所では、3人の男性スタッフに応援をお願いし車椅子に乗り移らせ、注目のなか、投票を無事済ませた。

帰途の車中での一言。

「これでわしもやっと人間になった気がした……」

暮れの多忙のなか、俄かの国政選挙であった。だが94歳の女性が日本の将来について真剣に考え、憂えながら、自らの意思を国へと届けた一日であった。

憲法25条「全て国民は、健康で文化的な最低限度の生活を営む権利を有する……」

政権が大きく変わったが、さて国は、今度こそ国民に健康で文化的な最低限度の生活を守ることができるのか、問いたい。

2012年12月19日

地縁と絆、再生の予感
2013 年

### 大自然の脅威、大雪体験！

　昨日は、一日中テレビでほんの数センチの雪で交通マヒを起こしている首都圏の映像を流していたが、悠々では、当番に当たっていたスタッフが降りしきる大雪を物ともせず、雪の重みで道路を塞いだ竹藪のなかを、車を傷だらけにしながら次々と駆けつけていた。

　12時にはこれもまた停電騒ぎで、オール電化（電磁調理器の台所、床暖房、入居者の電気毛布等）の悠々では、入居者に布団や毛布を渡し、夕方まで暖房なしの数時間を凌いだ。他の高齢者施設も自家発電はないようで、悠々のようなオール電化の施設は、緊急の場合の電池式ランタンを各部屋に整備しなければならない。ちなみにこのようなときにと用意した薪ストーブは、前面のガラスが割れて煙が部屋中に充満しそうで、いつものようにガンガン焚くわけにはいかない事情があった。

　一方、山の上の理事長宅は、村民らから「ふっふふ……。先生とこは秘境だからなあ」と、そのもの好きさ加減を笑われるほどの雪の深さで知られていたらしいことが、今回明らかになった。

　朝５時半、夫の出勤は自宅門口から数百メートルのところで、雪の重みに道路を塞いだ竹藪を突っ切れず、班長さんのNさんにお助けコールをする羽目になった。雪が深いためNさんも軽トラックを動かせず、現場まで深い雪のなかを雪かきスコップ＆のこぎり＆竹伐り用歯のついた電動カッター持参で駆けつけていただいた。無事脱出できた夫は、駒ヶ根の病院に走っていったが無事かどうかは定かではない。

　言わずもがなの山中に取り残された理事長の軽自動車（４輪駆動）は脱出できず、自宅駐車場に置いたまま愛犬をリュックに入れ、書類の入ったバッグをたすきがけにして50cmの深さに膝まで沈みながらの徒歩出勤となった。

　到着後９時から、雪のため道路を塞いでいる支障木を取り払うために集合をかけられた男衆が徒歩で出発するところであった。雪の山道を下ってきた理事長には、「おねえさんは出なくていいよ」との声かけ？をいただき、倒れるばかりに悠々に入った。

　美しい泰阜村の厳しい自然には、このように助け合う心の結集が欠かせないのだと知った。昼過ぎ、作業を終えた自治会長を含めた男衆に悠々で一休みしていただきながら、これから我々が年々年をとっていく現実を考えると、どうしたものかと

頭を抱えた。

　今朝、行方を阻まれた支障木と竹藪は見事に切り払われ、やっと理事長の軽自動車の脱出に成功した。ありがたいことだと心から感謝があふれてきた。

　私もこの村に死ぬまでずっと住み続けたいと願うのは、このように心優しい人々の住む村だからだ。私も自分のできることで、この村の人々のお役に立ちたいと思った一日だった。

　悠々のお年寄りは、これらの事件とは全く関係なく何事もなかったように、今日も「いい湯だった！」とゆったりと幸せな笑顔を見せていた。本当によかったと胸をなでおろした。

2013 年 1 月 15 日

### ＮＨＫ「終の住処はどこに～老人漂流社会」を見て

　昨日の悠々は、スタッフが朝から顔を合わせると「ＮＨＫスペシャル『終の住処はどこに～老人漂流社会』を見た？」との話題で騒然となっていた。

　私はふと 3 年半前、2 番目の入居者となった K さん（90 歳要介護 4）のことが脳裏に浮かんだ。K さんは、泰阜村でも秘境で知られている山奥の部落の方だった。村の集落に通じるたった 1 本の村道は、大雨が降れば土砂崩れで不通となり、先日のような大雪が降れば不通になるため、いったん病を得れば家には帰れないというのが、この村の常識となっていたようだ。

　無口なその K さんが、村の別の施設から入居されて 3 か月目、早朝ケアの最中に「わしは、次はどこに行くのかの……」と小さな声で呟かれた。

　理事長「K さん、ここはあなたの家になったんですよ。死ぬまでもうどこにも行かなくていいんですよ」

　K さん「ほんとかな？」

　理事長「うん、ほんとだよ。ここはアパートだからね、あなたの親孝行な息子がずっと家賃を払ってくれているから心配いらないんだよ」

　そう言われても K さんは私の目をじーっと見つめたまま、とても信じられないという顔を見せていた。

　K さんは、この悠々に来るまでの 2 年間、「ショートステイ」というサービス利用者で、3 か月ごとにたらい回しになっていた。この苦肉の策が生まれた背景には、

近隣の「特養ホーム」がどこも満員で、入所待機者は実に200人を上回るという地域の実情があった。加えて、自宅は、いったん病を得た高齢者は、簡単には病院にかかれない（往診も訪問看護も季節によっては不可能）という山間僻地の実情が、この国の社会保障制度の懐にはないというのが実感である。

　Kさんは、ご自分の強い意志で最後には自宅に帰られて、献身的な医師と訪問看護師の協力をいただきながら（病院から片道40分）、家族に看取られて逝かれた。この時Kさんは死を覚悟し、自らその方法を選ばれたが、見て見ぬふりのできなかった医療者の善意に支えられ幸せな最期を迎えられた。しかし、高齢化率38％の泰阜村の一人ひとりに、この善意が届くわけではないのは確かである。

　悠々には、知的または精神の障碍があって生涯独身のまま家族を持つことが叶わなかった高齢者が入居されている。生まれてからともに暮らしていた両親はとっくになくなり、長いあいだ自宅で一人暮らしを続けていたが、兄弟も高齢となり、その甥、姪が引き取ることは難しいということで、探し当てたのが悠々だったということである。


　悠々には暗黙のうちなる「悠々憲法」がある。
　第1条　生活の継続性
　「その方がだれであれ、自宅にいたらそうであるように暮らし続ける」ことを応援する。ということである（ただし入居者に暴力を振るわれる方には退去していただいている）。
　第2条　残存能力の活用
　見守りのなかで「普通の暮らし」が継続できるように、そして徐々に年老いて介護が必要になったら、家族がいたらするであろう何気ない手助け（専門的ケアではない）を受けられる。従って、たとえ時間がかかっても、自分でできることは自分でしていただく。
　第3条　自己決定の尊重
　日常の暮らしのなかで、お年寄りがしたいように過ごすというもっとも基本的な「暮らしぶりの自己決定」を尊重している。お勧めはするが「いやだ」といえばそれを尊重する。お食事もおやつも好きなものを選んで食べたいだけ食べている（ただし最近医師から「皆太り気味なので食べ物を控えるように」と指摘され、工夫している）。

外出も人手がないのでままならないが、村祭りや花見に出かけたり、ついでに外食を楽しんだり、そのときお年寄りがふっと「○○をしたいね」と希望を口に出されたとき、スタッフをやりくりしてそれをかなえている。

　しかし、心をつくし、力を振り絞っても私たちにはできないことがある。

　「家族」の代わりになることである。

　お年寄りは、たまに面会に来る家族の顔を見た瞬間、輝くような笑顔を見せる。

　年をとり不自由になってから、施設に置いていかれるお年寄りの苦しみを、私たち他人が癒すことは不可能に見える。

　私たち介護者は何を糧にがんばれるのか……問い続けている。

2013 年 1 月 22 日

## 地域の絆

　南信州は昨夜来の雪で、再び銀世界の朝を迎えた。

　昨夜は、村長をお迎えして役員との交流会（こちらでは新年会というそうな……）をもった。少し遅れて新役員となった H 先生も駆けつけ、酒を酌み交わしながら互いにこれまでの労を労った。よく考えてみれば、役員は現職の村会議員と元村会議員で、皆村政についてともに考え、村民のために働いた仲間であった。

　その席で、村長は、組合役員の職を自ら辞した方、ここに至るまで踏ん張った現役員のこれまでの動きと「悠々」の立ち上がりの姿を客観的にみた私見を述べられた。「村民を含め、役場職員や村の要職についているほとんどの人たちが、村の外に出た経験がない人が多いので、村の外側の大きな社会の動きを理解せず、従って『だいだらぼっち』や『山のレストラン』や『悠々』など、外部の人たちが泰阜で考え、実践している理念を理解することができないのではないかと思う」とのことであった。

　信州の雪国の厳しさをともに耐え、じっと雪解けの春を待ちわびる心を共有するなかで育まれる仲間意識こそ、地域の絆そのものではないか。

　K 市のモデル事業は、「Social capital（地域の絆）」形成の一つの方法論として提示されたが、泰阜村にはそれがまだ厳然として残っていると感じる。それは限界集落化した多くの孤立した集落を抱えた貧しい泰阜村では、生きるために村民の村役が不可欠で、自分たちが活きるために力を合わせる協働作業が残っているという

ことである。貧しいことは決して誉められることではないけれど、しかし、お金では買えない仲間意識を育てているといえる。

　昨年の4月から我が家は班長を引き受けた。それこそ草刈鎌の使い方も知らず、ジョレンとは何物かを知らず、融雪剤の撒き方も知らず、雪かきの仕方も知らなかった私たちだけれど、集落の仲間たちは、面白がってあれこれ教えてくれている。

　願わくは私たちの班長のあいだに、どうぞご不幸がありませんように、皆元気で何事もなく1年が過ぎていきますようにと心から手を合わせている。

　これほどまでに泰阜村を愛するのは、人間の手によって汚されていない大自然のなかで、ともに助け合いながら生きるしかない、本物の仲間と出会えたからだと今は確信する。

2013年2月17日

## 悠々の春

　東京の桜が盛りを過ぎたころ、南信州の遅い春が届いた。

　風はまだ肌寒かったが、悠々のお年寄りたちが「ぜひ花見をしたい！」と口々に言うので、お釈迦様の誕生日の花祭りにお隣のお寺に出かけた。

　襟巻き、ひざ掛けとありったけの暖かい防寒具を持って、ついでに10時のおやつも用意して大騒ぎでのお出かけとなった。

　お寺の本堂に到着すると泰阜村のデイサービス利用者の先客もあって、賑やかに甘茶をいただき、代表で理事長がお賽銭をあげ、手を合わせてお祈りした。本堂横にはピンコロ地蔵様がいらっしゃって、歩けるお年寄りがお賽銭をあげてはお地蔵様の頭をなでて、「ピンコロ逝けますように」と祈っておられた。しかし、我が悠々軍団には石が敷き詰められた境内を自力で歩けるものは一人もいないので、ピンコロ地蔵様には近づけなかった。あとで我ら悠々入居者の91歳のKおばあちゃんは「わしは100まで生きるつもりだで、ピンコロリと逝きたくないで、そんなこと祈らんでおいてちょうだい」と言われ、「おおー」とそのパワフルな意思に脱帽した。その後一面の桜の見渡せる休憩所で、おやつとなった。お年寄りたちは、「なんときれいだ、長生きしとって本当によかった！」と口々に言われて、お一人お一人を砂利道の境内を二人介助でお運びした（みんな重量級！）甲斐があったと、心豊かになった。

帰路は泰阜村の主な桜の名所をゆっくりとドライブして回った。帰ってからは全員疲れ果て、だれもかれも２、３日眠りこけて静かだった。幸せそうな寝顔を眺めながらスタッフたちもみんな、嬉しく幸せだった。これからも認知と介護の重度介護者の外出には手がかかるけれど、こうやってあちこちに連れ出してあげようと、スタッフ一同うなずきあった。

　入居者最高齢のＨさん97歳、最近はお部屋のいたるところに放尿するようになり、とうとうウォークインクローゼットにも放尿がはじまった。自分でそっと汚れたリハビリパンツや下着やズボンを押入れの奥にしまい込み、力まかせに電気のスイッチ、トイレのドア、入口の仕切り柵をぶっ壊して修繕が追いつかなくなった。今年の10月でまる２年目の契約更新日がやってくる。このＨさんを私たちが見て差し上げるのは限界か？と理事会で喧々諤々の議論が出ていた。

　理事長としてスタッフに問いかけた。「今後、この方の行動は（セクハラ行動も）もっと重くなることが予想されますが、みんな看ていけそうかなあ」

　スタッフ「先生、やることはメチャメチャだけど、こんなに幸せそうにしているので、最後まで看てあげたい。幸せな最後を実現させてあげたい。みんなで話し合ってそう決めたんです。お願いします。置いてあげてください」

　こんな幸せなケアを受けている人が、この日本にいるのだろうか。私は長いこと医療・福祉現場を見てきたが、このようなスタッフに囲まれている施設を見たことがない。それがこの「悠々」で実現しているなんて、なんという幸せ者か。無力な理事長が無謀にも介護保険を最小限に使って、独自に立ち上げた高齢者のための施設の形「地域交流センターと悠々長屋」。

　《高齢者にとって、幸せなケアとは何か》が、ここに実現している。

2013 年 4 月 15 日

## 悠々の初夏

　ゴールデンウィークが通り過ぎて、新緑が深い緑を増している．

　悠々では、この連休中に94歳のＩさんが発熱、家庭薬の風邪薬でも解熱剤でもおさまらず、誤嚥性肺炎が頭をよぎり、診療所にお助けコールをかけた。連休中にもかかわらずＳ先生が飛んできてくださって、レントゲンはないけれどさすが内

科医、丁寧なご診察で、「肺炎ではないから心配いらない」との言葉と薬の処方を残して、風のように次の患者のところに飛んでいかれた。

　いくら施設だから病院受診は当たり前といわれても、要介護4で心臓の持病があり、外来受診のとんでもない待ち時間を耐えられるような状態ではなかった。本当にありがたかった。言葉には言い表せないほどの感謝でいっぱいである。

　過疎山村の貧しい村で、診療所を抱えるのは財政的には本当に厳しいといわれる。しかし高齢化率38％のこの村で自家用車もなく、病院まで30分も40分もかかるタクシー代を払えるお年寄りは、ほとんどこの村に残っていない。部落に1台の自家用車もないところもある。在宅福祉の村泰阜は、がんばって診療所を守っていくべくだと思う。

　泰阜村診療所S先生、泰阜村に一家そろってお越しいただき本当にありがとうございます。ご不便なこと、厳しい山国の暮らしに慣れるまでには時間がかかるかもしれませんが、私たちもまたその過程を通り過ぎてこの村が日本のどこよりも大好きになりました。

　この村に700人も800人もいる年寄りのすべての主治医になることは不可能だと思います。ただ自力では病院にいけないとき、助けていただけたらどんなに嬉しいことでしょう。この度、私たちが助けていただいたように。


　私事ですが、8日、未破裂脾動脈瘤の手術を済ませ、翌日無事退院いたしました。2、3日の静養期間の後、仕事に復帰いたします。この間多くの皆様にご迷惑とご心配をおかけしたこと、心からお詫び申し上げます。多くの方々からお心遣いをいただきました。感謝に耐えません。ありがとうございました。

　そのお一人が「僕がこうして駆けつけるのは、日本のためにまた元気に働いてほしいからだよ」と言われ、心に響きました。

　自分がここにこうして生きているのは、多くの人に支えられながら、人々のために働くためなのだと今一度知りました。

　がんばります。そして一生かけてご恩返しをしていこうと思います。ありがとうございました。

2013年5月11日

## 入居者からの贈り物

　長い間、本当に長い間、悠々を留守にしていました。

　脾動脈瘤の手術を成功裡に終え、翌日退院した私は帰宅後すぐに家事復帰、入院中に溜まっていた生ごみを捨てに車を走らせ、そのまま運転を誤り崖から転落し再び入院、現在自宅療養中という身分になりました。この理事長の入院に重なる入院という不測の事態に、入居者のお年寄りが心配してくださって、お見舞いを渡さねばと入居者のなかでも古参のＩさんが音頭を取って話し合い、皆で少しずつ出し合ってお見舞金をいただくことになった。その時の口上がよかった。「先生、ほんの気持ちだけで恥ずかしいが、みんなの気持ちだで受けとってくれるとありがたい。お返しはいらんで、心配してもらわんようにと少しだけにしといたから」

　本当にびっくりした。平均年齢90歳という入居者たちが相談し、理事長に病気見舞いを差し出したなどという話、聞いたことがない。その入居者たちの気持ちの詰まった封筒の重さに泣き出しそうになった。

　悠々で私たちが4年の間に大切に育ててきたこととは、このことなのかもしれない。年を取り施設に入居しお世話を受けていても、普通の暮らしのなかで当たり前のお付き合いができること。そのことがどんなに大切かを目の前に見る思いがした。

　悠々のお年寄りお一人お一人が、凛として生きている姿を美しいと思った瞬間であった。

2013年5月25日

## ○さん92歳入居更新の条件

　泰阜村の里山は、桜がおわり山吹の明るい黄色が色あせて、山百合と笹百合の蕾が膨らんできた。悠々の軒下では、ツバメが2番子を生む支度に忙しい。今年こそホタルが舞うだろうか……と、心はホタルの乱舞に出会う奇跡の瞬間を思う。日本列島はいよいよ梅雨の季節に突入したらしいが、悠々スタッフは6月1日の第1回《星空観望会 in 泰阜》の支度に忙しい。

　そんななかで、昨日○さんの入居契約・更新が整った。

　家族（甥：実兄の長男）と本人、理事長とケアスタッフ責任者と4人で話し合っ

た結果、二つの条件に合意し、今後2年間の入居契約を更新することとなった。Oさんは心の病を抱えていたが、生涯独身で家族を持たずがんばって働き続け、自分で家を建て老後は2年前の転倒骨折で入院するまで、一人暮らしを続けていた。歩行器歩行レベルとなったOさんは自宅には帰れず、入院中に悠々の入居契約を済ませ（ケアマネさんと甥による）、直接悠々に入居となった。

　入居の日から大声で「わしをこんなとこに置いて帰ってしまって。早う、甥を呼んで！　わしは家に帰る！」とまくし立てていた。何もかもが初めてでわけもわからないうちに見知らぬところに捨てられたと思い込んだOさんの苦悩の日々がはじまった。

　間に立ったケアマネさんと甥は，預金通帳を勝手に持ち出して使った盗人とののしられ、（入院費用の支払い＋退院先探しで甥がかかわった）ほうほうの体で逃げるように帰られ、当然の心理なのだが、悠々への足は遠のいた。

　急な転倒事故で入院し、心の準備もなくそのまま悠々のようなところへ入居し、不自由な生活がはじまってしまったことは、本人にとってどれほどの苦しみを強いたことであろう。私たちも甥にたびたび生活必需品（季節ごとの着替えや、身の回りの生活必需品等）を持ってきてもらったが、それはどれも本人のほしいものではなく、本人は家に帰りたがった。

　そこで理事長は、甥に対し、このままの関係では入居契約の更新はできないので、自宅近くのケアマネさんに①在宅サービスを受けて家に帰る援助は可能か、②特別養護老人ホームへの入所待機に並ぶことは可能かについて相談することを勧めた。実は、本人は体調すこぶる良く、今後予想される入居金の備蓄（200万円／年×5、6年）について確認したところ、「そんな額は予定しておりません」とのことであった。甥がケアマネさんに相談したところ、飯田市の特老ホームは個室化がすすんでおり、最低500万円の準備金がなければ受け付けしないとのことであった。本人は悠々に居続けることを希望しているので、本人とも相談し、今後（お金がなくなる前に）自宅を処分し、入居費用を捻出する準備をすることになった。

　今回入居契約更新に当たって、本人・家族（甥）と約束した入居条件は以下の二つである。

①月1回の精神科受診は家族の付き添いで行い、家族が本人の心身の状態を把握すること。なお本人は、精神科で処方される薬を内服し、精神科に通院することを了解した。

②本人のすべての財産（預貯金通帳と印鑑）は本人の手元に渡し、本人が管理すること。

　悠々長屋管理者はこれをサポートする。このお金の流れを毎月家族に書面にて報告する。すべての通帳を手にしたＯさんに笑顔が戻った。やっと自分を取り戻した安心感が漂っていた。

　お年寄りの財産管理は、本当に難しい。特に心の病を持つお年寄りは、認知症と誤解され、実質的に財産を奪われてしまうことが多い。私たちもＯさんを通して、心の病と認知症の違いを実感したことであった。

2013 年 5 月 30 日


## 鬼の居ぬ間の洗濯


　またまたずいぶん長いあいだ空いてしまった。今回もまた落ち着いて、凛とした気持ちが腹に座るまでこんなに時間がかかってしまった。車ごと崖から転落し全身打撲で「うんうん」うなっているあいだに、火の車の台所を直撃するような事態が起こっていた。

　一つは、雇い入れたばかりの事務員によって勝手にスタッフの時給単価が上げられていたこと。二つ目は勤務時間の水増しが行われ、給料支払総額が３割ほどひそやかに増えていたことである。痛む体を引きずりながら２か月空いた給料計算をしてみると、いつもと違う数字が並んだ！「じぇ、じぇ、じぇ、なんだこれは、留守のあいだに何が起こっていたのだ……？」

　一人ひとりの出勤表を並べてみて事実が判明し、スタッフを呼んで確認作業を行い、先に挙げたような事実が判明した。

　今になっても信頼していた仲間に裏切られたショックは消えることはない。恥ずかしながら取り乱し、素人の女ごときが理事長などにかつぎあげられ、調子に乗っているとこんなことが起こると思い知った出来事であった。社会保険労務士さんに相談に乗っていただき、お話を伺ってみると、「このような従業員を抱えた零細企業の経営者が少なくない数で苦しんでいて、あちこち忙しい」とのこと。

　経理担当役員には、理事長としての経営能力のなさに加えて労務管理の甘さを思いっきり罵られ、あまりに納得してしまって言葉を失った。「全くおっしゃるとおり、でも事故で入院静養していたので仕事ができなかったので……」との言い訳など、

「そんなこと関係ない！」とぴしゃっとやられ……。普段から万全の体制をきちんと整えておくことが経営を担っている代表理事の責任というものだと学んだ。この責任を取って、昨日（7月1日付）今後は経営能力に長けたふさわしい方に代表理事を担っていただきたいと、辞任届を提出したところである。

　ふっきれて少し心が軽くなった。件の職員さんの空いた穴を埋めるべくお台所で働くことになった。この件に与しなかった残り少ないスタッフの優しい応援をいただきながら「スタートしたばかりもこうだったなあ」と、4年前の心細い日々を思い起こしていた。でも、その時と今は違う。私を本当に支えてくれているスタッフと理事たちに囲まれているのだから。
　ありがたく、嬉しく、幸せを取り戻した。
　「支え合い、ともに暮らす」がまだ残っている。がんばろうと思う。

2013 年 7 月 2 日

### それでも視察をお受けして……

　78 歳になる賄いさんに朝・夕食に助けをもらって昼の賄と会計事務や来客の皆様の応対にあたっている。
　昨日のお客様は、遠路はるばる宇都宮からみえた M 先生。
　今の自分に何が話せるか自信が持てなくて、申し訳ないことだが、最近はできるだけ視察を辞退している。
　私に金勘定は無理だし、働く人のなかには赤字の財布からお金を引き抜くベテランもいるし、第一、どんどん重くなる認知症でうんちとおしっこまみれでも毅然として誇り高く生きていらっしゃるお年寄り相手に、優しくあろうとしてゆったりとケアしていると、人手が足りなくなるし……。
　私が闘っているのは、昭和 28 年にできた労働基準法、保健衛生法等々の規制らしい。野菜しか食べていない村のお年寄りに、たまには栄養をつけてあげたいと開いた悠々食堂も「食品衛生法」に引っかかる。外出の足がないので床屋に行けないからとスカーフを被っているお年寄りに、ボランティアの美容師さんに髪を整えてもらったら、「保健衛生法」に引っかかるからと無許可営業の罪を問われた。
　今回は人を一人でも雇っていたら、たとえ 1 年に 1 回しか頼まないアルバイト

にも有給、時間外手当等山ほどのサービス支給について「労働基準法」違反に問われるのだそうだ。

　スタートして4年を超え、一つひとつの課題をクリアしながらやってきたら、また大きな壁にぶち当たってしまった。


　参議院選挙が始まった。

　内閣総理大臣安倍さん。

　「規制を撤廃して日本を元気にする」とテレビで伺いました。あなたの目のなかに過疎山村のお年寄りも国民の一人として写っていますか？

　過疎山村のこんな見放された地のお年寄りを助けたくてはじめた小さな事業が、バブルの当時の元気だった日本の大資本家たちから、働く労働者の人権を守るために必要だった「労働基本法」によって、存亡の危機に立っています

　そしていま、大資本家たちの経済効率優先政策によって、人権から見放されている過疎の村のお年寄りを守ろうとする小さな善意とその努力は、踏みにじられようとしています。　一体、どうしたらこの規制の壁を乗り越えられるのか教えてください！　助けてください！

　私が望むのは、ただこの年寄りたちの笑顔だけなのですから……。

2013年7月6日


### 新しい入居希望者の条件

　泰阜村も猛暑に襲われ、悠々も室内が30℃を超え全館冷房にスイッチが入った。でも朝晩は肌布団が1枚いるほどの冷気。森の奥に小鳥のさえずりが響きわたり、生命の営みが暑さになどめげず緑の森のなかで確実に継続されていることを感じた。

　ふと、真っ白で便利な大都会が砂漠化している、とため息がでる。緑のいのちに包まれた瑞穂の国日本で、開発者たちが「人は深い緑に守られながら生きている」ことに無知であったということなのかと思う。

　「悠々」に新しい入居希望者の訪問をお受けした。96歳と91歳の専業農家Sさんご夫妻。ご自分の大邸宅を捨てて施設入居を希望する理由をうかがった。その理由の第一は後継に恵まれなかったこと、第二は奥様が（認知？が進んで）家事がま

ともにできなくなったこと、第三は部落の（班長などの役や道路整備等）お付き合いに肉体的についていけなくなったこと、第四は毎日毎日の冬の雪かきにとことん限界を感じたこと。

　食事については、おかずは配食を頼んでいるが、これだけのサービスではもう二人では生きていけないといわれた。そこであちこち二人で一緒に入れる有料老人ホームを探して歩いたが、飼い犬3匹（雑種／外飼）は駄目と断られ、ましてや2羽のカモには池が必要ということで、すべての施設から断られ、途方に暮れているとのことであった。

　「悠々では、ご一緒に暮らせるお部屋が用意されています」と案内すると、「まるで夢のようだ。この日本にこんな自分たちの希望を叶えてくれる場所があったとは……。こんなところだれも知らんに？」と、いますぐにも入りたいとのお顔を見せて、じっと本田の目を見た。

　「ここで最後までお世話をさせていただきます。ご安心ください」と伝えると、「うちの家内は気ままに生きていたので、6時半になるとラジオ体操やれとか、○○○をやれとかいうのが辛くて、施設に入るのを拒否しているのだが、ここは一日の生活は何かやらされるのかね」とダメ押しをされた。

　「いいえ、ここは今まで生きてきたように自分で好きなように暮らす場所ですよ。アパートなのですから」と言うと、目をまん丸に見開いて「こんなところがあったなんて……。まるで夢を見ているようだ」と、じっと見据えられた。

　「96歳までよくがんばって生きてこられましたね。ここにいらっしゃったらゆっくりしてください」とお伝えすると、がくっと体の力が抜けたように椅子の背もたれに体をもたせかけられた。

　このお年寄りをお受け入れしたいと強く思った。戦争にも出かけた。母が早世し、教員だった父の転勤であちこちの地を巡ったので、心を通わす幼友だちもなく育ったとのこと。犬小屋はご自分の個室の前を使ってもらい、かもは自分で池の造成資金を寄付するというので、理事たちの承認を得て二坪ほどの池を作ることになった。

　このお二人の窮状を見て勇気をいただいた。「悠々」をこんなにも必要としている人がここにいるのだ。もう少しがんばらねばと心に誓った。

　スタッフもがんばって私の賄いを分担してくれて徐々に負担が少なくなってきた。今日は月の会計事務作業に集中できることになった。欠員がいるけれど、もっと思いやりの絆が強くなり、「悠々」はよりいっそう優しくなった。

ありがとう。感謝です。

2013 年 7 月 10 日

## 介護現場スタッフの視察

　泰阜村の里山がまた合歓の花でピンクに彩られ、野生の山百合が咲き乱れる季節になった。本格的な夏到来である。

　その夏に遠くから、介護現場のスタッフがお仲間同士で連れだって「悠々」を訪れるようになった。これまでは行政の視察団、熱意ある議員さんたちを大勢お迎えしていたが、そこに混じって個人的な現場スタッフが訪ねてくるようになった。

　そこで気がついたことがある。まず質問が違う。

　公務でいらっしゃった方々は、①介護保険サービスとどこが違うか　②採算が取れるかである。

　介護現場のスタッフは、①経済効率を要求する施設責任者と日々の利用者さんのニーズ（幸せや笑顔）との狭間で苦しんでいる。自分の働く意義はどこにあるのか②どうしたら「悠々」のようなゆったりと「利用者さんに寄り添ったケア」が実現するのかである。

　その方たちの疲れの滲んだ顔を見つめながら、4 年前スタートしたばかりの真っ暗な「悠々」で、一人「負けないぞ !!」と心に誓っていた自分を思い起こした。そうだ、まだ介護現場でこうやって利用者さんの幸せを願って、下積みのケアの現場に光をあてようとがんばっている人たちが残っているのだ。日本ってまだまだ捨てたもんじゃないよ。

　現場スタッフの視察研修者には、この 4 年間の私自身の実感を込めて、こうお伝えした。私たちを育ててくれているのは、たとえ、おしっこ、うんち垂れ流しであってさえも、頑固で凛とした自尊心を保って生きているお年寄りなのです。だから私たちは日々力を尽くして、知恵を凝らして、今の状況でどうやったらお年寄りから笑顔を引き出せるかに挑戦し続けること、そのことの積み上げが、あなたを本物のプロと呼ばれるヘルパーに育てるのだと思う。

　福祉にはお金には変えられない価値がある。必ずそれを手にする日が来ると確信していますと……。

　日本のすべてのお年寄りにお願いします。自分が高齢になって不自由な体になっ

ても、自分らしく悠々自適で過ごせる場所と、それに寄り添ってくれるケアスタッフが育ってくるまで、あきらめないでね。長生きしてね。

2013 年 7 月 18 日

## 悠々 94 歳「投票は日本人の義務じゃ！」

　泰阜村の里山の道端に、山百合の群生に混じって秋の七草を見つけ、その可憐さに見惚れてしまった。里山に暮らす厳しい日々のなかにも、季節が送ってくれる美しい花々の癒しをもらって、この村の人々は優しくなれる。

　この夏もまた、道路愛護という名の村役が巡ってきた。炎天下の草刈り、支障木の伐採、水路の清掃、道路の補修（コンクリート打ち、崩れた崖の補修）……。

　作業に出てくる村人は、みんなみんな年寄りだが、何一つ文句もいわず、黙々と膨大な作業をこなしていく。自分も年寄りで住み慣れた住民の人たちの半分の仕事も果たせず、いつもいつも申し訳なさでいっぱいだが、不慣れな余所者に優しく作業のやり方を教え、怪我のないようにそれとなく見守ってくれていることを感じて、嬉しい。「地域の絆」は、こうやって貧しい自分たちの村を守る協働作業を通して育まれるのだと実感して、泰阜村が、この緑に包まれた地がますます好きになっている。

　さて参議院選挙が終わった。今回もまた悠々の 94 歳の I おばあちゃんは投票用紙と選挙候補者の広報用紙を枕元に、毎日毎日テレビの政見放送とにらめっこで決めた候補者の名前をはさみで切り抜いて投票所に行くことになった。

　今回は H 先生の付き添い介助のおかげで、軽々と抱えられて投票所に入ることができた。前回は、車から車椅子の乗り降りに 4 人がかりの介助が必要だったが、さすがリハビリの専門家の先生の介助は手早く、投票所の立会人には偉い人たちばかりでなく、介助の専門家も加えられるといいなと、あらためて感じた一日だった。満足そうな顔をして、凛とした態度で悠々に帰った I さんを見て、人が誇りを取り戻すために選挙の投票が果たす役割を重く感じた。

　若者たちに、この I さんの物語をどこかで知って考えてもらいたいと感じた一日だった。

2013 年 7 月 23 日

## サポート……愛……家族

　泰阜村も日中は30度を超える猛暑、でも木陰の風は涼しい。朝晩の涼しさは上がけが必要なほどだ。悠々の庭からでも、流星群のカケラが見えるらしい。このごろは初盆の噂と、今週土曜日に開催される《観望会 in 泰阜村》で、都会から天文青年が集まるということでにぎやかである。

　17日夜半から、中学校の校庭で子供たちとの天文ショー終了後、悠々の庭では大人たちが酒を酌み交わしながら真夜中の流星群を見る会がひそやかにはじまる。

　翌週土曜の24日は、地元のお年寄りたちが集まって恒例の「盂蘭盆会」を開く。今年も逝った仲間たちの霊を慰めるために、お酒を酌み交わしながらその方々を偲び、古い「新野の盆唄」をゆっくりと踊る。


　その前に少し嬉しいことがあった！

　理事たちとは別に、80代70代後半の「悠々の会」の組合員が、「悠々が大変らしいという噂を聞き、私らも何かせんといかんと思った。年寄りの私らができることは何かと皆で相談の結果、盆前に悠々の周りの草刈りをする。そのワシらの代わりの若い人を雇って、日当を皆で割り勘で出そうということで近隣の組合員一人千円ずつ集めた。こういうのはどうかね」という提案であった。

　当初、組合員のボランティアは年間60時間という義務であったが（これでサポートされれば、なんとかやっていけるのではないかとの試算であったが）、いつ潰れるやもしれない「悠々」に、ボランティアをする者は少なくなった。「年をとったので、何にもできないよ」というのが その理由で、「そうですね。無理しないでいいですよ」と理事長は納得して4年間を辛抱した。

　今回の提案は、このままでは「悠々」は泰阜の年寄りのためではなく、余裕のある近隣の年寄りのものになるのではないかと心配になってきたからのことだ。みんなでそのことが話題になり、これはいかんと話し合われたそうである。近隣の知り合いや親族が次々となくなっていくお盆のこの時期、自分たちはどこで死にたいか、「悠々しかないだろう」という危機意識が、発酵したと感じた。自分たちのためにと建てられた「悠々」、自分たちの手で守らなければ危ない、自分たちができることを、自分たちで話し合い提案して、「悠々」を支えていこう！と思ったと言われた。「地域交流センター悠々」、やっと、地元の人たちにとってなくてはならないものに

なった。感無量である。今年の盆踊りは、お年寄りの皆に混じって、逝かれた霊とともに泰阜村に在ることを楽しみたい。

感謝である。

2013年8月15日

## 孟蘭盆会が終わって、秋本番

昨夜の雷を伴った大雨もあがり、豪雨の被災地には大変申し訳ないが、一気に涼しさがやってきて、泰阜村は秋本番となった。ほとんど枯れそうだった沿道のマリーゴールドも息を吹き返し、一斉に萩、ススキ、女郎花が花開き、初秋を彩る山百合の花々も昨夜の雨で村を彩るように咲き乱れている。

さて、恒例の悠々の孟蘭盆会、二人の賄いさんたちが地元のお祭りのお役で忙しいという理由で、理事長が賄いを担当した。

今回のメニューは、《理事長秘伝のたれを使った五平餅＋鳥団子とお野菜たっぷりスープ＋ポテトサラダにコールスローサラダ付コロッケに一口ヒレカツ》だった。ビールの乾杯とともにはじまったお食事会には、平均年齢92歳の入居者と4人のスタッフも参加して、総勢21名、見慣れた顔が集まって大家族の宴会となった。

「こんなもん食べたことがないに。この五平餅のタレは何が入っているのかね」ということで、何だ、何だと舌で材料を当てっこした。中身は……ごま、くるみ、ピーナッツ、鮭缶をすりつぶし、酒と砂糖でゆるませ生卵で照りを出すという秘伝のたれである。

この秘伝のたれは、理事長がかつて知り合った中津川の旧家のお孫さんに教わった味で、それは、それは、ご馳走五平餅となった。

野菜たっぷり鳥団子スープも好評で、「これはおいしい、さっぱりして野菜がこんなにおいしく食べられるならいいな」と完食であった。

この夏、猛暑のなかでこの村で16人のお年寄りがなくなったという。参加者もその話で夢中であった。盆前の草取りは炎天下であったし、クーラーのない部屋のなかも40度もあったということで、体を冷やす手立てを知らぬ年寄りが、熱中症でやられたらしいということであった。

理事長は「お迎えに行くから、体調が悪いと感じたら、必ずお迎えに行くから、

遠慮しないで悠々に涼みにおいでね」と繰り返した。「ほんに、ここは涼しいのー」と口々に言っておられたが、これらの年寄りが本気で助けを呼んでくれるようになるのには、あとどのくらいかかるのだろうか。

　今回の参加者は、悠々への入居条件についての質問がより切実になってきた。

　問「入居時の敷金（155,000円）は出るときには返してもらえるのか」

　答「基本的に敷金は預り金で、入居者が退去するときにプロのハウスクリーニングが入りますので、普通の使い方で14万円ぐらいかかります（畳表の交換＋トイレの床の張替え等）。残ったお金は返金しています」

　問「それ以上かかったらどうなるのかね」

　答「かかった分だけ請求させていただきます。おそらくご家族になりますが」

　問「夫婦で一部屋使った場合は、いくらになるのかね」

　答「今のところは部屋代をサービスさせていただいて、お二人利用で250,000円いただいています」

　問「介護が重くなってもお金は変わらないのかね、最後までここに置いてもらえるのかね」

　答「はい。本人とご家族が望むなら、私たちは最後までここでお世話をさせていただくつもりです。現在でも要介護4の方が3人もいます。診療所の先生の往診と、看護師、その他のスタッフと、ご家族の方々とでご一緒に最後の看取りができたらと希望しています」

　悠々に、これら顔見知りのお年寄りとともに暮らす日が、近づいてきたような気がする……。

2013年8月25日

### 地縁と絆、再生の予感

「地域交流センター悠々」では、近隣のお年寄りが集まって毎月恒例の「生活リハビリ教室」が開かれている。昨日は新しい入居者Sさんご夫妻（96歳、91歳）のお披露目と、悠々でいちばん若いAさんの米寿のお祝いも重なった。

「悠々」は開設して4年半経って、入居者が7人となった。そのなかの新入居者Sさんの出現は、近隣の常連さんたちに衝撃を与えているようだ。「バイクに乗ってマレットゴルフをやっていたよ」というSさんが、「私たちは、子がないのでこ

こを終の住処と選んだんだよ」と、幸せそうな笑顔を見せると、常連さんたちに微かな動揺が走った。「私らだって、子はいるけれど、仕事を辞めてこの年寄りのために、下の世話をするなんてとうてい考えられない」と言う。「都会に住む子供らは、時々帰ってきていろいろ優しいことを言ってくれるけれど、おもてなしのために疲れ果てているのが本音。子供はあてにならないと思う……」と口々に言う。そこで出されたゴール。

「とりあえず90歳まで在宅でがんばろう。それまでのあいだに、食事が作れなくなったら『悠々食堂』を利用しよう。体調が悪くなったら『民宿悠々』のお世話になろう。そうやって皆が90歳になったら、この仲間たちで『悠々長屋』に入居して一緒に暮らそうよ。あと5年、ここでみんなとおしゃべりしたり、ご飯を食べたり、野菜を作ったりして暮らせたら幸せだろうねえ」。そしてふと理事長を振り返って、「そのためには、先生がおらにゃいかんのだに、長生きしてね」「そうだそうだ、先生が長生きしていつまでも悠々におらにゃいかん」

理事長にとって最高の贈り物をいただいた気がした。


2020年東京オリンピック開催が決定した。

私たちは、テレビのなかの若者が見せた輝くような笑顔を見ながら、「これで過疎山村の年寄りに国から金は下りんだろうね。日本の若者のために、年寄りが我慢するときが再びやってきたんだよ。それでいいんだ。腹を決めよう……」

これは、誰の目にも止まらないけれど、私たち過疎山村の年寄りが、日本の若者たちに贈る気概である。

がんばれ日本！

がんばれ東日本！　あともう少しだ！

2013年9月8日


**台風一過の里の秋**


先の日曜日は、列島縦断した台風が各地で縦横無尽に暴れまわった被害状況がテレビで流された。

戦後68年、焼け野原のなかから立ち上がるとき、日本が石油獲得に走り、生活は石油浸りになり、便利で豊かになった。でもそれはそのお陰で発展した都市のこ

とであろう。この発展から取り残されたふるさとは、若者たちを都市に吸い取られ、加えて、豊かな広葉樹林の深い山々は、金になるからと植林という名の政策で、荒れ放題の針葉樹林帯になった。

　日本の大都市を支えているのは、本当は広葉樹の森ではなかったのか。ご存知とは思うが、崖崩れの被害の多くは、手入れを放棄された針葉樹林の里山なのだ。「昔は、春は山菜が、秋は茸や木の実が豊かになっていたものだった」と、お年寄りが諦め顔でいう。放棄された山々を我が物顔に暴れまわっている獣たちは、自然のみのりという食べ物がなくなった山から下りてきて、お年寄りが必死で耕作した畑の作物をかっさらっていってしまうので、「もう作ることを止めにして買うことにした。そのほうが安いから……」と言う。

　昔の森は広葉樹林で、天の恵みに満ちていた。だからお金がなくても、天からの恵みをいただいて命を紡ぐことができたのだ。荒れ放題の山々が台風でいっそう荒れた。我が家も小さな被害にあった。

　それでも里の秋はめぐり来て、泰阜村は黄金色の稲穂の刈り入れ作業が真っ盛りで、秋本番！　栗ごはん、くるみを拾って五平餅でも作ろうか。今年は茸が届くだろうか……。10月13日は田本の秋祭りだ。晴れるといいな。

2013年9月19日

### 里の秋、あたりに悠々の風景

　悠々の9月末決算に、これもまた無給の経理担当理事（70代、心臓疾患＋）が多忙の合間をぬって、やっと目処がつくところまでたどり着いたということで、嵐の前の一休みとなった。

　今朝は久しぶりに散歩に出ると、道脇に小さな黄帽子を被った「いくち茸」を見つけた。手のひらにのるほどの初収穫を眺めながら、ホカホカと疲れがとれていくのを感じた。今夜は味噌汁の実で楽しもうか。

　一方、季節だというのに見渡しても栗は落ちておらず、「これでは獣たちもひもじかろうに……」と同情せずにはいられない（我が家もほとんど栗が成らなかったが……）。さて、97歳と91歳のSさんご夫妻が悠々の生活に少しずつ慣れてこられて、夫のSHさんは、毎日運動のためといって薪割りに精を出しておられる。

　「薪ストーブのことは、わしにまかせてくれるか？」

理事長「ええっ、ほんとにお願いできるんですか？　嬉しい、是非お願いします。助かります」ということになり、放置したままになっていた木材がどんどん薪小屋にきちんと積まれていくのを眺めるのは本当に嬉しい。また、妻のＳＫさんも食事のあとのお茶碗のかたづけやら食卓テーブル拭きやら、洗濯物たたみをそっとやっておいてくださる。

　これまでの入居者たちのなかには、「大金を払っているのだからもっとまともなものを食わせろ」と言って、77歳の賄いさんを泣かせた強者たちもいたことであった。

　ところがこのＳさんたちは、「探して探してやっと『悠々』を見つけました」と言われた方で、なにか悠々のためになることはないかと探しておられ、それが感謝されると本当に喜ばれ、ひしひしと家族になるとはこういうことなのかと感じ入った。

　昨日は、ＳＫさんが、出入りの八百屋さんから仕入れたチョコレートや甲州ぶどうを「悠々」のお茶に提供してくださった。仲間たちが大好物だと知ったかららしい……。

　優しい、思いやりの溢れたこのような方々に巡り会えて、「悠々」を作りここまでがんばってきて本当によかった。「天の恵み」とはこのようなことをいうのだろう。

　心から天に感謝!!

2013年9月28日

### 村の秋祭り風景

　10月13日、雲一つない秋晴れ空の下、村の秋祭りが行われた。

　その日は第15回文化祭も合同で行われ、それこそ盛りだくさんの催しとなった。そのなかでも田本神社における秋の祭礼は、村に一人の女の赤ちゃんが授かってお宮参りもあった。この過疎の村に、若い夫婦が一人の赤子を住民として授けてくれたと、祭礼に参加した村人はみな口々に「嬉しいねえ、ありがたいねえ、ほんに可愛いねえ」と心から喜んだ。

　その喜びに包まれて、若夫婦もその親（祖父母）たちも、笑顔、笑顔で誇らしげだった。過疎の村に、自分たちの跡取りが戻ってきてくれたことが、どれほどの誇りであることか、そして村民すべてがどれほど嬉しく、ありがたく思っていること

かを、この目で見て、過疎の村の真の厳しさと、そこに流れる温かい絆の存在に衝撃を受けた。

　コンクリートジャングルの都会には、この住民の温かな絆の感触があるのだろうか。


　さて、今年は班長ということで、超多忙な一日を過ごしたゲートボール大会も、合同開催ということで選手として駆り出された。スティックの握り方も、もちろんルール自体がわからず、結局最下位であったが、もっとも小さな私たちの部落は全員総出で、熱い日差しのなかを汗だらけで奮闘する仲間の応援で、これまた一つの心になった。

　一方、文化祭には地域の自慢の太鼓演奏があり、祭りに花を添え、これだけが何故かプロ級の雰囲気で一気に祭りの格を上げた。その後の日本舞踊の披露などなど、日頃の鍛錬が皆の前で披露された。私たちはそこで「おひねり」が舞台に投げられるという古い昔の伝統を目の当たりにし、本当に住民の心が一つになって喜び楽しむ仕掛けが、この祭りの行事のなかに秘められていることを知った。

　最後に班長は大広間の掃除をし、この大役の大半の責任を果たしたことになるのだそうだ。「もうこれで大変なことは大方済んだで、あとは大丈夫だに」と慰められ、新米班長夫婦は、月明かりの険しい昇り山道を40分もかけて徒歩で家までたどり着いた。

　秋の大祭、大変だけどいいもんだねえ。

　大都会の砂漠から、緑あふれる泰阜村に移住しませんか？

2013 年 10 月 15 日


### 第 6 回通常総会を終えて

　11 月 23 日（土）、雲一つない秋晴れの日、第 6 回通常総会が終わった。

　その来賓席には、村長、部落長、老人会長そして長野県中小企業団体中央会の地区担当者が座られ、振り返れば今まで、村役場の係長以上の方々、地域の部落長をはじめ老人会長などをお呼びしていたが、その代表者が全員お顔を見せて席に付かれたことはなかった。今回の総会は、地域の催事がぶつかったということで、役場職員が全員駆り出され、地域住民も送迎バス付きで、大方がそちらの方におでかけ

になり、部落全体がひっそりとしたなかでのことだった。だからこそいっそう組合総会を選んで出席してくださった方々の、我が組合に寄せる好意がありがたく身に染みたことであった。

　余所者が何か新しいことをはじめると、地域住民は不安を感じ、その事業を理解し、自分と自分の村にとって良いことなのだと心に納得できるまで、20年はかかると、初めに村長が呟かれていたことは本当だった。それが過疎の村に生きる人々の身を守る手立てでもあったのだからと、今は、じっと待つ気持ちがある。でもそれは、総会の席に並んだ仲間の温かい支えがあって、継続しているのだと確信している。

　今日は理事長にとっても、ともにがんばってきた理事たちにとっても、真にお祝いだった。懇親会は、和やかで心の通い合う仲間たちが膳を囲んで楽しんだ一日であった。村長のご祝辞で、村が真剣に政策としてこの組合活動継続のために、どのような支援が可能なのかを考えてくださっていると知って、体の芯から緊張が抜けていくのを感じた。

　がんばってきてよかった！　天に感謝！　過疎の村・泰阜村がんばれ！

2013年11月24日

## 泰阜中学校、ひ孫たちの訪問記

　11月30日は、泰阜村中学校の子供たち8人の休日ボランティアをお受けした。その日はちょうど入居者Eさんの92歳の誕生日と重なり、本人には内緒で、子供たちにお誕生会を仕切ってもらうことになった。もちろんその前に薪ストーブ用の薪運びと大洗濯物干し作業をさっさと済ませて、インターネットを利用して誕生カードを作成し、一人ひとりが90年以上も生きてきたお年寄りへの敬意を込めた言葉を書いた。きれいなバラの花束を贈呈し、みんなでハッピーバースデイの歌を歌い、誕生ケーキを切り分けて、全員に配り、ともにお年寄りの誕生日を祝う会に参加するという経験をした。

　Eさんの大感激は2、3日続き、「こんな嬉しいことが私の人生に起こるなんて夢にも思わんかった。本当に長生きしてよかった。これからはこれを励みにどんなことがあってももう愚痴は言わんことにした。愚痴なんて言ったらばちがあたる」

と、日頃の愚痴っぽい自分をいたく反省していた。

　子供たちの喜びいっぱいの笑顔！笑顔！の威力のすごさである。

　巡回の先生には、この笑顔たちを見てもらった。これからもたくさんの子供たちに出会えますようにと、心からの願い。

　お年寄りとひ孫ほどの子供たちとのコラボレーション！　それがここに実現している。そこに同席できる幸せを、天に感謝!!

2013年12月3日

## 新しい風が吹く

　12月に入ると「悠々」の年末行事で大忙しになる。

　12月23日は、恒例の「お清め祓い」の神事、その日はさらに「田本悠々の会」のお年寄りが集まってお正月飾りを手作りし、小さな門松とおやすを部屋の入口に飾ってお年寄りたちに喜ばれた。

　その行事の最中、落ち着いていた入居者のお一人の容態が悪くなり、心配して心配してあちこちに受診したり、ケアしたりしばらくの間、目が離せなかった。

　理事の医師が緊急に付き添って受診し、処置してもらったお陰でケロリとした顔で帰ってきた。「ハア……」翌日からパクパクご飯を食べ出すのを見て、ほっと安堵の吐息を漏らしたところ、年末にかけて、在宅の要介護3の歩ける認知症のショートステイの依頼が次々と飛び込んできた。

　家族の言い分、「年末年始、社協がお休みなので、そちらで預かってもらえないでしょうか。子供たちが孫を連れて帰ってくるので、忙しくて家で見ることができないんです」

　理事長の気持ち「大勢の家族みんなで見守ったら、まず本人が嬉しくて、幸せなのに！　家族に囲まれて幸せなとき、どんなに認知症の症状が重くても、落ち着いて穏やかな可愛いお年寄りになるのに……。一度やってみてはいかがでしょうか？大丈夫だから、みんなで見たら、大変じゃないから！」と言ってやりたい。でも、お正月でさえ家に帰れないお年寄りの多くは、過去に自分勝手な言動で、家族に恐れられている人が多いのも事実だ。

　人間って、人生の最後に、自分がどうやって生きてきたかが問われるものかもしれない。人を愛して、他人への思いやりを欠かさなかった人は、人生の最後に、ま

とめて溢れるほどの愛のなかで往くことができるものだと、「悠々」の日常のなか
で見ている。

　「悠々」では入居して問題だらけで大変だったお年寄りが (今も大変なんだけど)、
スタッフを信頼しきって、どなたも愛らしいお年寄りに変身している。私たちは家
族のように、昔からずっとこのように生きてきたように穏やかに暮らしている。年
末年始、私たちは家に帰れないお年寄りたちとともに、心尽くしのお祝い膳を囲ん
で行く年来る年を祝おうと思う。

　12 月 28 日は「杵つき餅つき大会」が開かれる。この時も理事さんや「田本悠々
の会」のお年寄りが皆集まって、鏡餅やらのし餅をつくって、「悠々」のお正月準
備を手伝ってくれる。

　近隣のお年寄りに守られ支えられて、貧しい悠々には幸せがある。

2013 年 12 月 25 日

新しい家族のかたちとは……
2014 年

## 初春の喜びをともに

　もうすぐ松の内が過ぎるというのに、今年は年末年始の忙しさに追われ正月を越えることができるかなと不安だったが、何とかほっと吐息を吐いてブログのページを開いた。

　昨年12月、盆と正月、ゴールデウィークに賄いができる人というので、子供のいないⅠターンのご夫婦を1か月の試雇期間で賄いに入ってもらった。60代の可愛らしい（可笑しいかな？　90代の入居者から見ると十分可愛い）賄いさんの登場に、お年寄りたちは大喜びだったのに……。何か変だなあ、ちょっと変わっているなあとスタッフたちは感じつつ、それでも猫の手も借りたい時期なのでじっと我慢していたが、初めてのお給料を持って夫の車に乗り自宅に帰られたその晩、深夜2時半ごろ警察から「彼女が雪のなか、家を出ていったのでそちらに帰っておらんか？」との問い合わせが入った。彼女の自宅は2千メートルを超えるアルプスの山中にある。深夜の雪のなか、普段着で家を飛び出して無事でいるはずがないと皆が心配した。正月が明けて、「近所さんに匿われている（それでも家から3時間雪のなかを歩いた）」と本人から電話が入り、安心すると同時に、その後の対応をあちこちに頼みこんで無事警察に保護され一件落着した。

　そして悠々の年末年始の賄いは、（社協さんが休みに入ったので）理事長ががんばることになった。嬉しいのは暮れのもっとも忙しい30日に、突如一家総出（祖母、娘、孫二人）のボランティアさんが入ったことだ！　おばあちゃん（私より若い）は、賄手伝い、お母さんは看護師さんで入浴介助を、二人の孫たちは薪割りを「楽しいからまた来たい」などと言って喜ばせてくれたハプニングをいただいたことである。それに加えて我らのスタッフが、「正月が来るというのに、10日間も風呂に入れないのはいくらなんでもかわいそう！　なんとか自分たちで風呂に入れてやろうよ！」と12月30日と1月2日にお年寄りを抱えて風呂に入れてくれたことだった。この優しさ！　日本一と自慢したい！

　お陰で理事長は電話番＋お客様の応対＋朝昼の賄い（それも31日のお年取り祭り、トホホ……）となった故、年賀状はまだ途中だ。

　今年の南信州の正月は穏やかで、暖かった。悠々のお年寄りたちは、心尽くしの膳を囲んで普段と変わらぬ笑顔で当たり前のように幸せそうだった。こんな幸せが一体いつまで続くのだろうかと一抹の不安がある。4月からの消費税増税は、介護

保険などの恩恵に浴していない私たちの一体どこを削ったらよいのだろうか？

　介護している人が倒れたらお年寄りをみる人はいなくなるのに、家族がこれらの重度の認知症をみるのは不可能なのに、4月からの介護保険改訂を目の前にして、真っ暗闇の未来が広がっている。

　失礼ですが総理大臣様、あなたももうすぐお年寄りになります。今の制度で自分がどのような介護が受けられるかご存知でしょうか？　東京には入居一時金1億円、毎月の自己負担金70万円の施設があることは知っています。しかし、おおよそ1億人の国民はそのようなところには入れないのが現状です。自宅に自分をみてくれる家族はいません。病院では介護はしません。さてどうするか、皆で考える1年としたいと思います。

2014年1月5日


## 戦場の旗手

　朝5時起きで賄いを担うことになった。この日の《朝食メニュー》は、炊き立てのご飯＋昆布と鰹節でだしを取った豆腐と油湯げに青ネギの味噌汁＋法蓮草のお浸し＋出汁巻き卵＋うずら豆が少しに梅干しがのっかっている一皿＋ゆずを散らした白菜と人参の浅漬け。

　10時のおやつの後から早速お昼に取りかかり、新米賄はケアのスタッフに助けてもらいながら悪戦苦闘して、12時5分前にはお年寄りたちにお昼を提供できた。さて《昼食メニュー》、炊き立てご飯＋大根と市田柿（正月の残り物）の甘酢和え＋手作りこんにゃくの煮つけ＋焼きレンコンと豚挽き肉の辛味煮込み＋白菜、人参、ゆずの浅漬け。

　いちばん嬉しいことは、お年寄りとスタッフの完食のお皿を見られること。おいしそうな笑顔がちらっと合間に見られること！

　食事の後のSHさんの感想、「こうやって毎日ホテルでも食べられんような食事をおいしく食べてると、ここの年寄りはだれ一人風邪も引かんし、病気も治ってくるし、栄養って大事だなあとつくづく感じるよ。おいしいものを食べられるってのは大事なことだなあ」

　賄さんが、体調を崩して休みがちになり、とうとう今月いっぱいで退職することになった。今年78歳になるというIさんと来月73歳になる理事長が賄いをがん

ばることになった。

　この日自宅に戻ったのは夜7時、デンマークでは週2回チルド食が冷蔵庫に配達され、巡回のケアスタッフが電子レンジでチンとしてお皿にのせていたなあと、ふとあの進んだ北欧の在宅ケアや施設ケアの現状を思い出した。

　悠々の旗印は、「お年寄りの笑顔！」

　街づくり交付金が下りるとき、国交省の担当者と村長から言われたことがある。「あなたは、最後までこの旗を掲げ続けていてください。それがあなたに託された任務です」と、もう一度腹を括るときが来たのだと決意を新たにした。

　目の前のお年寄りを、笑顔のままで次の世に送り出すこと。たくさんの仲間に助けられながら、がんばろうと思う。

2014 年 1 月 23 日


## 悠々に春の気配

　昨夕は雨が降った。雨の匂いのなかに春の気配がして嬉しくて空を見上げた。家の周りの固い雪の塊がすっかり溶けて地表の緑が顔をだし、は！ 蕾がついてる、沈丁花とピンクの椿、嬉しくてしばらく見とれた。

　一昨日から中華料理店を仕切っていたという 64 歳の料理人が賄さんとして悠々にやってきた！　昨日の夕食を一緒に作った……というか、「これを作ろうと思って」と言うと、「はい、わかりました」と言うなり、さ、さ、さと体が動き、さ、さ、さと手が動き、ピカピカの自前の包丁でトントントンと美しい野菜たちが刻まれていく。これこそプロの料理人だと感動して見とれて、理事長は自主的に洗い場担当になった。料理の出来栄えもさることながら、同じ料理が盛り付けでこんなに違うのかとまたまた感動した。美味しかった！　悠々食堂は明日から本物の「悠々食堂」として新装オープンする。こんな日が突然来るなんて、夢のようだ！

　なによりも仲間たちがみんな笑顔、笑顔で、心から安心して嬉しそうだ。理事長が倒れるなんて考えられないと、みんなが必死で賄さんを探してくれていた。みんなで「本物の水餃子を食べたい」「唐揚げを食べたい」「ラーメンを食べたい」……と言いながら、ほかほかと悠々は春の気配。

　天に感謝！

2014 年 1 月 29 日

## 大雪警報の一日

　先週降った残雪がツルツルの凍り道になり溶けぬうちに、今回の「大雪警報」を迎えた。村の除雪車は県道1号線を通すのに一日かかり（午後4時時点で倒木のため一部通行止め）村道の生活道路は住民任せとなった。

　我が家は残り雪30cmの上に今回の分50cmが積もり、車をあきらめペットの子犬（3.5kgもある）と宿泊セットをリュックに詰め込んでの徒歩出勤となった。

　お隣のNさん宅まで股下までの雪のなか徒歩1時間、途中一休みしたかったが残念ながらお留守で（どこかのおうちに雪かきボランティアに行ったか）、そのまま気を取り直して雪をラッセルというのだろうか、足を上げても雪表に届かないので雪を掻き分けながらさらに1時間の強行軍となって悠々にたどり着いた。

　悠々に着いてみると朝ケア当番のAさんがゼイゼイ風邪を押して雪のなか徒歩で出勤、早朝ケアを担い、もう一人の遅ケア担当者が雪のため出勤できないと連絡が入ったということで、一人でがんばっておられた。頼みの社協さんからは「今日明日とそちらに行けない」と連絡が入り、泰阜村の独居高齢者の身の上を思わずにはいられなかった。

　悠々だって、早朝ケアさんと賄さんが来られなかったら大変なことになっていたのだが、朝5時起きで、スコップで雪を掻き掻きやってきたとのこと。愚痴の一つもいわず「年寄りが待ってるんで当たり前」と、さっそうと賄をしていた。その立ち姿を見ながら安堵の息をつき、ケアスタッフ一同心の中で頭を下げた。

　これこそ天に感謝！でなくて何であろう。

　今夜はこのまま看護師のOさんと理事長で、当直、深夜ケア、早朝ケア、日中ケアをこなす。

　何年ぶりかの悠々「大雪警報」顛末である。

2014年2月15日

## 日陰の山と日当たりのよい斜面

　日陰の山の斜面に残雪の白。日当たりのよい村の斜面には福寿草の小さな可憐な黄色。過疎山村の村にも、お日様の当たる場所と、春爛漫の4月まで固い氷雪が残る地が、明確に豊かさと貧困の格差を示すことに気づいた。

そこから推察するに、我が家は村のなかでももっとも貧しい土地らしい。北西方向に開かれたこの地は、夏秋の夕陽の美しさに惚れて譲ってもらったのだが、何十年に一度あるかないかという今回の豪雪に孤立し、雪中行軍しなければ隣家にもたどり着けない、美しく厳しい山中の環境に年老いて生きていけるのか、切実な問題として迫ってきた。

さて一方悠々は、お陰様で日当たりのよい暖かな立地条件のなかで、芝生の雪も融けはじめ、雪に埋もれたネギの青い頭が顔を出しはじめた。村道もすべて開通し、日常生活を取り戻しはじめている（野菜の高騰を除けば……）。

この間にどれほどのたくさんの善意をいただいたことだろう。理事さんたちによる雪かきや、市場を走り回って食材をかき集めてきてくれた理事さん、自分の家も雪に埋もれその雪かきをしながら賄やケアに穴をあけないように駆けつけてくれたスタッフの皆様に、言葉には言い尽くせぬほどの感謝。感動した一人の入居者からスタッフのみなさまにと御芳志をいただいたりした。

そのうえ東日本の被災地に応援に駆け付けてからもうすぐ３年になろうというのに、その地（岩手県藤沢町の有志）から新鮮食材が宅配便で届けられた。フルーツ人参、玉ねぎ、じゃがいも、キャベツ各 10kg、卵 50 個、干物（いわし、さば、鯵、秋刀魚、ハタハタ等）１箱、鶏のもも肉 2kg、豚肉 2kg をいただいた。

今日はまた青森リンゴの特上品も届けられた。お年寄りもスタッフもあまりのおいしさに、バクバク食べて大満足だった。

途方に暮れたときにいただくこのような心配りの嬉しさが身に染みて、これまでみんなでがんばってきてよかった。報いは倍返し？でいただいたと実感した。

天に感謝！

優しいお心配りをくださった皆様に天の祝福がありますように!!　祈ります。

ありがとうございました！

2014 年 2 月 26 日

## 春の雪

大雪が融け、宿泊のご視察に蕗の薹の天ぷらと蕗味噌をお出しした。「泰阜にも春が来たよ」とお伝えしたくて、東向きの暖かな斜面の地主にお願いして山菜取りとしゃれた。ついこの間まで冷たかった地面からひょっこりと顔を出した蕗の薹を、

「いただきます！」と心で手を合わせて、泰阜の春を泰阜の小さな宝物としてお出ししした。もちろん入居者やスタッフも大喜びで春の味のおすそ分けに預かった。

　その翌々日の真っ白な雪景色に、「そうだよね、そんなに甘くはなかったよね、春はこうやって往ったり来たり、少し顔をだしては冬将軍に追い返され、本格的にやってくるのはいつも４月の半ばだったよね」と、みんな心にいい聞かせる。

　雪国の人々が辛抱強いのは、この大自然が体と心を鍛え上げてくれるからなのだ！と都会暮らしに慣れきった余所者たちは、遅まきながら修行するのだ。地元の方たちは、大人も子供も当たり前のように、この大自然の変幻自在をすいすいとかわしながらたくましく生きている。

2014年3月10日

### 名残雪そして春の香り

　山肌に残る残雪がすまなそうなふりをして、山肌に少し汚れた顔を覗かせている。蕗の薹、原木しいたけ、おこぎの新芽……。そして、風に乗って満開の梅林から酔うような春の香り。ウグイスが鳴き、メジロの群れが梅の花の蜜を吸いに木の葉を散らすように飛び回っている。

　隣の竹林の黄葉（こうよう）がはじまり、泰阜の里山のあちこちに気の早い桜色を発見！　泰阜村に春がやってきた。今年は何十年ぶりの大雪で、年寄りが車に乗れなくなったら、ここに住み続けるのは無理かも……と弱音を吐いたこともあった気がするが、なんのなんのそんなものどこかに吹っ飛んで行ってしまった。

　４月、いよいよ山郷に住む者の村役がはじまる。冬の間に水路に溜まりに溜まった落ち葉を洗いざらい掬い出しもう一度山に帰す。春の田起こしが終わる前にすべての里山の水路の大掃除だ。

　昨日入居者たちの要介護度の認定調査があった。認知症の介護最重度の要介護４のお二人が、なんと要介護３に変更されると宣告された。理由は、私たちの手厚い対応で問題行動が穏やかになったからだろうという。これでは介護者の努力が水泡に帰すのではないかと抗議するが、残念ながら既存の認定評価の方法では、スタッフの努力は逆効果で、問題行動を無視すればどんどん悪化して身体拘束するか、薬漬けにするか、施設を維持できないという状況が理解できる。「自立とは何か、人間の尊厳とはなにか」というそんな当たり前のことが介護政策の立案者に見えて

いないのであろうと実感した。

さて、4月9日、お釈迦様のお誕生を祝う花祭りがお隣のお寺で行われる。私たちも総出で桜餅とお茶をもってお花見としゃれる予定である。

重度の認知症があっても、日本人は桜の花の下でお仲間たちといっしょにおいしいお茶菓子をいただいてほっとすると、もっと笑顔に、もっと穏やかになる。

私たち悠々のスタッフは、その笑顔見たさに重労働の手間を惜しまない。そんな介護がここにあるということをお伝えして、社会的弱者たちの笑顔のために身を粉にして働くことを厭わない、日本中の、世界中の仲間たちにエールを送りたい。

がんばれニッポン！　消費税増税なんかに負けるな!!

2014年4月1日

## 雪国に春の宅配便

悠々には、北海道と沖縄に忘れてはならない恩人がいる。この5年間、幾度も涙を流し心が折れそうになったとき、物心両面で支え続けてくれた方である。

その恩人に、悠々が恩返しできるたった一つのこと、それは春の山菜、秋の茸を宅配便に詰め込んでお届けすることだ。雨上がりの早朝に起き出して、春の山菜摘みに出た。里山を埋め尽くすような梅林の梅の花の香りに包まれ、雪が融けたばかりの山肌を上り下りして蕗の薹を摘み、餅草を摘み、野蒜を摘み、我が家の庭の片隅の原木しいたけを摘んだ。

大自然が織りなす生命の営みに包まれて、幸せを感じていたその時、ふと我が悠々のお年寄りたちとスタッフらが、一つの花活けに活けられた個性あふれる花々の一本一本に見えた。

毎日毎日問題は湧いてきて、右往左往する日々こそが、命の営みそのものではないのか。大雪で大木が倒れ、何もかもが飲み込まれたかに見えたのはついこの間だったような気がするが、春の日差しに頑固な雪が融けると、地の下には力強い命が噴き出してきていた。

認知症の症状も、一人ひとりのお年寄りのそれまでの人生の表現なのだと心の底から思えるようになって、いろいろな訴えに（それが言葉であろうと行動であろうと）心の耳を傾けることができるような気がする。そうして私たちは信頼という絆で結ばれた家族となる。

さあ、宅配便の荷造りを急ごうか。

2014 年 4 月 2 日

## 理事長秘書？＋顧問弁護士加わる

　4 月から医療福祉政策が（貧しい過疎の村から見れば）ほとんど強引に、「在宅」＋「自立」へと転換した。これに呼応するかのように、村役場の悠々の関係担当者が配置転換で入れ替わった。

　今度こそこの時代を乗り切るために知恵を凝らし、力を合わせてともに戦いたいと思う。初めて村の社協の新人研修の見学をお受けした。嬉しかった。公的機関として手の回らないところを、民間企業としてその隙間を埋めるかのようなサービスで、村民のためにお手伝いさせていただきたいとお願いした。

　さて、悠々にも夢にも思わなかった人材が天から降ってきた。

　昨年県職を定年退官し、乞われて民間の管理職に就いたものの、もう金儲けのために働かされるのは嫌になったとのことで、突然退職し「本田先生の秘書にしてください。お金はいりません。先生がやられていることを勉強したいのです！」とのお申し出を受けた。

　ひっくり返るほどびっくりし返事に窮するとはこのことかと、夢かうつつかとしばらくボー然としたが、今年は「泰阜村生活実態調査」の予定もあり、来年は「車椅子レクダンス全国大会 in やすおか」開催も控えており、悠々としては喉から手が出るほど人材がほしかったのは事実で、理事会はその方のボランティア参加を承認した。はてさて、雪の長野県北西部から通われることになる。

　もうお一人は、東京渋谷区在住の弁護士 T さんで、「仕事上裁判所から成年後見人を引き受けることがあり、都市部の高齢者の実態を（施設の実態も含めて）体験するにつけ、これらのお年寄りを本当に救うためには、協同組合方式で資金を出し合い、運営管理にも責任をもつ新しい「悠々方式」を、東京にも作るしかないと思った。自分も勉強するために管理運営にも参加させてもらいたい」とのお申し出を受けた。顧問弁護士をボランティアで引き受けるという条件で、T さんも理事会で承認され顧問弁護士として、4 月の理事会に参加することが決定した。

　これまで多くの視察や講演をお引き受けし、「悠々方式」についてお話させていただいた。だが必ず最後には、「先生のような人は自分らのところにはいません。

先生の後継者はどうするのですか。どうやって育てるのですか」と訊かれる。

私の答えはこうだ。

「私の任務はこの時代の、社会から見捨てられたお年寄りの笑顔のために、知恵を凝らし力を尽くして自分のできることをするだけです。後継者はその時が来ればきっと、必ず天が与えてくれます」

その肝は、管理職が《人間に対する真の愛を知っている》ということではないかと思うからである。自分がそうだとはいえないが、そうでなければ社会的に虐げられている人、忘れられている人が笑顔を取り戻すことはできないと思う。今はこれに向かって努力邁進中である。

今年で５年、「悠々」の指定管理者としての期限が折り返し地点に来た。天は今回のように、貧しい村にもっとも欠けている人材を無償で送ってくれるという奇跡を起こしたのだ。

おそらく「悠々方式」は、本当に日本を救う方法の一つなのかもしれない。

心から、心から、天に感謝！　そして東日本がんばれ！　日本がんばれ！

世界中の貧しい人々のために働く仲間たち、がんばれ!!

2014 年 4 月 6 日

### 桜色の山里の癒しをとうぞ

泰阜村が桜色に染まって、そのなかで村民はみんな笑顔、笑顔である。１年でもっとも美しい村が姿を現すのは今である。貧しい山村なのにこんな豪華な衣装を纏って、観光客が押し寄せるでもないのに、村人たちは桜色に染まって幸せなひと時を味わう。

県道１号線を一歩村に入ると満開の桜（薄いピンク）、山つつじ（濃いピンク）、レンギョウの黄色、広葉樹たちの浅黄色、里山の木漏れ日のなかにはカタクリの紫、隣に菫の花、目立たないけれど春蘭の黄緑、雪柳の白、こぶし、モクレン、そしてあとは名も知らぬ野草の花々……。

その花々の蜜に集まってくる小鳥たちのさえずりが響いている。ウグイスに負けぬとばかりにメジロやヤマゲラの声が森のなかに響いて散歩の足を止めて耳を澄ませないではいられないというのは、都会からの訪問者。村民はそれが当たり前でいつもの農作業に忙しい。

そんな時期にめぐり合わせた視察者たちは、口をそろえて「桃源郷のよう！　この美しさに包まれて癒されました」と言う。それに加えて「音がない。自動車の騒音がしない。街の雑踏の音がしないこの静けさのなかにいると、体から緊張が溶けていく感じがします」と言う。人は本来、このような大自然の営みのなかにそっと置かれて、大きな息をして、体とこころからゆっくりと緊張が解きほぐされていくような「癒しの里」を求めているのではないかとつくづく思う。

　早速悠々の仲間たちは、恒例のお花見に出かけた。満開の桜に包まれ「こんな幸せが味わえるなんて、思ってもみなかった」と口々に言いながら、元気に甘茶をいただき、ピンコロ地蔵様にお賽銭を差し上げて手を合わせた。そのなかでお一人Oさんは、「わしは 110 まで生きるだで、ピンコロとは住きたくない！」と手を合わせていた。みんなで「そうか、そうか」と大笑いをしながらそろって桜餅を頬張った。
　ふと、仏様も神様もこのお年寄りたちにどんな最後を用意していらっしゃるのかなと思い、穏やかな最後をと願った。

2014 年 4 月 13 日

### 泰阜の初夏

　泰阜村の桜が葉桜に変わると里山は浅黄色に包まれる。その足元は山菜の宝庫で、わらび、ぜんまい、タラの芽、山ウド、こごみ、葉わさび、野蒜、山椒の芽、おごぎ、野芹、コシアブラ、筍が採れる。村人たちは自慢の腕を振るって、それぞれの自家製味付けで山菜を料理する。悠々の住民たちも山郷の味三昧のおすそ分けをいただいた。
　さて、この宝物に目を付けた NPO 法人竹エコ代表の H さんに声をかけていただいて、4 月 28 日名古屋西本願寺境内の朝市に出店することになった。
　「こんなもんだれが買うか」と笑いものにされたこともあったが、お声をかけると「いいよ、好きなだけ持ってお行き」と言ってくださる方々もいて、最終的には売り物にするための山菜の処理やら、値段付けやら、何もかも知らないことだらけの理事長が、前夜になってバタバタしていた。見るに見かねて、スタッフは残業、理事さんたちは夜 9 時半ごろまで山菜の処理と値札付けに追われた。そのような善意の塊に支えられ、翌朝 5 時起きでいざ名古屋の大須観音様のお隣にある西本

願寺にたどり着き、露店初体験となった。

　山菜も野のものが珍しいとのことで、最初に聞きつけたプロの料理人さんが、「これは喜ぶぞ、野の蒜だ、今夜は珍しいものを客に出せるな」と８束も買っていかれた。昼食はお店に座ったまま交代で取り、３時間ほどで完売となり58,000円の売上を手にした。この売上のうち高速代やガソリン代等の諸経費を引き約４万円の利益が出たが、売上をそれぞれの採取者にお持ちすると、こんなもんが売れるのかねとたいそう喜ばれ、「次はハチコ（筍）やわらびが採れるねえ」と元気な声が聞かれ嬉しかった。

　たとえわずかでも現金収入に繋がる道が開ければいいなと思ってこのお話に乗ったのではあるが、野のものを売り物にする膨大な手間は無料のボランティアであればこその売上であることを考えると、やはり貧しい山里のお年寄りに現金収入の道を開くのは至難の業なのだと知ったことであった。ちなみに理事長は翌日は寝込んでしまったが……。

2014 年 5 月 6 日


## 緑の風に吹かれて視察

　新緑の緑の風に吹かれて楽しい朝仕事がある。猫の額ほどの庭先に芽を吹きだした薔薇の顔を眺めることである。多忙をいいことに心惹かれながらも放置した新芽に、一晩にして毛虫が団子状にぶら下がり新芽と柔らかな蕾が丸坊主になってしまった。朝ごはんどころではなく、申し訳ないことだが、人間の都合で残り少なくなった昨年の残りの殺虫剤を噴霧したが、効き目が今一つらしく、今朝も元気な虫たちが薔薇の新芽に取りついている。ハァ……。

　今朝は毎朝その成長を楽しみにしていた笹百合の蕾が６本、全滅だった。笹百合は枝分かれするわけではなく、一本に一つの花しか咲かないので、今年の花は見られないことになる。鹿さん、おいしいものね、笹百合の蕾。茎と葉っぱだけになった笹百合をしばし見つめて、自然の掟はここにもあるのだと思い知らされる。

　それにもめげず、大自然は緑をいっそう濃くして真夏の酷暑に耐え子孫を残す作業に忙しい。悠々の軒先のツバメ夫婦には、抱えていた雛が孵ったらしく、小さな雛にせっせと餌を運ぶ姿に癒される。

　そんな悠々に「みどりネット信州」の議員のお仲間が、幾度目かの視察に泊まり

がけで訪れた。前回の視察では、「悠々って何？　何がほかと違うの？　どこが噂の種になっているの？」という理由があったとお見受けしたが、この度の医療・福祉改革で、北信の市町村も旧態依然とした在宅福祉（介護保険に依存した）ではやっていけない！ということで、崖っぷちに追い詰められた気配で真剣な質問と協議が飛び交った。

　そして、最後にたどりつくのは、「誰がこの改革を引き受けるのか……」ということとなった。老後は、御上が何とかしてくれるという依存体質にどっぷりと浸かったお年寄り（なかには大金持ちがいて、そんなもん当てにしておらんわいという吾人もいるらしいが）、自分だって本当は目減りする年金ではやっていけないことを承知の上で、真剣にならざるを得ないという状況に追い詰められているのだった。議論が煮詰まって沸騰した頭では何の知恵も浮かばないということで、翌日は「県立万古渓谷」に出かけた。人っ子一人いない渓谷の溢れるような緑の風に包まれて、悠々の賄さんが早起きして準備した手作りのお弁当を食べ、小さな火を起こしてお湯を沸かし食後のコーヒーを飲みながら、持参したアウトドア用の椅子にゆったりと背を持たせて、みんな「こんなにゆったりとしたことは久しぶり、ああ、気持ちいいよ」と緑の風に包まれてひと時を過ごされた。

　癒されて、元気になって、自分たちに期待をかけてくれている住民の方々のためにがんばるぞ、との気配を取り戻して帰途につかれた。

　最後に「実家だと思って、いつでも遊びに来てくださいね。お待ちしています」

　悠々の仕事は、このようなものである。

2014 年 5 月 15 日

## 第 5 回「星空観望会 in やすおか」開催

　里山の緑が深くなって初夏の花々があちこちで顔を見せるようになった。今年は朝晩と日中の寒暖の差が極端でお年寄りの体調が優れない。

　97 歳の S H さんは、成年後見人の先生に遺言書の作成を依頼し、何か月もかかって完成したとの連絡を受け、確認作業が終わった途端、急に食欲がなくなり言葉数も少なくなり、床に寝付く時間が多くなった。少し元気になると大好きな畑仕事を奥様と二人で 1、2 時間するとその後はどっと寝込むという繰り返しの状態に、私たちは「何か今まで張りつめてきたものがぷつんと切れたという感じがするね」と

言い合い、最後が近いことを予感し大切に見守ろうという気持ちが強まった。

このさなか我が悠々は、5月24日恒例の「星空観望会」を開催し、曇り空にもかかわらず昔の天文少年たちと、未来の天文学者たちが張り切って曇り空の切れ間が現れることを願って空を見上げた。

今回はアイパッドを駆使し、「天空の曇り空の向こう側には本当はこんな星座があるんだよ。土星はここ、火星はここ……」解説の先生の言葉に、雲に覆われているにもかかわらず、その雲のはるか向こう側に見えるはずの星空を空想して、大人も子供も「ウォー」と歓声を上げながら、望遠鏡で見るときと同様、いやそれ以上に感動した。中学校の校庭のブルーシートの上に寝転がって、大人も子供も夜空の向こう側に広がる泰阜の空を楽しんだ。解散直前の一瞬、夜空に現れた雲の切れ間から望遠鏡越しの火星や土星、春の星座を見られて、24名の星空観望会参加者たちは、またまた大満足で帰途についた。

その後の懇親会では、悠々にお泊まりの解説者T先生とその仲間たちが、夜が更けるのも忘れて恒例の宇宙談義に花を咲かせ、次回こそ晴れることを願った。

2014年6月3日

## 「車椅子レクダンス講習会 in やすおか」

5月30日、人口1700人ばかりの長野県泰阜村で初めての「車椅子レクダンス講習会 in やすおか」が泰阜中学校体育館にて開催された。当初の予想をはるかに上回った57名もの参加者で埋まった。

来年の9月19日開催の「第69回日本レクリエーション大会全国大会 in ながの」の種目別団体の会場として泰阜村が決まった理由は、長野県下に車椅子レクダンスの支部が「泰阜村悠々支部」しかなかったからである。何しろこの小さな村は交通アクセスが悪く、東京からもっとも遠い島と揶揄されるほどである。その上平らな所は中学校のグラウンドと自宅駐車場ぐらいといわれている山のなかに、車椅子のお客が大勢来るなんて「信じられない!!」ということで、「無理です。本当に無理だと思います」と叫んだり、懇願したりしたのだけれど……。元自衛隊大佐の理事長様は、「大丈夫です。必ずできます」とおっしゃって、どんどん前に進まれたのだっ

た。そして5月30日、村民はそのお方をお迎えし、「車椅子レクダンス」などというものを初めて経験した。

　泰阜村には余分な車椅子などなく、施設には通院時に必要な1、2台の予備があるだけで、介護の必要な方々はほとんどレンタルを利用されているため、急遽長野市の業者から自走用の車椅子をレンタルにて運んでいただいた。

　参加者は、泰阜村役場から副村長他4名、泰阜中学校から教諭5名と生徒6名、社協からスタッフ12名とお年寄り（お元気さん）9名、悠々から役員とスタッフ6名、入居のお年寄り2名、中野市と小布施町からの視察者10名の総勢55名に報道関係者等が加わってにぎわった。

　黒木理事長に「この小さな村でしか実現しないことが起こっています。お年寄りと働く壮年たち、中学生がともに手を取り合って、笑顔、笑顔でともに踊るのです。この和やかな和気藹々とした集いを、全国大会に持っていきましょう！」と檄を飛ばされた。参加者はお年寄りも中学生も「こんな楽しいことは初めて体験した！」と言い合い、その姿を見た教頭先生は、「子供たちのこのような笑顔を初めて目にしました！」と感動されていた。

　何かが起こる、この小さな村に、目には見えない奇跡が起こることを予感させた。この小さな村に大きな幸せがやってくるかもしれない……。

2014年6月4日

## 空梅雨

　テレビでは連日のように大雨被害の映像が流され、異常気象に苦しむ方々の姿に心が痛む。ところが、泰阜村の上空は黒雲に覆われたり、どんよりとした雲に一日中覆われたり、村民はだれもかも空を見上げてしとしとと降るあの梅雨を待っている。一瞬ざあっと降る雨では、乾ききった畑の上を流れるだけで地面に染み込まない。作物が育たないのを見て、今年のわずかばかりの実りの後の暮らしを思う。

　さて、先日縁あって、東京都荒川区の社会福祉協議会に勉強に出かけた。荒川区には山谷という日雇い労働者が集まっている地区があり、一昔前までは女子供はその街に出入りしないようにと怖がられていた。

　その山谷が、今では高齢者の街になりアパートが建ち、山谷の入り口にあった居

酒屋がコンビニに代わりどこにでもある普通の街に変貌しているという。これは何を意味するのか？と、帰途深く考えさせられた。「まだブルーシート群は残っているのですか」との問いに、「ええ、まだ残っていますよ。でも恒例の炊き出しにも補助金がおりて、高級メロンが出ることもあるとか聞きます」。時代は、都会にますます偏って補助金でさえ足元の高齢者に下りていくのかと、過疎山村の暮らしの厳しさを思った。

　一方、荒川区社協の展開している事業を伺って本当に感銘を受けた。豊かな大都会の片隅で、24時間オンコールで待機しているスタッフに支えられて、区民のあらゆるニーズに対応している仲間たちとお会いして（宴会でおもてなしを受けた！）、人々のために働く福祉が本当はどれほど意味のある楽しいことかを知らされた。

　そこには、制度サービスの谷間にある人々に向けた細やかな支援があった。たとえば「おもちゃ図書館」。その片隅は（乳児保育は生後3か月からしか利用できない）、産後まもない母子を預かって、なにくれとなくケアをお手伝いする実家のような役割を提供する場になっている。そこは母子（父子？）の駆け込み寺のようだった。さらに子供たちがおもちゃで思い思いに遊んでいる姿を眺めているだけで安心と幸せを感じるお年寄りが通ってくるそうな……。ここにも私が夢見ていた新しい家族の形が存在していたのだ。

　嬉しく感動して帰途に就いた。

　荒川区社協に息づいているこの信念こそ、日本のあの世界で知られている「日本魂」であろう。優しくて暖かな空気の溢れているあの秘密の場所に（ご紹介を受けなければ知らなかった）、もう一度行きたいと思った。

　荒川区社協の皆様、本当にありがとうございました。皆様から受けたこのお気持ちを忘れません!!

2014年6月22日

## 「車椅子レクダンス」泰阜村社協支部誕生！

　「車椅子レクダンス普及会」理事長から長野県に二番目の車椅子レクダンス支部が発足したとご連絡を受けた。

　過疎山村泰阜村に、お金にはならないが、村民が笑顔、笑顔で心から手を取り合っ

て踊る夢の実現に一歩近づいた感がする。

　泰阜村社協スタッフが、網の目のように張り巡らしたネットワークを使って、村民のすべてに「一緒に踊ろうよ！」と声がけして、村のお偉い方々も、中学生たちも、隣街の福祉課にも、高校生にも声かけて、閉じこもりがちなお年寄りと一堂に会して、（自衛隊の軍楽隊の演奏で……）信濃の国と天竜下ればを大合唱するという計画もあるそうな……。

　こんな夢かなうのかな？「車椅子レクダンス普及会」黒木理事長様は、泰阜村のことを「不思議の国のアリス」と呼ばれているようだ。長野県のなかでも、「泰阜村？　そんなとこどこにあるの？　長野県の南の端？　聞いたことないなあ」と、昨日も北信の重鎮なる方の口から洩れた。

　人口1,700人、この8月に村長選がある。松島村長はこの村民の暮らしの貧しさを知り尽くしたうえで、「もう1期がんばろうと思う」と村長レポートで村民に立候補を明かされた。その両肩に圧しかかった重荷を思うと、合併もせずにがんばってここまで村のために働かれ、死力を尽くして前に進もうとなさるそのお姿に頭が下がった。

　このリーダーを得て、泰阜村村民はみな貧しいけれどへっちゃらなのだ！　そしていろいろあるけど、でも皆泰阜村民としての誇りをもてるのだ。

　松島村長がんばって！　村民はいろいろ甘えんぼうであれこれ言うけど、信頼してどこまでもついていくよ！　大丈夫です、最後の一人まで全力を尽くして泰阜村を消滅部落にはしないよ！

2014年6月26日


### 悠々畑の野菜たち


　連日、テレビで東京のゲリラ豪雨の被害映像が流され、物価高騰に加えて安全神話が壊れると、日本中どうなるのだろうかと思う。今のところテレビのトップニュースは集団的自衛権でもちきりだが、庶民の暮らしがこんなにも揺らいでいることへの配慮は、置き去りにされている感が拭えない。

　そんななか悠々の畑では、97歳のＳＨさん手作りの野菜たちが毎日のように収穫できる。今年は、何故かきゅうりが豊作で、山のような育ちすぎたきゅうりのお土産が届けられる。畑で自分の手でもぎったきゅうりの旨さを（味噌マヨをつ

けて食べると最高！）、東京荒川区社協のあのお仲間たちにも食べさせたいと思う（ちょっと曲がっているけど最高なのだ）。

　一方、「車椅子レクダンス」は、泰阜村社協支部がイベントの度に村のお年寄りと踊り、その楽しさがひたひたと村中に浸透していっている。悠々のお仲間もその仲間に誘っていただき、そのなかに中学生も誘っていただいて、縦割り行政が、こんなところで崩れていっている！　つまりはお祭りなのだと思う。今年の「車椅子レクダンス全国大会 in 福島」への視察団の結成が急がれている。この村民の笑顔を見て、村がその気になってきている。

　この祭りにこそ「悠々」が村のなかで当たり前のようにその存在を受け入れられていく仕掛けがあった。5年間ただひたすらに、村民の笑顔をだけを思って続けてきた働きが、当たり前のように、まるでずっと前から村に存在していたかのように認められて、村のなかで役割が与えられている。感無量である。天に感謝！

　昨日も何の報酬もなく、草だらけの広大な悠々の庭の草刈りを自発的にしてくれた「田本悠々の会」のお年寄りたち、そのお年寄りたちができない外回りの急斜面の頑固な草（ススキ群）刈りを、汗まみれになって無給ではたらく理事さんたちの姿を、村中の人たちが見ている。悠々がこの人たちの無償の愛で守られていること、悠々に行くとゆったりと優しい無償の愛に包まれること、そしてそれは、泰阜の宝だということが、ひたひたと知れ渡っているような気配がする。

2014 年 7 月 2 日

### 新しい家族のかたちとは……

　悠々に暮らすお年寄りには子供のいないお年寄りが 2 人と 1 組計 4 人いらっしゃる。その人たちは、家を処分し住民票を移して入居なさっておられるので、本当に心を通わせる家族がいない寂しさを味わってここに来られた人たちかもしれない。最近、悠々では無償で東京からやってくる顧問弁護士が、遺言状の作成のお手伝いをはじめている。穏やかな最後をみんなでお迎えするために、こんなことが必要とされる時代が来たのかもしれない。昔は、それがよかったのか悪かったのかわからないのだが、戸主が財産を譲り受け、年寄りや兄弟姉妹の面倒をみるのが当たり前であった。戦後その家族制度が壊された。財閥解体は日本の家族制度を根幹から解体し、親の面倒は介護保険にとってかわったけれど、なけなしの親の財産を何もか

も粉々に分配する悪弊ははびこってしまったらしい……。

　今、だれもが遺言状を残す必要があると感じはじめている時代が来た。「子供らは、親の元気なときにはお金をせびりにしか顔を見せん……」との嘆きは、日本中でよく聞く話である。

　さて、その子供がいないお年寄り（特に90歳を過ぎると）の遺産を当てにしてあれこれ問題が起こっている。昨日、遺言状にある約束を果たすために、ご自分が用意したお墓にご本人を同行して役員3人で確認に出かけた。深い山のなかにあるお墓は、ＳＨさんにふさわしく、伊那谷の山の緑に包まれ静寂のなかにあった。訪れる人はだれもなく、倒木が迫り苔むして荒れていた。その隣にはＳＨさんが引き受けたという無縁仏のお墓も据えられており、私たちは皆で鎌や箒やたわしや雑巾をもって、「悠々のみんなで一度掃除に来まいか」といい合った。

　帰途、ＳＨさんは、「これで本当に安心しました」とつぶやかれた。子供がいなくても、温かな心を持った仲間に出会えれば、普通の人間らしい最後が迎えられる。基本的人権とは、このようなことも含まれるのであろう。

2014年7月3日

### 弔辞

　○○悠さん
　97年間、艱難辛苦の生涯を終えられ、安らかな心で私たちを眺めておられるでしょうか。

　あなたが私たちの前に現れたのは、たった11か月前のことでした。

　初めてお会いしたとき、目を輝かせながらあなたの言った言葉が忘れられません。「玄関の地域交流センター悠々という看板は、私の名前と同じです。あの言葉の意味はなんですか？」と問われ、「ここに生きる人はみな、『悠々自適に生きるように』という願いがこめられてつけられました」と答えると、じっと私の目を見つめ真剣な顔で、「先生、私はここを最後の場所と決めました。私の骨を拾ってくれますか」と問われました。

　「はい、ここに入った方はみな家族になるのです。だからお望みになるなら骨を拾わせていただきます。お約束いたします」

　そして、あなたは間もなく私たちの家族になりました。いつも穏やかで笑みを絶

やさず、悠々の殺風景な庭に花を植え、草を取り、畑を作って、私たちに採りたての野菜のおいしさを味わせてくださいました。採りたてのきゅうりに味噌をつけて「おいしい、おいしい」と食べている私たちを眺めながら「この姿を見たかった」と嬉しそうにおっしゃいました。それはついこのあいだではありませんか。

　悠さん、あなたのおなかに大きな腫瘍があるとわかったのは、お亡くなりになる30分前のCT画像でした。おなかが痛くて、腰が痛くてお苦しみになられたのはこのせいだったのですね。

　「腹が痛い、腰が痛くて眠れない」と苦しむあなたを、あっちの病院に連れていき、こっちの病院に連れていき、結局腰はヘルニアの再発、お腹の痛みは、がんこな便秘、「この御年では湿布と痛み止めと軟下剤でがんばるしかないでしょうね」と言われ、それを信じた私たちは、「少し楽になった」と言われたくて超音波温熱器をかけ、足浴をし、湯たんぽをし、摘便、浣腸……と思いつくあらゆることを試しました。

　悠さん、あなたの笑顔をもう一度見たくて、毎日、あなたの様子に一喜一憂した日々が続きました。そして最後の朝、病院に駆け込んで30分もたたずに私たちの前からふっと消えてしまわれました。

　悠さん、出会うすべての人があなたのことを大好きになりました。心の底からあなたのことを大切に思いました。あなたはそのような「人を幸せにする力」をたたえておられる人だったのです。一緒に過ごした時間は短かったけれど、私たちはあなたのことを忘れません。

　悠さん、幸せをありがとう。そしてどうぞ安らかにお休みください。

平成26年7月24日

高齢者協同企業組合泰阜　理事長　本田玖美子

2014年7月24日

## 8月6日、原爆投下の日に

　日が落ちると棚田の上を里山の森を抜けた冷たい風が吹き渡る。道端に萩、女郎花、桔梗の花が可憐な顔を見せはじめた。泰阜は一足早く秋の足音が聞こえる。

　悠々ではまだ悠翁の気配がする。スタッフは口々に愛するこのお年寄りがいつもそうであったように「背を曲げてゆっくりと私たちの横を歩いている」と言う。納

骨の日が9月7日に決まった。愛する人を失った喪失感から抜け出せないでいる。そしてまた自分たちは、どのように生きたらこの翁のように惜しまれながら、この世を後にすることができるか、一つ課題をもらった気がする。

　今日は8月6日広島への、日本への原爆投下の忘れてはならない日である。戦争を実体験として火の海を逃げ惑った自分は、3歳で満州から着替え一つの丸裸で帰り今日を迎えた。

　悠翁は、死ぬ間際まで「戦争ほど残忍なものはない。戦争は互いの貧しい国民に何一つ利益を与えない。徴兵先の満州で、互いに知りもしない憎しみさえもない相手に、銃剣を向け殺しあう戦争を繰り返してはならない」とひとり呟き続けていた。被爆者の老語り部に向けて一人の子供が「死に損ない！」と言ったという。なんという子供を育ててしまったのか。だれのせいでもない、自らもまた戦火のなかを逃げ惑った老人の一人として、このような子供を育ててしまった責任を、今さらどのようにとればよいのか。途中で挫折したものの、自分の沖縄戦跡慰霊の旅は、何の意味があったのか問い直している。


　泰阜村ではこの夏、国の補助金を受けて「高齢者生活実態追跡調査」を実施する。19集落中10の限界集落を抱えて消滅の危機にある村の存亡をかけ、村民をあげての調査になりそうである。

　村民皆が泰阜村を愛して、泰阜村存続のためにできることを実行する。

　「不思議の国のアリス」の所以は「小さな村の村民が一つの火の玉になれる」ことであるのかもしれない。

　戦争で命を失った世界中の御霊に、御霊と一緒に、世界の平和を乞い希いたい！

　どうぞ、どうぞ、平和を……。

2014年8月6日


## 貴き人の死


　今年の夏は雨が多かった。スコールのような雨が激しく地をたたきつけるように降ったかと思うと、蒸し風呂のような暑さがあたりを覆った。しかし雨が降ろうと、雪が降ろうと、泰阜の年寄りは普段通りの農作業をやめることはしない。

　その日も雨の間に蒸し暑い太陽が襲ってきたが、近隣のお年寄りはみな普段通り

作業に勤しんでいた。そのなかのお一人が、夜も更けて投光器のなかで、玉ねぎの苗付けのために耕運機に乗って畝つくりに勤しみ、風呂に入って汗を流し、夕食のまえに一杯のお酒を楽しんでいたその時、「胸が苦しい」と言って倒れた。

救急車で運ばれ、点滴治療を受けて帰宅しようとしたが、「せっかく病院に来たんで、一晩泊まっていくかね」という医師の言葉に家族は安心し、病院に預けて帰途についたが、その翌早朝、再び苦しまれ亡くなられたという。

素人考えだが、①水も飲まずに蒸し暑さのなか夜遅くまで働かれ、②そのまま風呂に入り、③酒を飲むという行為の流れから脱水症が予測される。さらさらと涼しい夕風が吹く昔と違って、近年の泰阜村の夏は（冬の大雪もだが）熱帯のように蒸し暑い。

熱帯での働き方を知らない働き者のお年寄りが今もいて、泰阜村は、今年も多くの働き者の貴いお年寄りを失った。

そして、この方が耕していた田畑は、主を失って荒廃していくのか……。

日本の農業は、このような働き通したお年寄りたちによって支えられてきたのだと、泰阜村に住んで深く思う。

2014 年 8 月 18 日


## 家族の壁


この 8 月から泰阜村では 7 年前に実施した全村調査（悉皆訪問調査）に協力した 616 名の高齢者を対象に、「高齢者生活実態追跡調査」の研修を受けたリハビリ専門学校の学生がお一人お一人の高齢者のお宅を訪問させていただいて、暮らしぶりについての聞き取り調査を実施している。

高齢者たちは、村に若者が二人組で話を聞きに来てくれるというので、首を長くして待っておられる。お土産まで用意して待っている高齢者たちは、学生数が足りなくて、リハビリのセラピストたちが代替役で訪問させていただくと「何だ学生さんじゃなかったのか……」とがっかりする。「すみません、申し訳ありません。学生の事情で私たちになってしまいまして」と言って謝って調査をさせていただく。病院で勤務しているセララピストたちは、謝りながらお話を聞かせてもらうという経験が皆無なので、衝撃を受けたといわれる。そのことは、翻れば患者さんのためではなく、自分たち病院側のペースで、治療を進めてしまっていることを示唆して

いるのではないかと気づかされる。つまり患者さん側の土俵に立って「暮らしぶり」の深みを把握することで、病院では決して知りえなかったその人の真実を垣間見ることができるということかもしれない。そして、セラピストたちに、この訪問調査が「いい勉強になった」と言われる所以かもしれない。

　さて、学生側の諸事情で、当初予定されていた訪問調査員が皆無になり、予約していた訪問を実行するために理事長も、朝から夜まで泰阜村の隅々を走り回ることとなった。

　そこで出会うお年寄りの生活は、想像を絶するような凄まじい人生の結果として、ロコモティブシンドローム（骨関節の痛み）や脱水症による脳梗塞再発が疑われる体を抱えながらも、先祖代々の田畑を守ろうとする人々の責任感に突き動かされている姿であった。どの家もどの家も、孫たちの教育費のために子供世代は家を離れ、同居世代も田畑を年寄りに任せて働かざるを得ない状況にあった。

　年寄りは口をそろえて、先祖が血のにじむような思いで開墾した田畑を、自分の代で荒れ地に戻す気持ちになれないという。

　泰阜村の山野率は87％。どこかの地のように有名ではないけれどほとんどが棚田である。そこに痛む腰（ほとんどのお年寄りが脊柱管狭窄症の手術、圧迫骨折を経験している）や膝、足首の痛みを訴えている。その姿で朝早くから日が落ちるまで（水分も十分でなく）働く。

　そして、鎮痛剤を飲んだり貼ったりしながら働いて「まあ、元気です」と質問に答える。食事はもちろん野菜が中心だが、買い物に行けない年寄りは乳製品の摂取が少ない。理事長の調査を受けたお年寄りは、即座に「小魚を骨から食べられますか？」と追加質問を受けることになる。「いや、食べんようになった」と答えられる。「昔は煮干しを頭から食べていましたね」と言うと「確かに親から味噌汁の煮干しを頭から骨ごと食べるように言われていたなあ」と思い出される。「きっと生活の知恵だったのでしょうね」と伝えて、「転んでも骨折しないように、カルシウムを摂りなさいという教えかもしれませんね」と言うと、「そうか、味噌汁のだしを煮干しにして骨ごと食べればいいんだ……」と納得なさる。

　どんどん昔の工夫や知恵が失われている感じがする。村の診療所の送迎がすべての年寄りにあるわけでもなく、山奥の高齢者のみ世帯では病院への通院はタクシーしかなく、「片道４千円もかかるので病院には行けない」と言われる。

　最後に、家族があっても、お年寄りは子供たちにどれほど気兼ねしているかを思

い知らされた。南信地区の調査でも同様であったが、どんなことでも家族の相談なしにやることは許されず、身を小さくしてひっそりと生きている。田や畑だけが自分の居場所になっている過疎山村のお年寄りたちに、「住み慣れた地で安心して最後まで住み続ける」ために何ができるか。

　この宿題を我が人生で一つでも果たせるのか……。果たさねばなるまい。ただ一つであっても……。

2014 年 8 月 24 日

## 限界集落のお年寄りたち

　泰阜にもう秋風が吹き渡り、昼でも網戸を外して戸を立て、炬燵を出したお年寄りを見かけるようになった。深山に住む限界集落の話である。

　泰阜村の調査は、追試験のために消えていた学生たちが帰ってきて、最終段階に入った。それにつれ、この村の本当の貧しさが何か実感をもって感じられるようになった。今回の調査は 2007 年に実施した 6 歳から 98 歳までの全住民を対象とした全村調査（訪問聞き取り調査）の当時 65 歳以上であった高齢者の 7 年後の追跡調査である。

　7 年前には 19 集落中 5 集落あった限界集落が、この 7 年間に実に 10 集落へと倍増していた。その限界集落と対極にある子供等が後継者として残っている集落、村外移住者の若者たちが少しずつ増えている集落等との比較が、どのような切り口で科学的に証明できるのか。調査を手伝っていただいている村議や社協の方々から真剣な熱い期待を寄せられている。

　泰阜村存続の基盤は、働き者でしっかりものの女たちのおかげである。とにかくよく働く。男たちが農業の合間に村役（当然無償）で休む暇もないほどの村の行事にあれこれに引っ張り出されている間に、当たり前のように家事をし、子を産み育て、年寄りたちの介護を担い（隙間だらけの介護保険サービスは施設入居しない限り家族に介護負担がのしかかっている）、農作業を担っている。

　どうしてこうも働き続けるのかと限界集落のお年寄りに尋ねたことがある。その答えはこうだった。

　「昔は食い扶持減らしのために嫁に行かされたもんだ。自分が選んで嫁に来るなんていうものはなかった。ただただ働いて子を産み育て年寄りの面倒をみるのが当

たり前だった。年を取り次は自分が楽をさせてもらえると思ったら、時代が変わって嫁の来てがないので、死ぬまで働いて何の楽しみもなく死ぬんだと思う」と言う。「村の老人クラブとかお元気さんとか参加しないのですか？」との質問に、「この人（夫）が出かけて行ってしまうもんで、年寄り（99歳）の面倒をみる人がおらんで出て行けない。それにこんな山奥で車も乗れんし……」

　泰阜村に生まれ泰阜村に嫁に来た。80数年間村から出たことはない。このお年寄りに「泰阜に生まれてよかった」と死ぬまでにひと言、言ってもらえるには何ができるか……。

　夕暮れになって秋風が次く山奥をたどりながら、胸の奥に重い宿題が残った。

2014年9月2日


## 訪問調査完了


　先日の豪雨の影響か、自宅裏山の松喰い虫にやられた老大木が玄関前に、電話線を切断しながらまるで突きささるように倒れ、道路を封鎖した。あまりの大木に自力では出入りも不能な状態であったが、翌早朝二人のご近所さんが電動カッター持参でさっさと片付け、役場に電話線切断の連絡を入れてくれた。その素早さ！　私の山奥での悠々自適の隠居生活はこのような隣人に守られて維持できているのだと、あらためて心にありがたさが染み入った。

　泰阜村悠々のケア方式が、新しく塩尻に土地を得て展開が可能になった。

　日本の各地からの視察が続いているが、他のケア付き住宅との明らかな違いの第一は、在宅の村民が困ったらだれでも緊急避難的に利用できる、「地域交流センター」の機能を持っていることだと思う。開所して5年、さまざまな誤解や嫉妬であきらかな妨害を受けたり乗っ取りをかけられたりしたが、今回の調査で村民のために悠々が担える役割は、自由な会食＆365日配食と、深夜・休日の通院介助＆ケア付き民宿であるとわかってきた。すべて介護保険外サービスである。

　これを村の在宅サービスのための補助を少しだけいただければ、この村の「安心して最後まで住み慣れた地で暮らせる」理念が実現できると思う。

　そして、今回中小企業団体中央会の指導に従って、組合を実質的に利用していただいている方に縮小することを決断した。村のすべての村人を対象に、「よろずお助け隊」を開業するためである。

さて、泰阜村の山姥が腰を上げたぞな。今回もお一人お一人のお年寄りの声を直に３時間もかけて伺って、本気だぞな。

2014 年 9 月 9 日

## 「泰阜村・高齢者生活実態追跡調査」結果を受けて

　泰阜村の棚田に稲架掛け米がずらりと黄金色の穂を風に揺らして、今年ももうすぐ新米が我が家にも届くかと、期待で胸が膨らむ。里山にはだれも採りはしない鈴なりの小さな渋柿が、錦秋の秋の深まりに彩を添えている。

　今年もがんばって汗水たらして棚田を守っていた現役の 80 代のお年寄りたちが大勢往った。もうお年寄り夫婦では暮らしていけないと、子らに判断されて施設に入れられてしまったお年寄りたちは、自分たちの不幸ではなく、「自分たちの代で田畑が荒廃してしまう！」と言って毎日施設で泣いていると、風の便りに聞こえてくる。

　今年実施した「泰阜村・高齢者生活実態追跡調査」は、７年前に 65 歳以上であった当時 8 割にあたる高齢者の７年間の生活を①身体機能、②認知機能、③栄養調査、④満足度、⑤暮らしぶり、⑥地域の絆という項目で、総合的に地域で暮らす高齢者の生活実態をとらえようとするものであった。

　そのなかに「なにか悩みはありますか？　それはどのようなものですか？」という質問がある。泰阜村の多くのお年寄りは少し考えて「悩みはないな」と言う。「え、そうですか？　たとえば先祖代々の田畑の跡継ぎがいないことは悩みではないのですか？」と単刀直入にお尋ねすると、「それ以上の悩みはないな。だがもうあきらめた。悩んでもどうにもならんことはもう悩まんことにした」と言われた。その口から苦渋の長い時間が流れたであろうことが推し量られた。このようなお年寄りは一人や二人などではなかった。棚田は見るものには美しいが、大型機械の入らない里山に張り付いた小さな田んぼでは、夏の暑さのなかを這いつくばってコメを植え、野菜をつくり収穫し、それよりも何よりもこの田畑を維持管理するために日々水路管理と田畑の周りの草刈りを絶え間なく行わねばならない。若い子供らがその過酷な労働の割にはわずかな現金しか手に入らぬ代わりに、楽な労働と簡単に手に入る現金で身近な娯楽が手に入る都会を求めて出て行ったまま帰らぬのは、宿命だという。

安倍内閣に「地方創生大臣」が誕生した。

この過疎山村の貴重なお年寄りの深い苦悩を、そのまま日本の今後の崩壊につながりかねない苦悩を、その方の耳に届ける方策はあるのか、だれかだれか教えてほしい!!

2014 年 10 月 11 日

## お年寄りを看るということ

悠々の最高齢 97 歳の H 翁が、4、5 日前に「頭が痛い」と言われた。バイタルチェックは平常値、食欲は変わりなし、挙動もいつもと変化なし。医師の往診を頼むほどではないかとスタッフで相談し、少し注意深く様子を見ることにした。その翌日、突然、足が前に進まなくなりもつれるようになり車椅子移動にチェンジ。食事も箸を弄び自分では食べられなくなったので、本格的に食事介助をスタートさせた。しかし K さんの誕生祝いの際にはケーキを、スプーンでパクパク食べることができた。「うん？　何なんだ。好きなものは食べられるのだ」と安心した。もうすぐかかりつけ医の定期的な往診がある。そこで対応について相談することにした。しかし、その日から本格的な朝ケアの闘いがスタートした。リハビリパンツと尿取りパットでは対応できず、本格的なオムツに替えさせていただいた。が、彼はオムツを外すことができたのだった。掛布団を放り投げズボンを脱ぎオムツを外し、しかし自力で起き上ることができず、びしょ濡れの上着に半分にちぎってしまった毛布を握りしめて、頭まで濡れてしまったベッドのなかで私たちを待っていたのだ。

「ああ、どんなに寒かっただろうに……」と言い合って、スタッフは H 翁を抱きかかえながら濡れた上着を二人がかりで脱がせ熱いタオルで体を拭き、新しい肌着と上着に着替えさせた。さて 60Kg もある彼を抱きかかえて濡れた下半身を熱いタオルで拭きながらオムツを当てズボン、靴下を履かせ、濡れたシーツを代えて、やれやれ安心と翁の顔をふと見ると、「ああ、ありがたい。女房にもこんなことされたことはなかった」と力いっぱい抱き付いておっぱいをぎゅっとつかみ、そこらじゅうにキスをしはじめた。「これこれ、それはなしだよ。旦那がいるからね。もうおしまい」と言ってからくも身をかわした。

その日一日中幸せそうな顔をして H 翁は元気であった。

翌日、家族に事情を報告し、社協のケアマネさんに車いすレンタルと朝ケアの応

援を依頼したが、人手がまわらず悠々で非常勤を追加し、二人ケアとすることとなった。

　日々重くなるケアであるが、スタッフの給料は変わらない。愛がなければ……お年寄り一人ひとりを最後まで笑顔で見送ることはできない。

2014年10月29日

### 第7回通常総会を終えて——理事長再任の重さ

　錦色に染まっていた里山の村道が、落葉樹の木々から舞い落ちた落ち葉で、今は黄金色のじゅうたんが敷き詰められている。裸になった落葉樹の間から、森の奥深くまでこもれ日が差し込んで明るさを取り戻した。冷え込んだ朝、本格的な冬の到来だと、とうとう悠々の床暖房のスイッチを入れた。消費税に便乗したこの電気料金の値上げには対抗するすべもなく、これから半年間の電気代を覚悟した。

　さあ、温かくなった悠々に村のお年寄りをお呼びしたいが、600円のランチでは高すぎてみんな腰が引けている。この度、入居は無理でも暖かな悠々に昼のあいだ立ち寄っていただけるような趣向を凝らそうと考えている。それは90代に突入したお年寄りの健康サロンにすることである。単なる体操教室ではなく、デイでもないところだが、ここから後は企業秘密……。

　総会で理事長挨拶をした。この赤字、国が補助金を制定してくれるまで持たないかもしれないと感じて、組合員に出資金を全額お返ししてだれも残らなかったら組合を解散し、村にお返ししようと（時を同じくしてどこかの国でも宰相がそういっているが）思っていたのだと話した。ところが62名中36名の方々が「悠々」を残したいとの意思を示された。

　これこそ「悠々」の5年間の事業成果でなくてなんであろう。「私にとってこの36名の皆様は家族です。だからこれからも私を支えていただきたい」と訴えた。いつも悠々のことを頼りにし、頑な理事長を陰に日向に支え励ましてくれる方々が残った。来賓の村長、副村長、福祉課長はその一部始終をご覧であった。

　この村は、助け合って当たり前という、貴い風習で存続している。その上に、この悠々のボランティアがのしかかっていることを私は知っている。そんななかで自らの意志で名乗り出てくれた人々がこの36人である。悠々職員7名は組合員ではないが、この方々を加えると43名の志士たちを得て（47士の物語に4人ほど不足

しているが……)、心新たにもう一度がんばろうと思った総会であった。

2014 年 11 月 19 日

## 「悠々」の冬支度

　泰阜村の里山が紅葉の黄金色から赤茶色に衣を変え、今日の風雨に吹かれ葉っぱを落としたら本格的な冬ごもりに入る。地震被害の北信の方々が、本格的な冬をどのように過ごされるのか心配でたまらない。今日は知り合いの市会議員の方にお声がけして、来春の暖かくなるまでのあいだ空き室を提供したいと思っている。特に高齢独居、老夫婦でお子様のいない方々は、子供たちのところに身を寄せることもないだろうにとの思いである。

　暖かい床暖房のお部屋と、優しいスタッフに囲まれて失意を癒されたら嬉しいと思うのだが……どうだろうか。雪空を眺めながらその際の補助を役場に考えていただけるかも検討しながら進めたいと思う。

　さて、無事総会が終了して新しい会計年度に入ったということで、理事会は「悠々サロン」を以下のようにバージョンアップすることになった。

①介護用軽自動車の購入⇒これで 365 日、24 時間要請があれば緊急時に駆けつけることが可能になった。

②雪掻き機の購入⇒近隣のお年寄りに貸し出して利用してもらう。

③マッサージ機 2 種の購入⇒近隣のお年寄りに喫茶（無料）や昼食（ランチ 600 円）後、暖かな部屋でおしゃべりしながらゆっくり癒されますようにとの提供。

④裏庭（砕石が敷き詰めてある）に、緊急避難用通路を造成する⇒ 避難訓練の際、車いすや歩行器が必要なお年寄り（重い体重の方？）を救出できないことが判明。

　これもすべて「はるか基金」のおかげです。悠さん、天国から見ていますか。たくさんの笑顔をあなたに捧げます。

2014 年 12 月 1 日

悠々のターミナルケア
2015 年

## 寒中お見舞い申し上げます

　昨年の暮れは泰阜村の古老たちが次々と亡くなられ、残された者たちは心にぽっかりと開いた穴を抱えながら葬儀に参列する日々が重なった。

　その上、悠々も含めて入居者2名がインフルエンザに罹患、楽しみにしていた年末行事を次々とキャンセルした。97歳のH翁が入院、92歳のK婆は入院さえもできず、悠々個室内にて隔離療養となり、他の入居者たちにうつさぬようにとの配慮で、少ないスタッフにいつもの倍以上の負担をかけることとなった。女性スタッフは、それぞれの家庭の暮れと正月に向けての準備をやまほど抱えながらの看病、頼りとしている社協スタッフの年末年始休業がダブルパンチとして悠々に圧しかかり、疲労困憊したスタッフが次々と風邪にかかり屋台骨を揺るがす事態に陥っていた。そんな時に右往左往するだけで何の力にもなれない理事長も、年末年始と一人前に胃腸風邪にかかりダウンして、肝心の任務が手つかずのままになってしまったこと、このブログがいつまでも更新されずに心配してお声をいただいた方々に、この場をお借りしてお詫び申し上げたい。

　よもやと心配していたH翁は病院暮らしが余程堪えたのか、悠々に帰っていつもの席に陣取ると、「ああ、僕は幸せだ。100まで生きるぞ」と宣言した。時を前後して「わし一人閉じ込められていじめられている」と訴えながら92歳のK嬢が寝巻の裾を引きずりながら食堂の席に座った。ゴホンゴホンと粘液性の咳を派手にまき散らしながら座って動こうとしない。前の席に座っているMさんにインフルエンザがうつっては大変とマスクの着用を勧めたが、よく考えたら皆と一緒に食事をし、お茶を飲みながらの咳ではどうしようもなく、Mさんの抗体の力を信じて一緒に食堂でお茶や食事をすることとした。

　理事長としては「せめて咳をするときは口に手を当て、横を向いて他の人につばがかからないようにしようね」と懇願したが、全く無理であった。このことも「わしばかり細かいこと言われて、いじめられる。わしほどかわいそうなものはおらん」と、だれかれとなく捕まえては訴えることとなった。

　1月の七草を終えるころ、皆元気を取り戻し、あの大騒ぎはどこにいったかというほどの穏やかな悠々の暮らしが戻ってきた。ついでに、悠々の愛犬（パピヨン）「カレン」も元旦に胃腸風邪にかかり嘔吐と血便で苦しんだが、犬のための救急病院はこの過疎山村にはないのだった。探し探して2日、もっと深い山奥の動物病院の

獣医師が、往診してくれ一命をとりとめた。

　素人ではとてもたどり着けない雪と氷に閉ざされた深山でこその、動物のための往診獣医師ということを伺った。ここにも貴い人がいるのだと知った正月であった。

2015年1月9日

## 悠々冬籠り考

　大寒が過ぎ南信州でもっとも厳しい季節を迎えた。田畑を真っ白な雪が覆い周りを取り囲む墨絵のようなアルプスの山々に囲まれ、人々がひっそりと冬ごもりする。細い村道の雪に閉ざされた山深くに住むお年寄りたちは、秋に収穫した野菜たちをあれこれ工夫して食いついで今年も息をしておられるのかと、去年の訪問調査の折にお会いしたお年寄りたちの身を想う。

　山奥にひっそりと1軒ずつ点在している家々は、かつて開拓したころに自分たちの田畑の真ん中に建てられた姿なのだが、年老いて老夫婦世帯、老単身世帯になってしまうと、自分たちで雪（氷塊）かきはできず病院には行けず、薬も切れて、不安なままひと冬を過ごす。春が恋しい、春よ来い春よ来いと、時折見せる日差しに顔を向けて残り少なくなった野菜の黄ばんだ上葉を剥きながら春を思う。

　さて悠々では、NHKテレビで「無許可高齢者住宅（アパート）」の映像が流れてから、その噂で持ち切りである。身寄りのないお年寄りの受け場所として発生してしまったこの形は、すなわち改正を勧められてきた社会保障制度の隙間産業なのであろう。

　ハアー。こんなかたちにすれば悠々は今頃大金持ちになっていただろうに……と、一瞬でも思いが陰ったことはなかった。しかし、このごろやけに似たような施設があって、6万〜7万で入れる「悠々もどき」が林立しているのは不思議でたまらなかったが、こういうことだったのかと知った。

　本人からは年金分を家賃としていただいて、あとは施設内に介護ステーションを開設し、すべて介護保険の在宅サービス（施設より高額）で介護報酬をゲット、悠々のお年寄り分として（要介護5のお年寄りも含めると）いまより毎月、家賃、管理費、食費以外に116万円の在宅介護報酬の上乗せ収入がゲットできる可能性がある。泰阜村だって家族の形が壊れ、高齢者の独居や単身がほとんどなのだから、受け皿に困っていないはずはない。

おそらくそうなったら、個室には2、3人のベッドが入れられ、おむつ交換はせいぜい日に数回になるのだろう、そしてなにより一日5回も食堂や明るいリビングに出してもらえて皆と一緒にお茶や食事を楽しむこともなくなるだろう、と予想できる。

　たとえ年をとって不自由になっても、お年寄りや障碍を持たれた方に、人間らしい普通の暮らしを提供したい！

　日本の片隅で、頑固な社会福祉の研究者の端くれが奮闘中である。

　乞う、ご期待！

2015年1月22日

## 泰阜村調査から限界集落再生を想う

　大雪が降ったり、春のような日差しに蕗の薹をいただいたりと泰阜村はいつもと変わらぬ季節の変わり目を経験している。そのなかで泰阜村の追跡調査データ入力とその分析に取りかかることで、私の心には一人ひとりのお年寄りの顔が浮かび、その人々が私の心に住んで家族、私の心の一部となっている。この限界集落をどうするか！

　調査データのなかから一つだけ明るい宝物を見つけた。泰阜村の高齢者（2007年対象者616名）は、7年間のうちに145名が亡くなっているが、都会の子供たちに引き取られた、転出者はたった10名しかいない。つまりほとんどの高齢者が、自分の家で亡くなっている。データ上身体的にはあちこち痛いところを抱えながらも、精神的には幸せだと感じているのだ。これは全国的にもすごいことなのだと研究者たちが驚きの声を発する。

　最後まで田畑に出て土と触れ合い、庭の花の手入れをし、四季折々の村の行事に参加し村民としての絆を深めている。お年寄りにも頑固者がいるがみんなで助け合って、年寄りが最後まで村で暮らすことを手助けしている。都会に出ていった若者たちが結婚に破れて子供たちを抱えて帰ってくるのも、この泰阜村の懐なのだ。「昔の日本はこうだったのではないか？」一人の研究者が叫んだ。「泰阜村こそ日本のふるさとの原風景なのかもしれない」と研究者たちはうなずき合った。

　昨日は徹夜で東京・御茶ノ水の会場での調査委員会に参加したが（日帰り）、実り深い収穫を得て幸せであった。

限界集落には、21世紀の日本を救う宝物が隠れているのかもしれない！　それを解明するために、さあ今日もがんばるぞ！

2015年2月12日


## 春の気配

　この頃の日差しと暖かさで、緑の芽吹きが進んでいて春の女神の姿を垣間見る。
　今日は50代の入居者のお一人を誘って蕗の薹を探しに山里に繰り出そうということになった。明日の訪問者は94歳の母堂を伴った50代のOさん。夕食に蕗の薹のかき揚げ、ヨモギの天ぷら、ワサビの若葉の天ぷら、蕗味噌、五平餅、タラ汁を用意してお待ちしている。
　今日からはご近所の94歳の翁を、「昼食＋介護付き入浴」を用意して悠々サロンにお迎えした。お風呂と昼ごはんの途中で居眠りに落ち込み、暖かなお部屋のベッドにお休みいただいている。スタッフは時々心配げに息をしているか、のぞきに行っている。家族は安心して残業ができる。お迎えがくるまで私たちは大切にお預かりする。
　泰阜村の翁たちが幸せな老後を送れますように、家族が残業で夜遅くなっても、安心して働けますようにというのが、私たちの願いである。家族が定年になってまだ余力があるころに、私たちのこの事業を受け継いでくれることを願いながら……。
　泰阜村が、どんなに貧しく、この世の経済活動から取り残されても、皆が幸せな人生を送れますように……。それが私たちの願いである。

2015年2月27日


## 泰阜村調査報告——あらためて過疎山村・泰阜の宝発見！

　膨大な泰阜村民への生活実態調査に没頭して数か月の間に、泰阜村に春が来て、梅の花の満開が広がり足元に福寿草、水仙の花が咲き乱れもっとも美しい季節ははじまっていた。
　悠々にはいつもの時間が流れ、春になって週二日昼食をはさんだ入浴サービスとお昼寝のために足を運ばれる94歳のM翁の顔色がずいぶんよくなって、口数も

増え私たちの声かけにも元気なお声で言葉を返されるようになった。

　山梨の八ヶ岳山麓から2泊3日でケア付き民宿を利用された、こちらも94歳のKさんも、娘さんと国の希少動物に指定されているという甲斐犬（和楽、8歳メス）同伴でいらっしゃった。甲斐犬の和楽ちゃんのお散歩を、ちょうど春休みに入ったドッグトレーナー修行中のM君が引き受けてくれた。急坂な山道1時間のアルバイトになった。

　犬のお散歩代金は、大型犬なので時給1000円とした。これも初めての試みで、このような必要があるのにもかかわらず、お年寄りと飼い犬が一緒にお泊まりできるケア付き民宿など聞いたこともない。スタッフにもご家族にも（金銭的に）無理のないように小さな規則を決めていくのは、大変なことなのだと実感した。

　それでもお年寄りとご家族の笑顔、その安心しきった笑顔を見ると心の底から嬉しくなる。この事業をはじめてよかった……と思う。泰阜村の調査では、村のお年寄りがごくわずかな本当に困った人しか入所を望まず、自宅で家族と地域の人々に見守られて最後まで暮らしているとの結果を得て、心の底から泰阜村の住民でよかったと思った。私も夫も安心してこの村で最後を迎えられると思う。この厳しいけれど美しい泰阜村の大自然と近隣のお仲間と一緒に最後まで暮らそうと思う。

　そしてこの村を、泰阜村を必要とする人々のためにふるさととなろうと心に誓った。きっときっとがんばるから。

2015年3月27日

## 春蘭、土筆、苔桃

　泰阜村の里山がぼんやりと霞んで、木々の芽吹きがはじまっている。近づけば桜のほころび、米桜のつぼみがびっしりとつき、春蘭の花が落ち葉の陰から顔をのぞかせている。草花のすべてがもう春だよと、春爛漫の予感を告げている。

　泰阜村の人々は、格別に花が好きである。どこの家の庭でも季節ごとに美しい花を植えることを楽しみにしている。観光客のためにそうしたのではないが、遠出の難しい泰阜村のお年寄りや子供たちのためにと、50年以上も前から桜守の一団が花の管理をつないできた。その桜が村の街道を埋め尽くす日はもうすぐである。今年のお花見にはどんなご馳走を持っていこうかと悠々のスタッフたちは頭をひねっている。理事たちはこの冬で使い切った薪小屋の残り少ない薪を見て、今年の冬の

ために、田畑の忙しい季節が巡り来る前にと、薪割をはじめた。

　今日は50代のケア付き民宿利用者のKさんを誘って、ご近所の土手に土筆摘みに出かけた。東京からやってきたKさんは、だれも見向きもしないけれど土筆がびっしり生えている様を見て、仰天しているようだった。

　数日前まで寝込みがちだったのがまるで嘘かというように、土筆摘みに夢中になった。そのままお昼の食卓にと調理する理事長を見て、またまた仰天し、土筆のきんぴらもどきをおいしい、おいしいと食べていた。

　信州の春の味である。つぎは草餅、ワラビと筍の炊いたのを木の芽を添えてまた楽しめる。それからはもういいね、というほどのぜんまいやらタラの芽の取り立ての山菜料理が食卓を飾る日がもうそこに来ている。

　悠々に来所予定のHさんたちご夫婦は、移住を考えているとのことであるが、この泰阜の春三昧できっと虜になることであろうと、今からお会いするのを、胸をわくわくさせながらお待ちしている。

2015年4月1日


## 悠々変身！

　泰阜村の里山の春が進み、棚田には小さな緑の早苗が命の根を下ろした。

　桜が散り黄色の山吹が散り、紫色のフジの花が里山の荒廃を明るくしている。そのずっと山深くに、山法師が小さな緑色の花芽を伸ばした。緑が深くなったころ、緑の洪水のなかに人知れず真っ白な花を開く。足下には笹百合がすっくと背をのばし次の順番を待っているかに見える。どのようなことが人間世界で起こっていても、泰阜の自然は、定められたようにその営みを止めない。

　12年ぶりといわれる村会議員選挙が終わり、新議員もあらたに加わって泰阜村にも新たな風が吹くような気配。

　泰阜村悠々も地方創生と銘打って、根本的なサービスの転換を行うことにしている。その一つは、10戸ある個室の内2戸の民宿を除き、永住入居者が占めていた部分8戸をサービス付き民宿に転換していこうというものである。この根拠は、先の泰阜村調査で「泰阜村民は、施設で死ぬことを望まない！」という結果が明らかになったことである。これを徹底的に応援したい！　もちろんターミナルの場と

しての短期入居もあるものの、基本的には家族のケアが必要になったときだけ、お手伝いするという原則である。

　今、入浴サービスを利用している94歳の翁が通っておられる。基本的には在宅であるが、息子夫婦は多忙を極め、日中は独居、週4日のデイサロン（孫が送迎）にのんびり通い、残り2日を悠々の入浴サービスを利用している。家族がお休みの日は自宅で家族のケアを受けている。この悠々での一日は午前10時ごろに息子に軽トラックに乗せて連れてこられると、皆と一緒に30分ほど四方山話をしながらお茶をし、昼食まで個室のベッドで休憩する。12時の昼食に起こされて、これも四方山話に参加しながら1時間半ほどかけて普通食をゆっくりとられる。その後、またベッドで休憩し1時間半後にはまたまたお茶のために起こされる。彼は悠々に来はじめのころは車椅子移動であったが、今は短い距離なら杖、安全のため歩行器（本人はこれがいたく気に入っている）で独歩可能になった。お食事もゆっくりではあるが、入居者の半量ほど食べられるようになった。その後ベッドで休憩の後30分ほどかけて入浴、その後3時のお茶、休憩後家族のお迎えがあるまで休んでおられる。時に家族は急な用事で夜7時ごろまでお迎えに来られないときがあるが、それも安心、悠々では、家族が安心して仕事を全うできるようにお迎えの時間を決めていない！

　本人も悠々がいたく気に入っておられるとのことである。「悠々は優しいからいい」との声が聞かれた。今日は家族の仕事が早朝から夜半まで続くとのことで、お泊まりを引き受けた。本人も悠々でののんびりしたケアを気に入っているようだ。悠々では1日5回の食事やお茶で自室から出入りする際に、必ず「ちょっとトイレに寄っていきますか？」と声がけする。ズボンやリハビリパンツの上げ下ろしに手を添えれば、トイレで用を足すことができる。だからいつもお尻は清潔で人間らしく尊厳を保つことができる。

　この94歳のM翁の楽しみは、夜、家族がそろって夕食を囲むとき、自分もともに晩酌を楽しむことだそうである。この楽しみを彼の死まで確保できるように応援したいのである。

　悠々では今、老衰と診断されターミナルケアに入っているお年寄りを抱えている（彼は75歳の誕生日に遺言状で尊厳死を宣言している）。特別なことは何もしていない。血は繋がっていないけれど、97歳、十分に働かれた人生の最期であろう時を、4年も同じ屋根の下で寝食をともにした家族同様の仲間が心を寄せて一緒にい

る。今は入居費の不足を家族が補わなければならないけれど、家族も社会のために
と貴い仕事をしてがんばっている。

　ともに、社会のために悠々が少しでも役に立つことができれば、こんな幸せはな
いと思う。

2015年5月13日

## 介護保険改訂の余波

　里山の奥深く木漏れ日のほとりに笹百合が蕾をつけた。一本、二本と添え木を当
てながら新たな場所に覗かせた株を発見して、相好を崩す。移植不能のこの植物は、
自分の選んだ場所にしか根を下ろさない。だからこの村の宝なのだ。

　毎朝4時半ごろににぎやかな小鳥のさえずりで目を覚ます。田んぼには早苗が
しっかりと根を下ろし、緑色の風が吹き渡って、初夏の訪れを告げる。

　さて、悠々ではもうすぐ98歳の誕生日を迎えるH翁が、4、5日に一度は皆と
一緒に食卓で自ら箸を持っておいしそうに冷やし中華をすするのを見て、皆で大喜
びしている。病院で点滴につながれて最期を迎える人生を選択しなくてよかった！
そんな人生を強制的に選択してしまうご家族でなくてよかったね、と心のなかでつ
ぶやいてしまう。もうたまにしかお茶も摂らず（水分補給ジェルはペッと吐いてし
まう）、ましてやお食事介助でも三口とってもほっぺに貯めたまま飲み込まず、「も
うおしまいにしますか？」との声がけに、こっくんと首を振り「お口のなかのもの
を出してもいいですよ」と言うと、ほっぺに貯めこんだ食事かすをべえっと出して
しまう毎日……。もうだめかと幾度覚悟したことか、でも4、5日に一度は自ら箸
を手に取って完食ということもある。

　天は、いつまでこの愛すべき翁を私たちのなかにおいてくださるのか。皆で祈り
ながら見守る毎日である。

　そのような介護を可能にしているのは、自費部分を家族が負担しているからであ
る。このような家族を一体どのようにして育んだのかは伺いもしれぬが、1千万円
以上の年収を取っていても、年寄り本人の年金以外にはビタ一文使わないご家族も
いらっしゃる。残された田畑林野は子供たちのものになってしまっている……。ど
うしてこのようなことになってしまったのか。

　いつから日本は、親に孝、目上を敬い、弱き者をいたわるという倫理を失ってし

まったのか、訊きたい。私たちが小さかったころ、「どこにいてもお天道様が見ているから、悪いことはしてはいけない。弱い者いじめはしてはいけない」という言葉で育てられたものだったが……。

一昨日、悠々へは一切の社協の在宅サービスを派遣しないと言われた（要介護5の方がいるにもかかわらず！）。これだけのサービスを赤字のなかでやりくりしているのに、村に統括されている唯一の在宅サービス提供者が「私等は手を引くから自分たちでやりなさい」と言う。私たちが払っている介護保険料について何と心得ているのか……。泰阜村は、悠々を本気でつぶす気かと感じた。「このままサービスの質を落とさずに行けるところまで行くまい。我らは自滅するところまで行くしかない」とは、我らが理事の言葉である。

2015 年 5 月 19 日

### 泰阜村調査報告——過疎山村・泰阜の宝とは！

毎朝4時半ごろ日課の庭木の水やりで庭に出ると、野鳥のさえずりのかしましさに圧倒される。森の笹百合はあちこちで蕾を膨らませ来週には見頃を感じさせる。里山はいっそう緑の深みを増して本格的な夏の到来を告げている。

さて、先日新潟で開催された「第52回日本リハビリテーション医学会・学術集会」のポスターセッションで泰阜村調査の報告を発表した。今回の介護保険改訂で日本中の医療福祉関係者と自治体が、ある意味手探りで模索している現状をひしひしと感じられる質問を受けた。お年寄りとその家族、その方々を地域で支える自治体も、お金を絞られて途方に暮れている。地域の絆（自助）でやれるのか、そんなものあるのか……ということであった。

貧しい泰阜村が実は貧しいなかで培ってきた地域の絆（それは厳しく山深い大自然を相手に、自分たちで田畑を開墾し、自分たちで道を切り開き、山崩れも自分たちで力を合わせて復旧し、皆で力を合わせなければ生きてこられなかったという追い詰められた貧しさが長い年月をかけて築き上げたものであった）の存在が、今、役立っていることに会場の皆はうなずき合ったことであった。

豊かな富はこの村とは無縁であったが、助け合う心がこの緊急のときに自分たちを救っていることを、あらためて知ることとなった。

2015 年 6 月 2 日

## 悠々のターミナルケア

　悠々では、今ゆっくりと命の終わりに向かって一瞬一瞬を生きている98歳のお年寄りとともにみんなで寄り添って暮らしている。かつて日本のどこにでも見られたターミナルケアがここにあると感じる。

　一日にアイスクリーム（ハーゲンダッツ！）一個とノンアルコールビール1杯に「うまい！」とつぶやき、もうめったにみんなと一緒には食堂では食べられなくなったが、時々目覚めてギャッジアップしたベッドでゆっくりと食事介助？（アイスクリームやプリン）され、安らかに眠りについている。一日の平均飲水量は200ccほど、尿は濃くなり少量となったが、足のむくみはなく苦しみの表情は見られない。スタッフの声がけにも言葉少なに返し、笑顔も見える。「お年寄りは枯れるように往くことができるのが本当はいちばん幸せ」とは、ターミナルを看取っている尊敬する医師の言葉。それが悠々で目の前にある。

　要介護3（認知症）くらいの状態を乗り越えて、私たちのケアが最後を迎えている。私たちは家族なのだと実感できる。悠々の皆にこんなに愛されて本人も幸せだろうか。

　このような機会を私たちに与えてくださった家族に感謝！

2015年7月2日

## 山郷の危機──ひたひたと都市の危機？

　先週の日曜日は村役の第一陣がやってきた。

　まず①道役と呼ばれる急斜面の村道の山沿いのボタ（と村人が呼んでいる急斜面の法面）の草刈りを70代の男衆2、3人がやり、側溝に掻き落とされた草を掻き出し、道の反対側の山の斜面に落として山に返す。小さな土砂崩れの岩石を皆でゴロゴロ転がしながら、これも反対側の谷に落とす。これは80代のお年寄りと女たち（亭主は単身赴任 or 寡婦 or 病弱で自宅療養中）2、3人がやる。

　もう一つは②井水と呼ばれる用水路で、その昔、村人がこれも村役で山奥の湧き水をコツコツと掘って作ったという貴重な水路の保全（草刈りと用水路に溜まった落ち葉や泥、岩石を取り除く）である。山中に4Kmもあり、深い山奥につづく林道（マムシや熊蜂の巣）を定年を過ぎた60代の男衆（我が集落では若衆と呼ばれている）

が担う。

今回はこれに③村の草生したゲートボール場周辺の草刈りが加わった。

年一度しか使われないゲートボール場は、中心となって活躍していたお年寄りがなくなって整備する人もなく荒れ果ててしまったものが、村役として加わった。もうこの時点で腰痛＆ひざ痛を抱えている身には十分悲鳴が上がっているが、一服して皆で座り込み雨が小降りになったことを心から喜びながら、「それ、もう一仕事だぞ」と班長が声をかけ、今度は二手にわかれて④諏訪社の周辺のボタ（急坂な崖）の草刈りと⑤県道傍の草刈り開始となった。

我が集落は考えてみると平均年齢70代で、年ごとに急坂な場所で足を踏ん張りながらビーバーという草刈機を腰でバランスをとりながら作業することが難しくなっている。今回の仕事は全部合わせると距離にして20kmはあるだろうか。それも山国なので全部急坂な崖である。しかし、だれかがこれをやらないと人は住めなくなる。農林業が主産業なので金はない。

少し前にだれかが、「除草剤を撒くか」とつぶやいた。もう体力が限界を超えているのだ。しかし、しかし、この水は天竜川に流れ込み、天下に名だたる「ホンダ」や「スズキ」や「ヤマハ」自動車会社を抱えた浜松市民80万人の飲料水になるのだ！市民は何も知らないで、垂れ流しの除草剤の入った水しか飲めなくなる日がやがて来てしまう。都会の人たちは、地震や火山の噴火や津波を恐れているが、心優しい働き者の山の民が黙々と汗を流して無料で森と水を守っているのを知らない……。今日も雨が降りつづき、野菜が畑で腐りはじめている。お日様を浴びないので味も水っぽくなった。自然のなかで命をいただいている実感を味わわずにいられない。でも私はこんな泰阜村が好きだ。

2015 年 7 月 10 日

**後期高齢者医療を想う**

先日の村役のあと体調を崩し、関東の某病院の循環器科を受診した。

ペースメーカー埋め込み術適応といわれて15年、「人間は寿命が来たら死ぬのだ」との自己流信念のもとに生きてきたが、74歳4か月を過ぎ、けっこう過酷であった先日の村役の後、生活道路である坂道が登れなくなり、階段は5段で息切れが

ひどく、泰阜村の最低のノルマである村役をこなして生きていくのが難しくなった。肝心な「悠々」も道半ばである。

　そこで自己流信念がぐらっと揺らぎ、ペースメーカーとかいう現代の医療機器に頼ってでも、もう少しだけこの村の住民として元気な体を取り戻したかった。

　チラと年齢を見ながら初診で言われたこと。「うーん。ペースメーカー入れてまでがんばる年じゃないんじゃない。自分の心臓にあわせてもっと楽に暮らせるところに引っ越してゆっくりしたら？」言葉は優しげに聞こえた。先生は、この年寄りを思いやってくださったのがわかる。しかし、私は抵抗した。「でも、坂道だらけの村で仲間と一緒に村役をして最後まで暮らしたいんです。それにお預かりしているお年寄りを最後まで面倒をみてあげたいんです」先生は「74歳なんでしょ。自分の限界ってものがあるんじゃない？」と引退をほのめかされたんだと感じ「うーん、そうですね」と口ごもり、おっしゃる通りなんだけど、自分が後期高齢者寸前なのだという現実を突きつけられたと感じた。これは日本の高齢者に対する厳然たる政策でもあることを、わが身に降りかかって愕然とした。山国にとっては70代が村役（山と川の緑と水を守る作業）の現役だということを、政策立案現場ではだれも知らない。私が外見からは溌剌とした元気ばあちゃんに見えても、炎天下で5km〜10kmの坂道の整備作業の途中で、時に、意識が遠くなることをだれも理解しない。みんな足腰を引きずりながら年に5、6回のこの作業のほかに、自前の広大な草だらけの田畑と庭の草刈りを抱えていることを……。何の役に立っているとは思わないけれど、手を動かして皆と一緒について歩く年寄りのだれ一人欠けてもこの村では痛手なのだ。その人がいなくなるということは、その作業が自分の肩にかかってくることを知っているからだ。この村の人たちは一人ひとりを大切に思っている。みんなが力を合わせてこの村を守っていると知っているからである。村の絆は情として体でわかるものである。

　さて、後期高齢者は、ペースメーカーを入れずに死を覚悟するしかないのか。人が、手が一つなくなると部落の仲間が困るだろうな。だって山と水の整備がそれだけ厳しくなるものな。人よりも動物の勢力の方が勝っているこの山里で、人一人の重さがとてつもなく大きいことを、政策立案者は知らないと思う。

　私の通院のことをどこかで知った仲間が、お見舞いといって野菜を届けてくださった。「必ず自分で食べてくれ」と言い残して。この心を知って私は涙を抑えられない。これほどの愛を受けてもう少しこの山里で、仲間とともに汗をかきながら

生きていたい！　泰阜の村民として生きていたい！　私はこの緑の森のなかで生きていたい！

2015 年 7 月 20 日

### 森と清流と生き物たちが住んでいるふるさとへ帰っておいでよ！

　所用でここ 1 か月ぐらい熱波の吹き荒れる関東（東京、埼玉、神奈川）を往復した。朝晩は戸を閉め、長袖のパジャマを着て夏布団を掛けないと、翌日は鼻水が出ているという涼しさが当たり前の信州から出ていくと、大都会のこの暑さは尋常じゃないと感じる。歩道を歩いていると、フライパンの上を歩くとはこういうことかと感じるほど照り返しが強く、熱風が吹きつけるのでその根元は何処かと目をやれば、一軒一軒のお店に取りつけてあるクーラー室外機がすべて（当然のことながら）歩道側に向けてある。マンションを見上げれば、ベランダには各階ごとに一列に並んだ各部屋のクーラーの室外機が歩道側を向いて設置されている。そこをベビーカーでぐったりしている赤ちゃんを乗せたママたちが、日傘をさして往き来している。地上 50 センチのところは 55℃の暑さだというのに……。昼間はみんな涼しい家のなかにいるから、だれからも文句が出ないのだろうけれど、これってやっぱり異常じゃない？と考え込んで帰路に就く。

　信州の住民からみて考えさせられたこと。

①エネルギーの使い方？⇒ やっぱり原発ってのはおかしいんじゃない？

②昔（子供のころ、昭和 20 年代）夏休みは塾ではなく、家族そろって避暑に出かけたもんだったなあ。

③今は朽ち果ててしまったけれど、お隣のおばあちゃん（もうすでに鬼籍に入られた）は、毎年避暑に来る学生さんの寮を嬉々として切り回していたっけなあ。

④都会は便利（コンビニは信号ごとにある、バスは 2 分間隔でやってくる、お買い物も便利グッズで目を奪われるほど……）だけれど、それはお金のある人の話で、貧しいサラリーマンたちは（想像だが）こんなに便利な街はべつに必要ないんじゃないか？と思った。夏になったら、子供たちはお母さんと一緒に緑の森と清流で遊ばないか？　昔、おばあちゃんやおじいちゃんたちが汗をかきながら、夏野菜を作って孫たちが帰ってくるのを待っていたように、今も笑顔で待っている。避暑においでよ！

クーラーがなくても、大自然のなかで走り回って遊べるような田舎の年寄りの懐に子供たちをよこしてください！　お母さん、あなたもご一緒に！

　８月６日 70年前の今日、原子爆弾で亡くなられたすべての御霊にあつくお礼を申し上げます。日本の繁栄は、貴方たちの流した血と苦しみの犠牲の上にいただいたものです。ありがとうございます。今も私たちは、貴方たちのことを忘れません。

　合掌

2015年8月6日

## 送り火を焚いて……多くのお年寄りをお返しして

　今年の夏の暑さは異常だった。毎年同じ言葉を聞くような気がする。しかし、今年はやけに村のなかを黒い服を着た人たちが走り回る姿を見かけたように感じる。人々は「今年は何だかお年寄りの初盆参りが多かったなあ」ともらす。

　泰阜村にとっては、これらのお年寄りは村の重鎮であった。ともに汗を流して田畑を開墾し道を作り、山奥の湧き水から用水路を掘って自分たちの生活用水を確保された村の宝であった。日々の生活のあまりの重労働に腰は曲がり背も曲がり、膝は腫れ上がり手の指は節くれだって変形したままである。私はそのお姿を見て貴さに頭が下がる。それら多くの貴い人を失った痛手は深い。お年寄りのだれも痛みを抱えていない人はない。しかし痛いから何もしないという人はいない。どんなに年をとっても、セメント袋を敷き畑の畝の間を這いずり回って草を引き、野菜の収穫をしていた。

　この間、連れ合いを突然亡くされたおばあさんも、初盆の日が近くなって元気を取り戻され、この暑い日にも畑に出て朝から晩まで黙々と働かれるようになった。

　余所者の我が理事長も、普段お世話になっていたご縁のある方々への初盆参りに走り回った。今年は６人の方々でやはり多いと感じたが、当直のおじさんは13軒だったという。縁のある方々が自分より先に身罷られるのは寂しいなと、皆、物思いにふける。

　送り火を焚いてご先祖様の霊をお送りすると、夏の盛りも過ぎ涼風が山から吹き降ろしてくるようになる。早いところでは稲穂が垂れている。この暑い夏は、畑の作物は悲鳴を上げていたが、用水路の水が田んぼを救ったという。ああ、そうなのか。こうやって次の世代の命のために、先に行かれた方々が血と汗を流されたのだと感

動する。営々と続く用水路の保全作業が大変だなどと文句一つ聞かないのは、この日照りから作物を守るためだったのかと、深く反省した。

　そのお盆の最中に入居者のお年寄りMさんが右片麻痺で県立病院に走った。朝一番のケアさんが発見、ただちに救急で看ていただき脳梗塞・不全片麻痺という診断で入院となった。早い処置で回復し元のような自立したお体で戻ってくるようで安心した。残るいのち、早期の治療で、死ぬまで自立した生活が送れるとしたら、幸せではないのか？　後期高齢者でも可能な限り最後まで自立した生活を送るための治療は贅沢ではないと思う。本当にありがたかった。

2015年8月16日

## 山郷に秋草が咲いて、もう秋の気配

　初盆参りが終わると、泰阜村はもう秋の気配。早場米の黄金色の稲穂が垂れ、色とりどりの秋の七草が一斉に顔を出した。緑の森に野菊や真っ赤な水引草、それに真っ白な十字草も風に揺れている。今年はこの猛暑に絶えてしまったのかと心配していた真っ白な山百合が、あんなところにだれが植えたか？と思う崖に群生している。

　村の恒例の高原ロードレース（開催日：8月30日）のために、村民総出で道端に植えこんだ枯れそうに萎れていたマリーゴールドが、先日の雨で勢いを増し見事に咲きそろった。

　村の広報では、これも恒例の秋祭りや福祉大会のお知らせがあり、今年飛び込みの「第18回車椅子レクダンス全国大会inやすおか」と銘打ったお祭りで、全国の車椅子のお客様をお迎えすることになった。全国からの予約申し込みが156人もいらっしゃるとのことで、村では大騒ぎになっている。

　当初は、「こんな坂道だらけの村に車椅子の方々が来るって？　無理じゃないの」と言われつづけ、最寄りとなるJR飯田線の温田駅は無人駅で段差が激しいばかりでなく、駅舎から道路に下りるのに階段が4段あり、下りたところがすぐ往来の激しい村道になっているのでいずれもスロープをかけるなんて禁忌だし、みんなどこからどうやってくるの？ということになった。

　しかし、奇跡は起こるもので、泰阜村の補助金とレディフォーという全国ネットの寄付によって中部国際空港、名古屋駅、長野駅からのお客様を車椅子対応福祉バ

スで、泰阜村の会場まで直行できることになった。村内の移動には村の車椅子対応介護車両をフル活動し、村を挙げてのお祭りとなった。

それにしても、台風の被害にあわれている方々のご不安とご不便を思わずにはいられない。この日本、平和であっても災害にあわない年はない。世界中に目を転じれば、あの地の方々、この地の方々、だれかが力になってあげることはできないか。私はこの泰阜で土になるまでがんばりたいが……。

2015年8月24日


### 療養室の自立訓練で復活！

8月31日、悠々の療養室に、77歳のFさん（男性）が介護タクシーに乗って関東の大学病院から入られた。ベッドから車椅子に乗り換えるのに、低血圧で3度も失神するという重い心臓障害の前情報をいただいていた。4時間のストレッチャーでの移動は、どれほどのダメージを与えるものかと、だれもが不安でいっぱいであったが、しっかりとした目をして私たちの出迎えを受けられた。

早速リハ専門医の診察を受け、今後の生活のなかで病を抱えながらどのように自分らしく生きていく能力を獲得するかの目標を立てることになった。すべての身体機能とその生活能力を評価され、最後に「あなたがいちばんしたいこと、あなたの望みは何ですか」という医師の問いに「一日も早く死にたいです。それが私の望みです」の言葉に一同言葉を失った。

その傍らで妻が、「大学病院ではもうそんなに後はないと感じて身内を呼び、お別れを済ませてきました。でも病院では死にたくないとの彼の強い希望で、家の近くの療養病床への転院をお断りし、自由に自分らしく最後の日々を送ることが許されるという『悠々』での最後の生活を彼が望んだのでまいりました」と言われた。これまでの医師からの様々な規制「塩分・脂肪分は控えめ……など」で食事が口にまずく食が進まず体重減少、転倒の危険防止のために立位歩行は禁止され、一日に数十分のリハ訓練時のみ、バルーン留置、大便の排泄はオムツのなかで寝たきりであったという。入院1か月後にはギャッジベッドで頭も上げられないほどの寝たきりになったという。

私たちは本人のモチベーションをまず応援しようということになり、「本人がしたいことを、私たちはケアしますので。何でもやってみましょう」と提案し、ベッ

ド上でできるリハビリメニューをお渡しした。1日2時間ほどのその自主訓練メニューを見て、目が輝いた。本人のその時の体調に合わせて自分でコントロールしながらやるという訓練法で、本人の生きる意欲に火が付いたようであった。私たちが見ている間に本人はゆっくりと立ち上がり、バルーンを抜き、床に四つ這いになると部屋のなかのトイレに這って行き、大便をしたいのだという。便座に座ると見る間に血圧が下がり意識が薄れていくのがわかって、私たちは入浴補助椅子をもってきて、それに頭をのせさせた。それで血圧低下がおさまり、自分でも「今までオムツのなかでできなかった1か月分の排泄をした」と笑顔を見せた。その後の夕食は、悠々のお年寄りがいつも食べている普通食。「おいしい、おいしい」と完食であった。ちなみに昼食は、理事長お手製のほかほか焼きたての五平餅と温かな豚汁にお漬物。ぺろりと食べているのを見て妻がびっくり。「おいしいって全部食べてしまいました！」空の容器をもって叫んでいた。

これに味を占めたF氏は、用意したリクライニング車椅子には一度も乗ることもなく、顧問医師の許可を得て付き添いつきで歩行器につかまって室内歩行訓練をはじめてしまった。2、3日でベッドは半身挙上し、ほとんど一日中読書を楽しむようになった。

今はベッド上だが歩行器で歩けるようになれば、皆と一緒におしゃべりを楽しみながら、食事を楽しめるようになるのも近いかもしれない。8年前の血液がんは緩解したものの、その後遺症で苦しんできた彼の腹の据わりようは只者ではないと感じた。

どうせ残りの命はないものと腹を据えた77歳の病人に、私たちはどこまでも寄り添って、腹の底からの笑顔を取り戻したいと願っている。

2015年9月6日


### F氏、文庫本を楽しむ

9月6日、テレビで各地の大雨の被害が流れていた。屋根に叩きつける激しい雨音を聞きながら、F氏は午前中低血圧の症状が重いものの、座位で文庫本を楽しんでいる（池波正太郎のファン）。

今日はパジャマから普段着への着替えをお勧めした。悠々では、病院着のようなパジャマを着る人はいない。悠々の交流センターでは、近隣のお年寄りが食堂を利

用されるので、皆おしゃれをしてお部屋から出ていらっしゃる。たとえお年を召されていても（皆90代）、お隣のおばあちゃんの洋服をそれとなく観察して、どちらが素敵かをチェックしているのがわかる（ちなみに化粧をしたいとおっしゃる94歳の昔はさぞかし……との面影を残したおばあちゃんもいらっしゃる）。

　2番目の提案は、御背が高いので悠々自前の歩行器は低すぎて危険ということで、F氏にフィットした歩行器を頼んだら、出入りの業者が飛ぶような速さで届けてくださった。まず「立位訓練をベッド脇で実施したい」とちょっと頑固にこだわられたが、「悠々スタッフの安心のためにしばらく見守り付きで＆血圧が安定する午後に」という条件で開始となった。それまでのベッド上訓練に自信をもたれたからなのだが、今までの抑圧された生活を一気に跳ね除けたいとの意欲がこちらに伝わってくる。

　見守りさえあればこんなにいろいろなことができるのだ。そして患者さんは、どんなに重病であってもいろいろなことができるのだ。自立をめざしてもがかれているFさんを見つめながら、これまでの身体的拘束が、介助者の側の人手がない故であったことが痛いほどわかる。本当は皆、こんなにも自由になりたがっているのに……である。

　次は、1か月半清拭だけであったというF氏にシャワー浴をプレゼントしたいとスタッフは心の底から願っている。それは明日か……明後日か……。お風呂に入れてあげたいなあ。

2015年9月7日


### 悠々のお年寄りたちの暮らしぶり

　台風が通り過ぎ、泰阜村に本格的な秋がやってきた。里山のあちこちに秋の七草が咲き乱れ、道端にも色とりどりのコスモスの花の競演、胡挑や栗が庭や道端のあちこちに転がり落ち、棚田に黄金色の稲穂が重そうに刈り入れを待っている。

　昨日は悠々に大きな栗がどっさり届けられ、あの山の王様「松茸」も届けられた。秋の山の実りのおすそ分けが届けられるたびに、悠々のスタッフとお年寄りたちの歓声が上がる。「すごーい栗が届いた！　初物だね。今日は栗ご飯だね」「きゃあ、松茸が届いたよ！　嬉しい！　自分たちでは買えないものね。ああ、何にして食べようか」と、届けられた初物を眺めて喧々諤々、私たちがどれほど泰阜のお年

寄りたちに見守られ、愛されているのかが一人ひとりの心に染み渡る。「長生きしてよかった……」とひとりのお年寄りが呟く。悠々の暮らしは、時々訪れる近隣のお年寄りたちの田畑や里山の恵みのおすそ分けで喜びに満たされる。こんなときこそ悠々がただの施設などではなく、泰阜のお年寄りたちの「離れ部屋」感覚で、自分たちの物として受け止められていることがわかる。そのお年寄りたちが時に口にするのは、「自分がもしものときには、よろしく頼むな」と言い置かれる言葉に表されるように、悠々が近隣のお年寄りにとって、緊急時に飛んで行ってどんな困りごとにも手を貸してきたことの積上げが、村人の安心感をもたらしたのかもしれない。

　介護保険に縛られないこの悠々方式は、別に特別なことをしているわけではない。老人のみの世帯が半分を超す泰阜村では、どの家にも介護者がいなくなって、（たとえ子供がいても日中独居、家族が介護休暇が取れない等で）本当はみんな一人なのだ。夜間の急な病気のとき、電動三輪車で側溝に転落したとき、頑固な便秘で何日も苦しんだとき、田植えや稲刈りで疲れ果てたとき、そして……お嫁さんや息子に厳しい言葉を投げつけられたとき、お年寄りたちは悠々に電話する。「うんうん」と聞いてくれる理事長がいて、手当てをしてくれる看護師さんがいて、家でやれる応急処置をしてくれる。夜中に病院まで付き添い、家に帰って布団を敷いて寝かせてくれる。悠々はゆったりと自分らしく暮らしているお年寄り以外にも、近隣の（時には関東や関西の）お年寄りたちの駆け込み寺の機能を果たしている。そしてもちろん無料である。そんなとこ日本にあるのかな……。

2015 年 9 月 15 日

### 「第 18 回車椅子レクダンス全国大会 in やすおか」顛末

　2015（平成 27）年 9 月 19 日に、人口 1700 人、そのアクセスの悪さから東京からもっとも遠い島と呼ばれる過疎山村泰阜村で「第 18 回車椅子レクダンス全国大会 in やすおか」が開催され、全国各地から 151 名の村外の障碍者を含む参加者を迎え、18 日の前夜祭、20 日の離村式・観光を終え無事閉会した。

　この小さな施設支部「悠々」理事長は、長野県で初めて車椅子レクダンスを導入し（2011 年）、県でただ一つの支部であるという因縁で、今回の実行委員長を拝命することとなった。振り返ればこの大会は、3 人の個性あるリーダーたち（ＮＰ

O法人車椅子レクダンス普及会理事長、泰阜村村長、高齢者協同企業組合理事長）がそれぞれの立場で力を合わせ？、知恵を凝らしてやり遂げた奇跡のような大会であったということができるのではないかと思い、その顛末について整理してみることにした。

　そもそも今回の実行委員長を拝命した地域交流センター「悠々」（村民から悠々と呼ばれている）は、会員数20数名で発足（2013年）したばかりの小さな支部（泰阜村 悠々支部）である。2013年、悠々に初めて視察に来られたNPO法人車椅子レクダンス普及会黒木実馬理事長が「2015年の全国大会・長野大会は、この泰阜村でやりましょう！」と言われた際には、「え！　全国大会って何のことですか」というのが悠々理事長本田の驚愕に満ちた答えであった。「それは無理です。人口1,700人、高齢化率39%、山野率90%、協賛金を当てにできるような企業なし、借金の多さで倒産寸前全国第9位の自治体と新聞に取り上げられたこの貧しい村に、全国から集まってくる障碍を持たれた参加者を含む300人を超える人々が輪になって車椅子ダンスを踊るということは不可能です」とはっきりお伝えしたはずであった。しかし、黒木理事長の第一声は「大丈夫です。できます。何も心配いりません。全国で初めての素晴らしい大会をしましょう！」であった。ちなみに後で知りえたことであるが、この理事長、防衛大学校卒後大佐まで務めた精鋭の軍人であったが、早期退職後社会福祉協議会議員を経て、車椅子レクダンスを考案され、各地の障碍者施設で障碍をもたれた方々に笑顔をとどけるボランティア団体「NPO法人車椅子レクダンス普及会」を設立され、北海道から沖縄までの支部402、NPO法人が養成したインストラクター数9,800名（2015年現在）に上るという。その支部会員の方々が、南信州の過疎の山郷にやってくるということは、泰阜村に住む者にとっては暴挙であった。

　悠々支部自身も立ち上がったばかりで、日々己の企業を維持するのが精いっぱいの状況下であったが前に進むしかなかった。（後に理事のお一人に「そんなことできません。支部を退会しますと言えばよかったのよ」と聞いて絶句し、「でも、車椅子レクダンスがもっているこの魅力を手放せませんでした。お年寄りが、子供たち（中学生）が、あんな笑顔で楽しくてたまらないという顔をして、副村長や議員さんや、日頃お世話になっているヘルパーさんたちと、ともに手を取り合って踊るこの楽しさを手放せなかったのです」と呟くしかなかったのだった。

　まず村長にアポイントを取り、車椅子レクダンスの意義、その楽しさがもたらす

であろうこの村へのメリット、しかし同時に全国大会の開催は、開催地域のボランティアと地域企業からの協賛金によって維持されてきたこと等を伝えた。村長の心には「在宅福祉の村」で開催地に選ばれた誇りと同時に協賛金など探しようもない貧しい村の人々の顔と、村の税金を使うことに猛反発を唱えるであろう議会の情景が浮かんだであろうことが推察された。国道はなく、唯一の村道は大型バスが入れない山道が多く、全国から、そして韓国から訪れる何百人という（障碍者を含んだ）お客様をどうお迎えするのか、苦慮されていることがわかった。そのため即答はいただけず、職員を2013年福岡大会に一人、2014年福島大会に二人派遣し、その報告を聴取した上で可能性について検討し、GOサインが出たのは実に2014年12月であった。

　お金がないという点については、NPO本部理事長が様々な補助金を申請されたが、どれもダメで最後の手段として思いつかれたのが「レディフォー（クラウドファンディング）」。「趣旨：泰阜村全国大会に向けて、車椅子の方たちを名古屋から泰阜村にご案内するための大型リフトバスの借り上げ料の不足金40万円をネットで募る」という方法であった。これにより、リフター付き大型バスでJR名古屋駅＆中部国際空港からのお客様を、泰阜村の会場までお連れすることが可能となった。この時点で村長の号令一過、村を上げて村の事業として取り組む（補助金は村が出す）ことが決定し、一気に前に進みはじめたのが5月の実行委員会であった。開催まであと4か月、頼りない一支部の理事長の肩から、村の行政組織が重戦車のごとく動き出した。

　本田がやったことといえば実行委員会の進行に向けて関係調整し、一歩一歩前に進むことを願って走り回ったことぐらいであった。特に年間行事に押しつぶされそうになっている新任の中学校教頭先生に説明し、生徒たちを大会に合わせて車椅子レクダンスのインストラクターとして準備することを渾身の願いを込めてお願いし続けたことである。第一に全国レクレーション大会は文部科学省の管轄であること、それ故中学校は無関係というのはないではないか？というあつかましい説得と中学生は泰阜村にとってもっとも重要な村民であり、村の事業として取り組まれるこの事業への参加は「村役」と受け取っていただきたいなどという、前代未聞のあつかましさで説得した。実際このボランティアに参加する余裕のある村民は、お年寄りと中学生以外にはいないのだから……。

　こうして、村の職員総勢44名＋社協職員20名＋悠々スタッフ12名＋泰阜村中

学校生徒 38 名・教員 6 名＋観光物産展スタッフ 10 名＋手作り昼食担当（五平餅、アマゴの塩焼き、猪鍋他）20 名等＋当日参加者が整った。

　大会前日の 18 日は、早朝より村の職員全員で、参加者が到着する前に会場準備をすべて終え、施設訪問（特養泰阜荘）で泰阜村のお年寄りを大喜びさせ、その後に続く前夜祭は、当初の予定を 20 人も上回るお客様で会場は大混雑したが、泰阜大会は村長をはじめ村を挙げてのおもてなしとなった。

　大会当日 19 日は国会議員、県会議員の先生も来賓としてご出席を賜り、村民はいっそう元気をいただき嬉々としておもてなしを楽しんだ。大会宣言、来賓あいさつ等のあと泰阜村の伝統行事・やすおか太鼓演奏によるおもてなしで開会となった。村を上げて、村民の心が一つになって遠方より来村してくださったお客様をもてなすことは、こういうことなのだと皆は感じてくださったであろうか。参加者の言葉がそれを雄弁に語っているのかもしれない。

☆この中学生の笑顔、泰阜中学生のあの素直な楽しそうに踊っている姿を見たことは一度もありません。私たちの地域では不可能です。

☆村を上げて私たちをもてなしてくれたなどということを、これまで一度も経験したことはありません。

☆村中のお年寄りも壮年のスタッフも、子供たちも、村長も議員さんもともに手を取り合ってこんなに楽しそうに踊っている光景に感動しました。泰阜村以外でこんな姿を見ることは決してないと思います。

　秋の日差しのなかで「第 18 回車椅子レクダンス in やすおか」が多くの人々に感動を与えて閉会した。

2015 年 9 月 22 日


## 98 歳翁往く

　9 月 24 日彼岸明けの早朝、一人の翁が眠るように旅立たれた。目覚めてすぐに虫の知らせか彼のことが気になり、起き出した寝間着姿で彼の居室にそっと飛び込み、眠っている姿に目をやりながら脈をとった。いつもの手首では脈が触れない、頸動脈でも触れない、血圧計もエラー。でも、お体はほんのり温かさを残し、その寝顔のような顔はあまりにも安らかで、そっと手を握るとまだ柔らかく、いつものように握り返してくれるのではないかと錯覚してしまうほどであった。そのお姿は

98 年の怒涛のような人生を終えた神々しさを湛えていた。

　そっと居室を出て、その日の早番ケアスタッフが看護師であることを確認後、直ちに出勤するように伝え、当直スタッフにHさんが永眠なさったことを伝え、着替えに走った。それからは看護師とともに手筈通り粛々とことを進め、診療所のかかりつけ医到着後 7 時 12 分に死亡が確認されると、駆け付けた他のスタッフとともにお体を清めた。皆は口々に昨日まで生きて私たちと交流し、家族のように愛していた一人の大切な人を失ったことを実感できないで、お名前をそっと呼びかけ呼びかけして、もう一度こちらに戻ってくるのではと願う気持ちを抑えられないでいた。しかし一方で、本当に長い人生を生き切った翁に心からの敬意を払わずにはいられなかった。

　この翁とともに過ごした時間は、私たちケアするものにとっても、とても学ぶことの多い時間であった。要介護 2、3 の歩ける認知症の凄まじい日々には、本人の尊厳を大切にしながらも、病からくるこの症状にどのように対応するかの知恵比べであった。そしてその知恵にたいして、本人はたいそう満足したお顔をして「フフフ、こんなお宮さんの鳥居の絵を張り付けて、私の〇〇〇が曲がるよと言いたいのだね。仕方がないねえ」と言ったり、とがったものをどんなところに隠しても、何とか工夫して電気のスウィッチを分解してしまったり、テレビのリモコンを分解してしまったり……。部屋中の汚物を私たちがスタッフ総勢できれいに拭き上げている様子を、ベッドに腰かけて眺めながら、「済まないねえ、ありがとう、あなた方はこんなことまでしてくれるんだね」と言って、私たちを笑顔にしてしまうのだった。

　4 年間、私たちのところにいらしてくださって、その人を大切に思うケアがどのような幸せをもたらすかを、教えてくださってありがとうございました。あなたは、私たちにとってかけがえのない宝でした.

　ご家族の皆様、あなた方の大切な父上を私たちを信頼し託してくださってありがとうございました。本当に光栄に思います。

2015 年 9 月 25 日

## 悠々の新事業展開について

　車椅子レクダンス全国大会の余波も収まり、秋晴れのなかで一人の翁を見送って、悠々にまた穏やかな暮らしが戻ってきた。しかし、悠々の 9 月決算期を迎え総会

が11月22日に決まって、理事長はその準備作業に突入した。悠々にも、やっと待ち望んでいた近隣のお年寄りの在宅支援のためのサービスが動き出した。

　一つは、6年間もデモ機として玄関に置きっぱなしになっていたショップライダー（冬季にはスパイクタイヤを履いて斜度20度の坂道でも駆け上がる電動4輪駆動車）を、90歳を迎え免許証を返納したM氏（奥様を亡くしてから数年独居）に、講習を受けて1か月1,000円という格安価格でレンタルしたことが、近隣のお年寄りたちの目に留まり、我も我もとの声が上がっているとのことである。M氏の望みは、4kmぐらい離れた隣町のショッピングセンターに買い物に行くこと、8km離れた村の銭湯（村民は100円）に行って、風呂上りに自動販売機のお茶を飲みながら、昔なじみの知り合いとおしゃべりすること。

　実は悠々開設の目的の一つは、年を取って村民が免許証を返納したり、転倒を繰り返すようになってバイクが危険になったりしたとき、行きたいときに行きたいところに行けるように、一人ひとりに足（移動手段）をあげたいということがあった。このショップライダーは外国製で（特許があるので日本では製造できないそうだ）、買うと50万円もするので1台は寄付金で購入したが、他の2台はエフテック社さんのご厚意でデモ機としておいてある。この2台は、悠々にお泊まりでボランティアに来られた方々が村の銭湯（悠々から1.5km)に行って、村人とおしゃべりを楽しむときに利用している。

　二つ目は、完全バリアフリーの療養室（重度障碍者の自立訓練室）の本来の目的が77歳のF氏によって証明されたことである。

　療養室でのF氏は、入居1か月で、時には素敵なピンクのシャツと細身のズボンに革のベルトをビシッと締めてゆったりとソファーに座り本を読んだり（上橋菜緒子シリーズを読破）、自主訓練をしたり、私たちスタッフとおしゃべりをすることができるようになった。自走用のアルミの軽快車で、浴室までスーッとすべるように悠々のリビングを通り過ぎると、悠々のおばあちゃまたちがギョギョとなって真剣な目で追いかける。「あれはだれだね。あんなかっこいい男がここに何しにきたのかね……」等々かしましい。このF氏は寒くなってきたのでリフターを使ってお風呂に入ろうと計画している。洗面、更衣が自立、入浴は危険予防のために今はリフターだが、入浴補助具を使って入浴自立可能の日も近い。

　神奈川の自宅復帰が現実的になってきて、地元の社協からは住宅改造の話も来ている。急な傾斜地にある道路から玄関までのアプローチには屋外用段差解消機（屋

根付き約 1.5m) を勧めた。スロープで 70 代の奥様が介助して昇降するのは無理との判断である。それとこのショップライダーをお勧めしている。田舎でも町でもお年寄りと障碍者の移動の保障が人生を豊かなものにすることを、皆に伝えたい。このように自宅復帰に当たっては地域につなげるための福祉用具の紹介もする。

　三つ目は、近隣のお年寄りや急病人への療養食の配食である。インフルエンザにかかったり、退院直後でまだ療養の継続が必要だったりするご家庭に、栄養価が高く温かな食事を届けることである。「もう自分はこれでおしまいだ。もう十分生きた。もういい」と　ベッドでつぶやいていた 70 代の仲間が、2、3 日の美味な食事に箸をつけて見事に回復している。看病にくたびれ果てどうしようもなく不安に陥っているご家族も一緒に元気にすることが目的である。

　四つ目は、実際に悠々を体験した利用者（ボランティアや視察・見学者や、ご家族）からの口コミで、老後は悠々の傍で、悠々を利用しながら過ごしたいという方々のために、悠々の空き地（敷地 1500 坪）を利用して、自由設計の村営住宅を建てるという計画が進んでいることである。泰阜村では、村の空き家を余所者には貸さないという高い壁のようなものがある。村に移住したいと願う若者もいるが、お年寄りの移住は厳しい。そこで悠々の周りの空き地に移住者用の村営住宅を建て、其処からから東京の大学に通う大学教授が現れた。まだ 65 歳である。理事長としては村役の重要な労働力として 10 年は使えると踏んでワクワクしている。

　この村に必要なのは、本当はちっぽけなお金などではなく労働力である。村に住んでともに暮らす仲間が増えたら、老後は温かな人間らしい最後が得られると知ったら、人口が増えると思うが如何か……。悠々がそのお役に立てたら嬉しいのだが……。

2015 年 10 月 5 日

#### 新事業計画頓挫

　先日、このブログで紹介した新事業の一つ、都会の定年退職後まだ働き口のある若年高齢者を悠々の周りに移住させるという計画が、村の「高齢者への在宅福祉」から「子持ちの家族への子育て支援」への積極策で、頓挫した。

　65 歳で定年退職した K 大学名誉教授（奥様を亡くされ単身）T 氏は、長年住み

慣れた教員住宅を退去することになり、45年にわたる研究生活で収集した、今はお金では買えない貴重な資料（図書室ほどある）を抱えて行き先がなくなった。その方を、村としては住民として受け入れるのを応援しないことが示されたのだ。もう村は余所者の年寄りはいらないということであろうか。

　他村の例が示しているように、高校卒業まで医療費無料、子育て手当、出産祝い金（4人目は50万円）、格安の村営住宅等で子育てを支援したものの、子供たちが育ちあがったら親もともにもっと便利なところに家を建て出て行ってしまう現象が起こる可能性について、どのような対策を備えているのだろうか。

　来年には後期高齢者となる我々も、他人ごとではないと理事たちも苦しむこととなった。村の自然と闘い、村役として村の存続のために汗水流すのは高齢者たちであって、決して子育て支援を当てにして村に仮移住する若い世代ではないのだが……。

　とりあえず村の旧小学校の空き室に、膨大な資料を保管させていただいて、その方も悠々から東京の大学や全国への講演依頼のため飛び回ることになった。年を取って本当にほしいのは、「ただいま！」といって帰る家があることである。「お帰りなさい」といって、温かな夕食を作って待っている人がいることである。血は繋がっていないけれど、笑顔で迎えてくれるだれかがいることが、残りの人生をがんばって人々のために働く勇気をもらえると思うのだが……どうであろうか。

2015年10月8日

### 新しい訪問者（短期入居）をお迎えして

　昨夜は、短期入居者F氏のお知り合いのIさん（84歳）が、短期入居（3か月）のご予定で悠々の門をくぐられた。朝10時に介護タクシーにてご出発という連絡をいただいたものの、大渋滞に巻き込まれたとのことで、到着は夕方5時頃で泰阜村は夕闇に包まれていた。

　高速を降りてからどんどん山の奥深くに進んでいくことについて、後に「とうとう自分はこんな山奥に捨てられてしまうのかと、不安でたまらなかった」と述懐していた。だが、玄関を入られると目を輝かせて「うわあ、こんなきれいなところ」、お部屋に案内すると「うわあ、こんなところに私が入るなんてもったいない！」と言われて立ちすくまれた。杖をつき足を引きずって歩かれるお姿に、悠々の歩行器

を勧めると「大丈夫です。私は歩けるんです。でも転ぶと危ないので杖をついているだけなんです」とがんばられたが、理事長が「杖を突いて歩かれるお姿を拝見していると、このように右側に傾いて歩かれているんです。それですと、これこのように（実際に杖を突いてやってみせる）重心が右側に傾いています。腰の痛いところにもっと上半身の重みがかかって痛みが強くなると思うので、歩行器がいいと思うのですが如何でしょうか」とこれまたやってみせた。「実際に、試してごらん」と娘婿さんにすすめられ、しぶしぶやってみたところ「ああ、これはいいわ。楽に歩ける」と繰り返し歩きはじめた。

　このことで「悠々」の生活に安心感を抱き、同行した娘さんご夫婦のためにお風呂に湯を入れている間、「軽く乾杯しましょうか」ということになり、婿さん（H氏）ご夫妻、一足先に入居中のF氏とともに持参したお土産のキムチ、いただき物の和歌山県九度山特産の甘柿、高野豆腐のおつまみで乾杯となった。そこへ寝ていたはずのIさんも歩行器でスタスタと部屋から出てきて、ご一緒にお茶と高野豆腐を口に入れられた。寝たきりであったはずのF氏も車椅子で1時間の歓迎会に同席され、「本当は私はビールを飲むんです」とおっしゃって、久しぶりの歓談を楽しまれた。H氏は「ここはお酒もあるんですか？」とびっくりしたり感激したりの一夜であった。さてIおばあちゃま、入れ歯がカタカタいってるけど、どうやって歯医者さんに検診していただこうかと理事長に一つの課題が与えられた宵でもあった。

2015年10月21日

### 泰阜村悠々、第8回決算期を迎えて

　錦秋の秋、山々の木々が赤や黄色の葉を落とし、木漏れ日が森の奥深くに影を落とすようになって泰阜村がもっとも美しい季節がやってきた。

　このところ理事の一人が入院手術となり（それが理事長の夫でもあったので）、てんてこ舞いで、決算処理と総会準備が遅れに遅れた。悠々の暮らしはそれなりに落ち着いていて、ベテランのスタッフがいつものように悠々をゆったりとした憩いの場にしている。

　F氏の体調は、相変わらず一進一退のなかでも確実にADL自立にこぎつけているし、Iおばあちゃまはお好きなことをお好きなように自由を楽しんでおり、痛み

のために這いずっていたのはいつのことかと思う。ほかのおばあちゃまたちは、昔からずっとここで暮らしていたように自分の生活を確立し、悠々のなかで自分の居場所を見つけている。そういえばガンとしてその席を譲ることがなかったＨ翁は黄泉の世に行かれたが、その空席にはなぜかスタッフが入れ替わり立ち替わり座っているようだ。

　相変わらず泰阜村のお年寄りは悠々に足を運ばれることはないのだが、入居の申し込みは他町村から矢のように入る。「自己負担１か月１５万（一日５千円相当）は安すぎる、何かあるのではないか」との問い合わせが多い。しかし、昔の療養病棟であっても期限（約３か月）がくると追い出されるので次を探すのが大変と知ってはいるが、もし安いところがあればそちらに移るという。たしかに要介護５では家族が看るのは大変だろうと思うが、「重加算があります（要介護３から１万円ずつ追加）」と伝えると「ああそれではみられない」と言われる。悠々のケアは夢のようなケアで、それを見た家族が、「とても私たちではみれなかった」と言われるほどである。Ｈ翁の看取りのときは、ほとんど３人がかりで診ていたのだから。

　悠々のケアを、たとえこの村の村民たちが利用できないからといって、なくしてしまってよいものだろうかと８回目の決算期を前にして思う。スウェーデンの高齢者協同組合は１０年で幕を閉じたといわれたが、手厚い行政の補助があってもそうであれば、介護保険制度しかないこの国で、悠々は存在意義があるのか……と思う。

　世界でもっとも高齢者の自殺率が高いのはスウェーデンから隣国の韓国に移ったといわれているが、それが日本になるのは時間の問題だと考えるのは私一人ではないと思う。その理由は、儒教の伝統から親を大切にする隣国の伝統が、現在日増しに失われているにもかかわらず、社会保障制度が追い付いていないからだといわれている。わが国でも特養にはとうてい入れない高齢者が溢れている。泰阜村の共済年金で暮らしている高齢者は１割ほどいるものの、歳を取りいったん入院して家を出たら「二度と家に帰れるとは思うなよ」と言われたと泣きながら訴えていたものだった。そうなのだ、自分の老後のためにコッコツとためたお金と年金は、入院すると子供たちの手に渡ってしまうものなのだ。子供たちを産んで育てるお金も、教育費も全部この親たちが払ったのだよ！　それなのに物のように捨てるなんて……そんなことあっていいのか！　その思いで悠々をやってきたのだが……。

2015 年 11 月 2 日

### 第8回通常総会を終えて

　今日、第8回通常総会を無事終えることができた。前日の21日が「日本健康医学会」での発表、そして翌日にあたる本日が総会とあってハードスケジュールは頂点に達していた。それでも遠路東京から駆けつけてきてくれた優しきボランティアや献身的なスタッフの応援に助けられて無事総会資料が間に合い、滑り込みで総会が開催され無事終了した。

　今年は村に差し上げた3千万円のご寄付についての質問が飛び交い、「そのような金があったら、なぜ組合員に分配しないのか」との声が上がった。それと「そのような金があったら、なぜ入居金を安くしないのか」という発言もあった。これはお看取りをした（ターミナルを最後まで看取った）入居者S氏（90歳代）の遺言状で明らかになった多額のご寄付の対応についての質疑である。心ならずもご寄付いただいたS氏のお心映え（世話になった悠々のケアへの感謝と赤字続きの経営へのお心づかい）を慮り、今まで助けていただいた村への御恩返しと今後も困ったときに助けてほしいとの思い（主には建坪190坪の施設管理費／公共料金）をこめて理事会で村への寄付を決断した。悠々の理念「支え合いともに生きる」からかけ離れた、入ったお金を分配することしか考えが及ばない一部組合員の発言に、またまた理事長は苦しんだ。

　村長にお祝辞のなかで次のような言葉をいただいた。「第8回総会おめでとう……。いや8回目の総会を無事迎えられたことを心からお祝い申し上げる」。今までの悠々の苦闘の歴史を理解していたとの心配りをいただいたことに胸が熱くなった。また併せて「今後も地域福祉のためにがんばっていただけることに村として応援していく」とのお言葉もいただいた。がんばってがんばって、入居者に良きケアを提供するためにスタッフを守り、働く環境改善のために日々努力してきたことが、だれにも負けない最高のケアにつながったとひそかに自負している。支えてくださったすべての関係者の方々への心からの感謝を込めて、今回の懇親会は駒ヶ根の創作料理のお店に出張をお願いし、和食創作料理のフルコースを堪能いただいた。参加者は口々に「今までこのような極上の料理を泰阜村で食べたことがない」と言い合っていた。本当にこれも皆の温かい支えのおかげへのお礼と、いただいたご寄付のおすそ分けと感じていただいたら嬉しく思う。

一日ごとに秋が深まり、泰阜村は錦のじゅうたんで彩られている。道路愛護がやってきて、またみんなでこの落葉の絨毯の清掃をする日も近い。各家庭では、秋の野菜たちの漬物の支度にかかっている。冬はもうそこに来ている。

2015 年 11 月 22 日

## 過疎山村の冬支度

　昨日で、今年最後の「道路愛護」という深い山道に降り積もった落ち葉を谷に返す作業が終わった。上を見上げればまだまだしっかり残っている枯れ葉があるが、とりあえず最後の清掃の日ということだといわれた。いつものことながら、皆年を取ったなあと思わずにはいられないのは、このような村道整備の重労働が骨身に堪えるようになったからなのでもある。しかし、我が集落では全員高齢者であるにもかかわらず、嫌な顔もせず当たり前のように笑顔でおしゃべりしながら、一歩一歩と前に進む死ぬまでの作業であることを知っている。

　どの地でも山の民はみな、このように生活道を守って暮らしているのだろう。若者たちは、それが嫌でこの自然豊かな山国を出ていくのではないのだろうと思う。現に移住者たちもまたこの作業をやっていて、だんだん生活道を整備するのが当たり前になっていると聞く。先日初雪が降って、これからの約 4、5 か月の雪との戦いの火ぶたが切って落とされたわけだから、嫌だとはいえないことを知っている。こうやって山の民たちはみな生活道路を分担して整備していくことで、ゆるやかなしかし確かな絆が育っていくのを感じているのであろう。

　悠々も本格的に薪ストーブに火を入れた。赤々と燃える火の傍に、だれかれとなく集まってテレビを見たり、新聞を読んだり、訪問客とお茶を飲みながら団らんしている。

　今は年末年始の年中行事「大祓い」（12 月 26 日）の支度に忙しい。祭壇を造るための榊を山から切り出してくる人、お供え物の仕出しを準備する人、式の後の祝い膳の支度を手伝う人等々、みなそのことで頭が一杯である。今年も悠々の小さなリビングに 25、6 名の人が集まる。今年は入居者の I さん（84 歳韓国出身）の最高においしい手作りのキムチが加わることで、国際色豊かになることが嬉しい。1 か月前は寝たきりだったのが、今ではずっと前からの住民のように、よく気がついて悠々の日常業務を手伝ってくれる。この方が入居前に要介護 2 であったなんて、

だれも信じない。

　12月30日には「杵つき餅つき大会」を開催する。子供たちが大喜びするので、どのご家族にお声をかけようかと思案中である。

　もうすぐそこに歳末の足音が聞こえている。

2015年12月7日

## 幻覚、幻聴の世界のお年寄りへのアプローチ

　当直のおじさんから、「昨夜は早朝4時に『あにいさん、あにいさん』と大声で呼ぶのに起こされて傍らに飛んでいくと、『風呂に水が張ってないのに火がついて燃えてるで、早よう早よう何とかしなあいかん』と騒ぐので困った」という訴えがあった。「『あにいを呼んでくれ』と言うが、『そんなもんはおらんで』と言うと『そういえば、あにいは去年死んだなあ』と我に返って、ベッドに促すと自室に帰って寝た」と言う。

　テレビは24時間つけっぱなしで、そのなかの人たちと暮らしている。「サッカーボールが部屋んなかに飛んできて、子供たちが走り回っていてうるさくて困る」とか、「テレビのアナウンサーが、わしに色目を使って見ているで困ったもんだ」とかの程度なら「そうかそうか、そりゃうらやましいなあ。今度色目を使ったらウインクして返しな」とか言ってやり過ごしているが、夜中のテレビで大騒ぎするのは、ケアになれない当直のおじさんがちょっと困っているようだ。

　精神科に通院しているものの、2、3分の精神科の先生の前ではまともな受け答えをするので、薬は出ない。三度の食事と10時と3時のお茶は食堂で皆と一緒に過ごすが、それでもスタッフや入居者への暴言をコントロールするのは難しい。トイレはオムツだが、寝ているベッドで濡れてしまったオムツを外してベッドの横に放り投げてあり、なおかつトイレに行くのが面倒くさいからといって布団にそのまま放尿する。気づいたスタッフがあわてて毛布も布団も着替えも一式大洗濯となる。もちろん本人はケロリとしている。この状態で要介護2である。「おかしいんではないか」とケアマネに訴えても埒はあかない。

　在宅介護は不可能だろうと確信している。私たちケアスタッフがつきっきりで見守りケアして、本人が拘束されることもなく、薬で眠らされることもなく、わがまま放題に暮らしている。未婚のまま子はなく、もうじき貯金が底をつく。要介護2

では受け入れる施設はなく、私たちが最後まで看取るためにはどうしたらよいのか……。途方に暮れている。

2015 年 12 月 23 日

## やっとその日が来た！

　12 月 25 日土曜日、神主様をお呼びして悠々恒例の「大祓い」の祭式を行い、田本のお年寄りたちと役員スタッフ、入居者たちが供物を分け合って、お祝いの膳を囲んだ。テレビでは昨夜から大騒ぎのクリスマスイブの模様を映していたが、我ら泰阜村では歳末の支度に皆忙しい。この「大祓い」もこれで 7 度目を迎えた大事な儀式である。そこに集まったものは皆「高天原に降臨された神々とともに泰阜の神々が、私たちの今年の罪汚れをとり祓い、来る年の幸いを祈る」という言葉に頭を垂れる。その言葉に支えられ入居された年寄りばかりでなく、だれが先になるやもしれぬやがて来るあの世について想いを馳せる。

　宴席の終わった一時、悠々の会のお年寄りたちが炬燵を囲んで談笑している風景が帰ってきた。久しぶりに近隣の仲間が自分たちの将来について相談したらしい。

　送迎車での帰り道、90 歳になるという一人のお年寄りが「理事長、おれは悠々で泊まりたかった」と言う。

　「うん？　泊まっていけばよかったのに、帰りは送ってあげたのに」

　「いや、ずーっと泊まりたい」

　「ほんと？　嬉しい、田本の人たちが泊まってくれたらどんなに嬉しいか。その日をずーっと待ってたんだよ」

　同乗していたもう一人が「私は息子と嫁がいるで泊まれんけど、これからたびたび昼ご飯をご馳走になりに行くよ」

　嬉しくて涙を堪えられなかった。この日が来ることをどれほど待ち望んでいたことか。地域に住むお年寄りたちが 90 歳を迎えて、家族との関係についてもさんざん考えて、家を出る決心をしたのだ。それほど他人様の世話になって生きていくということは辛いものなのだ。大切にしたいと思う。私たちを選んでくれたお年寄り一人ひとりをだれよりも大切にしたいと思う。最後まで新たな家族にならせていただこうと思う。

2015 年 12 月 27 日

過疎山村の「生活リハビリ教室」
2016 年

## 悠々の年末年始

　悠々の年末年始は、80歳になろうとしている宿直のMさんが足を滑らせ左足の小指を骨折してギブスをあてられ、当分お休みとなって、この穴埋めをどうするかで、てんやわんやとなった。まず非常勤のKさんにご無理をお願いして年末年始のポイントに入っていただき、次に定年退職で家にいるらしいという噂のMさんに猛烈アタック、それでも空いてしまった夜の泊まりを理事長と役員のN氏が担った。今回こそ悠々のスタッフ一人ひとりがどれほど重要な任務を担っているかが痛いほどわかった。

　そして、この事件に輪をかけたのが社協の年末年始の休業である。働く人の権利が守られ、有給が取れて年末年始を家族と過ごせるっていいな、と感じる。そして、どうして弱小の民間企業では有給がとりにくいのか考えた。その理由の一つは、貧しい人のお世話をしているため必要経費が十分に請求できない。しかし、補助金は民間事業体には下りてこない。そのしわ寄せが働くスタッフに向く。必要最低限の人を雇いまわしているというのが実情で、ひとりでも欠けたらこの度のようなことが起きる。

　今回の御年取りは理事長が一日腕を振るった。おせち料理はお取り寄せだが、普通の家庭のお正月料理が並んで、お年寄りも皆、完食であった。おいしい、おいしいといって食べているお年寄りの顔を見ながら、小さな幸せがここにもあるのを嬉しく思った。

2016 年 1 月 5 日

## 悠々のどんど焼き

　穏やかに暖かな正月が通り過ぎて、正月のしめ飾りや入居者の部屋の入り口に飾られた「おやす飾り」を納めるためのどんど焼きをした。悠々の広々とした庭の真ん中に青竹のやぐらを組み、燃え盛る火のなかで正月飾りが燃え上がり、1 年の幸いを祈った。残り火で餅を焼き、ぺちゃくちゃとおしゃべりをしながらおいしく焼けたお餅をいただいた。幸せなひと時だった。

　韓国籍の短期入居のおばあちゃまも初めてのどんど焼きを楽しまれたようだった。それから 1 週間後、お元気になられたということで神奈川県の次女さんのお

宅に引き取られた。腰椎の圧迫骨折で要介護2の方だったが、療養生活3か月ですっかりお元気になられて、外出も歩行器歩行で30分ほどは自立、日常生活も全く自立ということで飯田線の特急電車と新幹線の乗り継ぎで無事自宅までお帰りになられた。この間、ガタガタの入れ歯を新調し、褥瘡ができていた場所も皮膚科への受診で完治、腫れ上がっていた両下肢も元に戻り本当にお元気になられ、笑顔とおしゃべりで一日をゆったりと楽しまれていた。

　「ここは第二のふるさとです」とご家族も言われ、「何かあったらまたこちらにお世話になります」と言って帰られた。お迎えにいらしたご家族も「昨夜は10時間もぐっすりと寝られて、びっくりいたしました。静かで都会の騒音がないということが、これほど心と体の癒しになるとは知りませんでした。自分たちも静養のために時々泊まりに来ます」と言って、リクライニングのマッサージ器にかかって笑顔で帰られた。

　悠々が、大自然に包まれてここにあるということだけで、都会に住む人々の癒しのふるさとになっているのかもしれない。少しだけお手伝いができて、こんなに嬉しいことはない。

2016年1月21日

### 新しい移住者現る！

　泰阜村の人口は2月1日時点で1,737人（724世帯）高齢化率39％である。その泰阜村に66歳の移住希望者が現れた。それも悠々を抱えた我が集落（10世帯）にいらしてくださるということになった。大学の名誉教授が定年退職を迎え、奥様をご病気で失われてひとり身になり、「老後を大自然に囲まれた、温かな人々の絆に包まれて暮らしたい」と新年会でご挨拶をされた。我々集落村民は皆70代80代に突入し、庭や田畑の維持管理に加えて山々や水路の維持管理、村の行事の役に青息吐息であったので、早速厳しい（切実なる）質問が飛んだ。「草刈機（ビーバー）が使えるのかね。庭の草刈りは大変だに……」「いやあ、大丈夫です。田舎で生まれ育ちましたので田んぼも畑仕事もやりましたよ」それを聞いて歓声が上がった。その名誉教授がどれほど有名な学者であっても、わが村では額に汗して村の維持管理に参加できる体力が評価されるのであった。

早速お迎えするための準備に、我が仲間が走り回った。まず段ボールに 500 箱という蔵書の置き場所は、村の教育委員会に古い空き校舎の一部屋をお借りする約束を取り付け、住宅は空き家の持ち主と連絡を取り、貸していただくお返事をもらい、村長、副村長にかけ合って、移住者のための空き家補修のための補助金をいただけるところまでこぎつけた。4 月の終わりには引っ越しの予定が組まれたということで、村の年寄りたちは早速、「こりゃ皆で集まって引っ越し作業を手伝わにゃいかんで」とウキウキしている。

こんな村民がいるところ、聞いたことありますか？　この時代に新しい余所者を自分たちの身内として迎え入れる心が動いて、待っていてくれる。その泰阜村というところに、私はまたまた感動している！

2018 年 2 月 8 日

## サービス付き高齢者住宅を考える

先週末、北信地区の医療・福祉を憂える有志の方々に「『悠々』がサ高住とどう違うのかを聞きたい」との要望を受け、懇談会にお招きを受け「これからの高齢者の地域ケアはどうあるべきか」を話し合った。

「南信州は大雪だというのに北信にでかけるなんて」とスタッフの面々にひどく心配されながら、高速バスで長野駅まで出かけ、それから 1 時間ほど中野市の友人のお迎えで高山村に出かけた。道中、北信の雪景色を堪能しながら 1 軒の素晴らしい温泉旅館に案内された。夜になって集まってきたのは、高山村村会議員 N 氏、サ高住付属クリニック看護部長 K さん、N 地域のケアマネステーション代表○○さん、N 市のデイサービスセンター経営者 M さん、所属不明の元学校長？ I 氏、○○町の地域創生の立役者といわれている○○さん、要介護者をサ高住に入居させている老舗旅館の女将さん等々、皆地域でご活躍の面々が集まられた。

さて、北信地区のサ高住の現状（主に問題点）。クリニック付き温泉付きマンションの家賃 7 万円というのに惹かれ、東京と近在から入居してきた方々が 60 戸。問題は、管理が大変ということで温泉は使用不可、リゾートマンションなので近隣との交流がなく、閉ざされた空間で、一日中やることもなくテレビを見ながらゴロゴロしている虚しさと寂しさに不満が出た。寂しさのあまり訪れるヘルパーさんに話しかけると、時間の無駄なので話に応じないようにと厳しく命じられたヘルパーさ

んが、黙々と決められた仕事をして消えてしまう。契約以外の頼みごとにはオプションということでケアの追加料金を自己負担として取られる。それが月に20万円を超す。ということで契約違反との不満が高まっている。共通しているのは管理者が建設関係、不動産関係のオーナーだということらしい。参加者の意見は福祉を全く知らない人が、オーナーになって利益中心で経営している現状をどう打破したらいいのかということになった。

そこで「悠々」はどこが違うかという話になった。「悠々」と「サ高住」の第一の違いは、管理運営者が地元住民の代表者（地元議員と医療・福祉研究者）の共同運営管理であること。第二は料金が15万5千円＋消費税（一日三食付きケア付き5千円）なので、夜中に駆け付けて病院に連れて行こうが、お漏らしして着衣と布団、部屋中尿便だらけの後始末も含まれ、お花見やお祭りの花火を見にドライブしようが、ターミナルで看取ろうが追加料金なしということであろうか（ただし布団のクリーニング代は別料金）。第三のいちばん大きな違いは、その施設が地域に開かれていて食堂と民宿を経営していることではないか。地域の人々はだれでも必要とあれば一日5千円で三食付きケア付きで泊まれる。ランチは一食500円（今はやりのワンコイン）で、その日の10時ごろまでに連絡を入れれば家庭的なお昼が皆と一緒に食べられる。

「悠々」は本来入居施設の管理が目的ではなく、入居者の家賃収入で必要最低限のスタッフの賃金を払い、役員は基本的にボランティアでやっている（だから議員さんが中心になっている——村民のことを思い村民のために汗をかいて働く……。フフフ、これこそ議員さんの原点じゃないかと、どこかの講演で話したら絶句されてしまったけれど）。地域住民の交流の場として利用されるのが目的なのである。

この三点がキーポイントではないかと話したら、早速70代に突入している○○町の実力者？が、もっと詳しく知りたいのでもう一度「悠々」を見たいということになり、春の桜のころに視察、見学にいらっしゃることになった。

サ高住が全国に蔓延していることで、ありがたいことに本当の住民の福祉とは何かが浮き彫りになってきている。少し元気になって帰途についた。

さあ、今日もがんばるぞ！

2016年2月17日

## 民宿「悠々」の訪問客——十数年ぶりの新婚、フルムーン旅行

先日、近在の村から不思議なご夫婦の訪問を受けた。「私たちがお世話になっているＴ氏に『〇日は私たちの結婚記念日だ』と言ったところ、『泰阜村にある民宿『悠々』に十数年ぶりの新婚旅行に行っておいで』と言われたので、２月〇日にお泊まりで伺いたいのです」という電話を受けた。

悠々開設以来、フルムーンの宿に選ばれたのは初めてである。また老人施設の付属民宿にフルムーンのご夫婦が泊まられたという話も聞いたことがない。前代未聞である。

さて当日、そのお二人を薪ストーブの前のソファーに案内して、「ゆっくりしていってください」と言ったものの、私たちもフルムーンの接待など想像もつかなくて、ウロウロしてしまった。お二人もまた、そのＴ氏に「とにかく行っておいで」と言われたものの悠々がどんなところかも知らずに来たというので、パンフレットと写真集をお見せしながら悠々の立ち上げからこれまでの８年間について、どんなことが起こったのかお伝えした。

そんなに多いとはいえないが、お一人お一人のお年寄りの人生に寄り添ってお見送りしたこと。そこからお年寄りたちが人生の最期を迎えて何を望んでいるのかを教えられたこと。「家にいたらそうしているだろうと思われるその日々を、可能な限り継続できるようにお手伝いすること」それが今も、そしてこれからも、悠々で続けられるように努力していることを伝えた。

かすかに残るヒノキの香り、赤々と燃える薪ストーブの火を見ながら穏やかな時間が流れている悠々の雰囲気に浸り、入居者とともに夕食を食べ、夜８時には皆各自の部屋に引きとると、お二人のために新しい湯を張り悠々の広々としたお風呂に「お二人でどうぞ」と勧めた。

悠々の長い夜……。フルムーンの夜をどのように過ごされたか。

自分たちの最後の時間を、どこでどのように過ごしたいか、じっくり話し合いたいからテレビはいらないとおっしゃった。

2016 年 2 月 29 日

## 介護保険改正後同性介助を考える

　泰阜村が桜色に染まって、一年でもっとも美しい季節に突入した。

　友人の中国人は、日本人ほど花が好きな国民はほかにないのではないかという。泰阜村でも、飯田市との境の深い谷に架かった大橋を渡ると桜のトンネルに迎えられ、それがほとんど村の外れまで続き、よそから来たお客様は心を奪われるという。

　各地に桜の名所は数々あるが、泰阜村のそれとどこが違うかというと、観光地ではないので人がいない。だれもが桜の花に囲まれ、包まれ幽玄の美しさのなかで言葉を失う。足下には春の山野草、春蘭が顔を見せ、カタクリの花や菫の花がひっそりと咲いている。

　泰阜村の桜のトンネルの由来は、その昔、車に乗れない村の年寄りに花見をさせたいと、村の若者たちが一本一本桜の苗木を植え、毎年草を刈り、冬には雪のなかを病気の枝を払い寒肥えをやり、手入れを続けて来たと伝えられる。その桜守たちも年老い、一人欠け二人欠けして自分たちが植えた桜の花見を楽しむ側に立っている。悠々の90歳を過ぎたお年寄りたちも、桜の花見に出かけた。「今年もこんな立派な花見ができて嬉しかった。もう一年花見がしたいのう……。できるかねえ」と満開の桜のなかで、お寺では甘茶をいただき仏様に手を合わせた。

　さて、その花見の最中、社協の管理職の方が追っかけてきて、巡回サービスの「深夜巡回と入浴介助に男性職員をどうしても入れたい」という。悠々にはお一人90代だが生涯結婚もせず独り身を通して来たおばあちゃまがいて、「どうしても男に裸を見せたくない、触らせたくない。わしはいやじゃ」と頑強に拒んだので、何とか同性介助をとお願いしたが、「これからは男性ヘルパーもどんどん入れるので、そんなこと言っていられない」と言う。

　このおばあちゃまの主張をわがままと取るか。圧力でねじ伏せて若い男性ヘルパーに触らせるのか。悠々のスタッフに訊くと「私は嫌だ！」と口々に言う。若いころから精神を病んではいるが、認知症ではない（要介護2）。

　サービスの質を追求していくと悠々みたいに赤字になるのだが、どうしたものか……。

　介護保険改正！　目に見えて厳しくなる利潤追求のそれは、そこにいる利用者たちを、もう人間ではないらしいと感じさせるが如何か。

2016年4月7日

### 新緑の風に吹かれて

　溢れるような新緑の風のなかを小鳥のさえずりのシャワーを浴びながら、泰阜村の女たちは山菜取りに夢中となる。今年はやけに筍があちこちに生えすぎると贅沢な悩みをこぼす。「イノシシが少なくなったせいだろうか」と訊くと「いやいやそれもあるかもしれんが、奥山でも豊かに食べ物があって、人里まで遠征する必要がないのかもしれぬ」と言われ、みんな納得する。

　先週の道路愛護の休憩での話である。

　我が部落の今年は、80代の大事なお年寄りの一人が頸椎症の手術をし、大切な道路愛護の人手がひとり少なくなった。女たちがよろよろとしか動けないので、急坂な山道の土砂崩れの片付けに、いつもの倍ほどの時間がかかって終着点にたどり着くこととなった。

　厳しい山の森の落ち葉管理や人手を使っての山崩れの補修やら、たまりにたまった水路の落ち葉や泥の整備にともに汗を流すことを、だれ一人文句ひとつ言わず作業する。悠々ではこの人たちの野良仕事や村役で疲れ果てた心身を少しでも癒したいと、4月23日（土）に第1回「生活リハビリ教室」を以下のプログラムで実施した。

平成28年泰阜村田本「生活リハビリ教室プログラム」

1. 日時：平成28年4月23日（土）午前9時半〜14時
2. 場所：泰阜村地域交流センター「悠々」
3. プログラム：〜ゆっくり癒しを中心に〜
①あいさつ（リハビリ専門医本田哲三先生）
　　理学療法士O先生紹介
②みんな揃ってラジオ体操
③本田先生の診察
④理学療法士　O先生のリハビリ評価
⑤本田先生　養生のお話
⑥昼食メニュー：山菜ちらし寿司　山ウドと八朔の胡麻マヨネーズ和え
　　　　　　　　トロロ芋とアボガド、マグロのわさび醤油和え　ワラビの辛子和え
　　　　　　　　茶わん蒸し　ワラビのみそ和えのお漬物
⑦その他：（各自　順番待ち時間に自由にかかってください）

☆脳トレ（懸賞付き・クロスワードパズル）
☆マッサージチェアー
☆足湯
☆超音波温熱器
☆エアロバイク

2016 年 4 月 27 日

### 新しい民宿利用の訪問客たち

　泰阜村は花々の競演のときを通り過ぎて、むせ返るような新緑に包まれている。訪問客たちは季節ごとに立ち現れる大自然の姿に圧倒されて、まず言葉を失い暫しの間命の息吹に包まれる。

　最近、新たな「悠々」を創設したいという訪問客たちが、民宿利用で来所されるようになった。土地はあるという。そこを提供するので悠々を作ってほしいという愛知県安城市在住の同級生ご夫妻。東京の上場企業の部長級クラスの仲間たち、IT企業家たちが集まって、自分たちの第二の人生を軽井沢で作りたい。その中心に「悠々」を作りたい。その具体的な構想も立ち上がっている。

　驚愕的なのは東京都小笠原の自治体職員のリピーターである。その本気度がすごい。つられて 12 時間のお相手をしてしまった。次いで夜のお酒の勢いで義兄弟の杯まで交わしてしまった。「住民たちが小笠原という村で最後までしあわせに暮らすためには何が必要なのか知りたい。その方法を教えてほしい」と言う。その 40代前半のお役人の心意気に惚れてしまった。地の果てのように遠いところに、このような若者がいるのだと知って、住民（高齢者）生活実態調査手法のお手伝いまで約束してしまった。

　75 歳後期高齢者だというのに、小笠原まで行くことになってしまったらしい。泰阜村から東京竹島桟橋まで 6 時間、定期船で 25 時間、週 1 便……。その前に仲間で計画を練って、みんなを連れて泰阜村までやってくるという。本気らしいと受け取った。観光産業の小笠原村、島民が置き去りにされないような施策の提案がどこまで通るか楽しみでワクワクする。悠々がひっそりと、ひたひたと人々の口に上り「そんなの見たことも聞いたこともないよ」と言われているらしい。ケア付き民宿 5 千円？　介護施設だとばっかり思い込んでいた。住民に開かれていて食堂（500

円・ワンコイン）も喫茶（無料）も出入り自由なんて……という。その上、民宿と
して必要なとき好きなだけ泊まることもできる。もちろんケア付きである。全館バ
リアフリーなので入浴もスウェーデン製のリフターで介助付きでゆったり湯船につ
かることができる。重度の障碍を持った40代の男性が「生まれてから一度も風呂
に入れてもらったことはなかった。こんな幸せない！」と叫んで 大喜びした浴室
である。

　小さいけれど図書室もある。オレンジページを毎月購読する方もいる。若いヘル
パーさんがケアのついでに借りていかれたり、子供たちが漫画コーナーで寝転がっ
て読みふけったりする。新しいケアマネさんが、休みの日に3人の子供たちを連
れて遊びに来ていいかというので、もちろん喜んで、とお伝えした。年寄りたちは
子供たちが遊びまわっているのを喜ぶのでと伝えた。

　こんな「悠々」が実は大自然の懐深く眠っていることが、もう一つの魅力なのだ
と付け加えたい。小笠原も遠いが、泰阜村も「東京からもっとも遠い島」と揶揄
されていると聞くが、本物の大自然は都会からは遠く不便なのかもしれない。

2016 年 5 月 16 日

### 緑の風に吹かれて

　悠々での暮らしが長くなった永住入居のお年寄りたちが、95 歳に近くなると人
格の崩壊が少しずつ進んでくるのが感じられる。もうテレビと現実の世界の境界は
薄れ、季節や時間の感覚も薄れ、ゆっくりとケアスタッフの腕のなかで眠っては起
きて食べ、少しずつ少しずつ活動時間が減ってきて、眠りについている時間が増え
ていっている。

　悠々の理事たちも後期高齢期に突入したお二人が、脱水症や病を得て入退院を繰
り返すようになった。この事態を管理者としてどうするか？　泰阜の深い緑に包ま
れながら、模索する。この地では、森に咲く笹百合の高貴な薄紅色に慰められ、小
鳥たちのさえずりのシャワーに勇気づけられ、悠々を訪れる視察の方々に励まされ
て、あと一歩前に進もうと思う。先日、日本リハビリテーション医学会で泰阜村の
調査結果を発表する機会を得た。その作業のなかで、この過疎山村に住む人々の
特にお年寄りの生き様をまざまざと感じ、感動のあまり言葉を失うことがしばしば
あった。そして、それを学会で発表した。

私の発表セクションは「地域リハビリ」分野であったのだが、リハビリテーション医療の最前線で戦っている現場の医師たちが、僻地医療（特にリハビリ医療）の最中にあるこの村のお年寄りの実に89％が在宅で介護され亡くなっている事実に感動した。

　この村のすさまじい医療環境にあるお年寄りのQOL（幸せ度）が全国平均と比べて同じくらいであること、そして独居であろうと亡くなる直前まで家で過ごし、急変して病院に担ぎ込まれても2、3日でコトンと逝かれることを「お年寄りたちが、自然の理として受け止めているのは何なんだ」と尋ねられ、「データからはそれを証明できないのが残念ですが、覚悟です。大自然の一部でもある生き物として自分の死を理として受け止めている覚悟があります」と答えた。

　この村の多くのお年寄りたちは働いて働いて死ぬ間際まで働いて、それを苦にもせず、85歳を過ぎると「次はわしの番かな」と言う。暑い夏が来て熱中症でバタバタと担ぎ込まれるけれど、2、3日して危機を脱すると、その足でもう田んぼや畑に出かけている。

　山の奥深くで人知れず古木が朽ちて倒れるように、この村のお年寄りが今年の夏もどれだけ往かれるのかを思う。

　そして、後に残されるものは……寂しくてたまらない。

2016年6月14日

## 過疎山村の「生活リハビリ教室」

　毎月、小さな部落集団ごとに「生活リハビリ教室」をはじめている。それが今月で第3回になる。先日そのプログラムを一軒一軒配って歩きながら、体調やその家族の安否確認をしていた。80代のご夫婦は、知り合いの病気見舞いで忙しいといわれる。ああ、次々と倒れられるのだ。熱中症が多いらしい。どこの農家もそうだが、残された老夫婦のみで広大な（それも棚田だ）田畑の維持管理をやっていて倒れるのだ。熱中症対策についていろいろお話するのだが、若いころからやってきた習慣を変えることは難しいらしい。

　その一つ、「田畑に行くときには必ず水筒を持って行く、最低2時間ごとには日陰で休憩して、種抜きのちょっと甘い梅干しを舐めながら冷たい麦茶か水かお茶を飲む」。その二つ、「できたら、曲がった背中や腰を思い切り伸ばしてストレッチ運

動を５回ぐらいする」。この二つだ。皆私の手前「うんうん」と言う。だが長続きしない。今までそんなことやりもしないで、炎天下でもう少し、もう少しとやり続けて、なんだか気分が悪くなってふらふらと家にたどり着いて（たどり着けたらまだ助かる）、家族に病院に連れて行ってもらう（家族がいれば……）。熱中症で入院となる。１日、２日の入院で元気になると、その足で田んぼか畑に出かけている（もちろん水筒なんか持たない）。これが年寄りに多い。まだ60代の若い人たちはちゃんと水分補給をしているので（それに若いので）、倒れた人をあまり知らない。

さて、そのようなお年寄りたちを集めて実施している月１回の「生活リハビリ教室」開催だ。

案内を配って歩いたら、たまたまご主人が畑仕事をしているのに出会った。自分は、土日は働いているので参加できないが、家内のやつが「昼飯がやけにうまいうまいと言うので、わしも食いたいが、参加できないので自分にも分けてもらえないか」と言う。そこで、お弁当を持たせる約束をした。９年目にして「悠々食堂」に注文が飛び込んだというビッグニュースである。

村の人たちは、悠々食堂があることさえも知らないし、ましてやお弁当を配達することも知らないらしい。早速「クーラーボックス」を用意することにした。老夫婦で働いているので、疲れ果ててろくなものを調理しないらしい。年寄りが低栄養になっていく要因である。

普通の弁当をワンコインで配達する。実はこれが夢だったのだ。

みんなが口コミで「悠々食堂」の弁当配達を利用するようになったら、私の夢が実現する。過疎山村のお年寄りに一日一回はバランスの取れた栄養価の高い食べ物を食べさせたい。病気にならずに最後まで家で働きながら……倒れるまで暮らせる。悠々の最大の事業目標である。村人が「最後まで安心して自分らしい人生を送れる」。この夢の実現のためにこそ、悠々は作られ、がんばっているのだから。

2016年6月17日


**猛暑の夏に悠々のお年寄りが……**


この村の村長さんは、村民に向けて毎月村長レポート（天下の名文）を書いている（毎月各戸に配布）。それを村民の多くが楽しみに読んでいるという。私もその一人だ。そのなかで「高齢者の方が『藤の花のきれいな年は、災害がある』といっ

ていたと聞きました。……飯田下伊那ではしばらく大災害がないだけに、心の中では、そろそろかなあ、という不安を持っています」と村民にもそれとなく災害への備えをうながす。

最近のこの猛暑と午後にやってくるスコールのようなにわか雨を眺めながら、気候が亜熱帯に変わっていく恐怖を感じる。そしてこの湿度の高い高温のなかで働くお年寄りが、つぎつぎと熱中症で倒れていくのを聞くにつけ、クーラーをつけずに部屋で過ごしているお年寄りの身をも思う。

我が悠々では室温28℃を超えた時点で全館冷房が入る。それでも広々とした部屋のなかにいるお年寄りでさえ、体力のない人から弱っていく。悠々でも90代に入られた脳梗塞の既往のあるMさんが、体調を崩し診療所の医師が呼ばれた。家族と施設管理者の私、担当看護師が集まり、今後悠々で最後までお世話をすることに皆が同意した。

特に診療所医師のS先生が、「悠々は今までに看取りの経験があるし、本人が5年も過ごしたこの場で、家族にも見守られながら最後を送るのがいちばん幸せだと思う」と言葉を添えられた。

声かけには反応するが、一日のほとんどを眠って過ごすMさん。最期が近づいたことをスタッフ一同心に感じ、気を引き締めた。全力を尽くしてお世話をすることに一同頷き合った。

皆がそれとなくお顔を覗きに行く、水分補給に気をつけ、できるだけこまめに口に運ぶ。元気だったころ大好きだったと聞くと、スタッフが気がつくままに調達しては口に運ぶ。常駐3人がかりの家族で抱えるようなものである。

スタッフの心には、Mさんへの愛がむくむくと膨らんでくるのを感じる。

今後何か月続くかわからぬが、Mさんの最後の日々がいつも幸せであるように願っている。

2016年7月8日


## 初秋

真昼の酷暑のなかで、泰阜の男たちが働いている。今は夏野菜の収穫と出荷、その合間を縫ってお盆の前の草刈りに汗を流す。去年は多くのお年寄りが往かれた。そのご先祖の霊をお迎えするために、泰阜村はきれいに手入れされた里山の美しい

姿を垣間見せる。

　朝晩の涼しさは初秋を思わせる。山から涼風が吹き降りてきて「戸を閉めて夏がけを被って寝ないと風邪をひくよ」と年寄りが言う。里山のあちこちに秋の七草が顔を見せ彩を添える。カナカナゼミが鳴き、撫子の薄紅色、女郎花の黄色、萩の紅色……そして、里山の至る所に山百合が咲き誇る。あと半月もしたら初盆参りに村の残された人々が走り回るのだろうか。

　今年は悠々も例年の「盆踊り」を再開して、悠々で看取ったあの方、この方を偲ぼうか……と思う。

　さて、そのなかで田本部落の「生活リハビリ教室」が第4回を迎える。20名ほどの参加者で広い悠々もいっぱいになるが、今度の本田先生の「養生のお話」コーナーでは「こむら返り」について伺える。訊いてみたら参加者のほとんどが、夜就寝中に、このこむら返りで目が覚めしばらく苦しんでいるという。こんなこと病院の医者が相手にしてくれないということで、本田先生が「こむら返りが起こったら」というお話をしてくれるということになった。基本的には筋力に耐えきれないほど働いているということだが、加えて水分不足ということである。

　ついで、今回の悠々ランチメニューは、「さっぱり夏野菜のスパイシーカレー＋たときゅうりの酢の物＋トウモロコシの唐揚げ＋きゅうりのからし漬け」である。今回は、いつも土日勤務で参加できなかったお父さんが、その「悠々ランチ」の試食と「たまにはおれもゆっくりするか」と飛び入りでの参加を申し出た。毎回何が出るかわからない「悠々ランチ」を皆楽しみにしていて、レシピもほしいという声が聞かれるのが嬉しい。

　今回は、うわさを聞いて飛び入りで4名の方の見学参加がある予定だ。

　病気になってから手当てするのではなく、「病気にならないように日々養生を心がけて、死ぬまで元気で家で死にたい」を応援することが、本田先生の熱い願いである。

2016年7月21日

## 視察——大学生からの質問状

　悠々は開設当初から多くの視察団をお受けしている。開所から8年を過ぎた現在では質問の趣旨に変化が見えてきた。世の中にサービス付き高齢者住宅（サ高住）

が増えて、あちこちでその問題点を耳にするからであろう。

　介護保険がはじまった2000年以降、特養のほかに、まず認知症者のための日本型グループホームができた。発祥の地デンマークのそれとは似ても似つかないアパート型で、各階に鍵のついたエレベーター、危険なものはみな仕舞われ殺風景な空間のなかに、途方に暮れたような入居者の姿があった。ワンフロアーの定員は9名。この方々をスタッフ1名で看る。デンマークのそれは、古い空屋を借り、そこにご近所さんたちが集まってみんな（顔見知り）でケアした。

　グループホームの可否は明白で、次には高齢者専用賃貸住宅（高専賃）が現れた。本人らしい生活を重視し、必要なケアを外部から取り入れる方式である。しかしこれにも問題があり、多くのケアを必要とする入居者たちの孤立（見知らぬ土地に作られた分譲マンション型が多い）の問題である。見知らぬ土地で顔見知りもなく、寂しさのあまり契約した訪問ヘルパーがやってくると、契約以外にあれこれと支援のお願いが発生していた。そしてこれを受け、サービス付き高齢者住宅（サ高住）が作られるようになった。しかし、次々と現れる問題の原点は、たとえ年をとって不自由になっても、普通の暮らしにあるような人間らしい交流なしには、人は生きていけないという、根本的なことが欠落していることに目をつぶっているからではないか、と思う。

　そのなかで悠々には様々な疑問をもった視察者が訪れる。ありがたくももったいないことと思っている。しかしこの問題は1時間や2時間の理事長のつたない説明では、理解ができないのではないかとつねづね感じていたのであるが、この度（9月14日）N大学の学生が、視察に当たってあらかじめ質問状を送ってきた。

　それは将来福祉分野の仕事に就くことを希望している若者らしく、現代の福祉が抱えている問題点をふまえた上で、悠々はそれにどう応えているのかと、鋭く切り込んだ質問であった。その質問状を読んで、大学でどのような講義をうけ何を学んでいるのかが見えてきて、興奮した。こんな学生が将来の日本の福祉を背負ってくれるのだとの感動である。あまりにも素晴らしいので紹介したい。

　以下は、質問状の概要である。

【全体にかかわって】
・悠々の趣旨「もう国に頼らず」とは具体的には何か
・企業組合で経営は成り立つのか、その運営について
・悠々の建物の建設にあたって配慮したこと

・村の福祉政策と競合したときの対応

・悠々運営にあたって大切にしていること（こだわり）

【事業運営について】

・事業目的の「ふるさと治癒力の機能の活性化を図る」の「ふるさと治癒力」とは？

・「地縁の掘り起こし」とは何か。具体例を……

・「おばあちゃんの子育て事業」おばあちゃんの平均年齢は？　支援で困ることは？

・携帯メール教室とは？

・「生活リハビリ事業」とは、システムとなぜこれが無料なのか？

・発達障害児のリハビリの内容を具体的に……

【悠々の利用について】

・現在の利用者の人数、年齢層

・永住入居者の介護保険利用状況

・永住入居者の利用料と民宿（一般利用者）との料金の相違・仕組みについて

・だれでも介護保険に関係なく利用できるとあるが、利用料５千円は負担ではないか

・ショートステイの利用頻度・その状況について

以上

2016 年 8 月 3 日

### 地域の絆に助けられて


　36 年前、泰阜村の深い森に囲まれた 1 軒の空き家（標高 600m）を借り、天竜川沿いの伊那谷を一望できるその景色に「日本のふるさとの原風景」を感じ、心奪われてそこに居付き勤務先から休み毎に通って子育てをした。

　そのころは 30 代で元気いっぱい、野山を闊歩し草刈りも自力、子供たち（2 歳と 6 歳）もマムシの巣と噂される野山を走り回って……ありがたいことに何の事故もなく、成長し一人前になった今も、自分たちのふるさとと自覚して休みには帰ってくるようになった。36 年前と景色はどこも変わっていなくて……。違うところは不在地主の荒れ果てた空き家と耕作放棄地が目立つことかな……。

　私たちも年を取り 60 代 70 代となった。家も水回りが壊れ、順番に手直しが必要となった。それよりもお隣の広大な不在地主の空き家とその庭に生い茂った蔦と

ぎっしりと密集した竹林は、動物の巣となり、そこを前線基地として暴れまわるようになった。散歩途中で猿軍団に出会ったときは、木々を伝って追いかけながら脅してくるサルたちと目を合わさず、人間と子犬が全力で家に逃げ帰って家の戸を閉め、鍵をかけ震えているという現状に至った。

　緑深い癒しの森が少しずつ少しずつ原生林に戻って、人間が追い払われているのかもしれないと感じた。

　それはまた、冬に雪が降ると竹林が覆いかぶさって道路が封鎖され、通行不能になり閉じ込められるという恐怖のもとにもなっていたのだが、それを救わんと、昨日、猛暑のなかを（日当たりは39度もある）村の青年団（60代と70代）の40人近くの人たちが、広大な不在地主の道路添いの竹林の伐採を3時間もかけて、汗まみれになって片付けてくれた。もちろんボランティアである。さっぱりと明るくなった道路沿いの風景を見て、本物の「地域の絆」とはこのようなものなのだと感動した。

　力のない都会人の自分たち夫婦はよろよろとついて歩くだけであったが、この日を体験して、泰阜村のすごさ、泰阜村は滅びないと確信した。

　村人のなかに困っている人々がいれば、村中の若者(40代から70代)が区長の一声でチェンソー、ビーバー、鉈、鎌持参で、雨が降ろうが、雪が降ろうが、炎天下であろうが集まって、助けてくれる。

　都会でこのような安心があるのだろうか。周りに住んでいる人々が、自分たちの安全を見守り、困っているときには飛んできてくれる。

　そして、自分ができることは自分でする。各自が精一杯自立して生きていく。アクセスから取り残されたこんな村が、「東京からもっとも遠い島」と揶揄される泰阜村が、実はこの世の「人が生きていくとはどういうことか」を示す原点なのかもしれないと、有難さに頭を下げながら感じたことであった。

　泰阜村万歳！　ありがとうございました。

2016年8月8日


**悠々の風景──「生活リハビリ教室」に風が吹く**


　秋の彼岸が近づいて、里山にススキの穂がゆれ街道沿いのコスモスが美しく彩を添えると、わが村の秋の訪れを惑じる。しかし、そのひそやかな喜びの一方で、次々

と襲いかかる台風に怯えながらも被災地の惨状をテレビで見つめながら、次は自分の番かもしれないと、避難場所やその土砂崩れの危険個所の可能性などを語るお年寄りの話に耳を傾ける。

悠々では、今日第6回を迎える「生活リハビリ教室」に、口コミ参加者があちこちから一人二人と増えはじめた。最初は理事のリハビリ医師の声がけで、悠々の周りのご近所さんたちの月1回の「体の心配と認知症への心配」に答える形での集まりであった。

「生活リハビリ教室」では、まずH先生の診察のあとに「養生のお話」コーナーがある。これまでは「腰痛の養生・自分でできるストレッチ体操」、「夜中に足がつる時のほぐし方」、「体のツボへの爪もみ養生」等々、病院では相手にもされない山国のお年寄りの悩みに応えて、みんなで一緒に練習をする。その間に日本でも指折りの義肢装具士の資格を持つ理学療法士さんによるリハビリ評価と、五十肩に効く「アイロン体操」や、年季の入った脳卒中の方への装具、補装具のアドバイスやノルディックウォーキングの指導や、医師と一緒に頚椎症による四肢麻痺の方への四輪駆動電動カートの乗車評価と指導等々、一人ひとりにあった手当てをしてくださることが評判で、かなり広い範囲での参加者が増えた。もちろん悠々得意の無料診療の医療・生活相談である。「月に1回のその日が楽しみで待ち遠しい」という声も聞かれるほどで、嬉しいことである。

参加費はワンコイン（500円）での悠々ランチ代である。私たち悠々スタッフは1週間ぐらい前から、今度はどんなご馳走を作ってお年寄りをびっくりさせようか、「おいしい！」という声とその笑顔見たさに知恵を絞る。

その成果もあって、悠々食堂に平日や土日にご近所さんを誘って悠々ランチを食べにくるお年寄りがちらほら見えるようになった。

また、お体が不自由になったり、昼間独居になったりするお年寄りが朝夕の送迎付きで、朝9時〜3時のお茶の後まで悠々で過ごすようになった。理由は昼間働きに出かけて留守の間、転倒や急な発作が心配なのと昼食でバランスの取れた悠々ランチが食べられることである。家族は安心して悠々に昼間の健康管理や見守りをしてもらえ、本人も家のベッドでテレビを見るだけの生活より楽しいということで進んで悠々にやってくる。これももちろんワンコイン（500円）の悠々ランチ代のみである。ちなみに送迎付きだが送迎代は無料、時々だれかが置いていった特大の手招き猫貯金箱に、チャリンと音がして心ばかりの（と本人たちがいう）寄付金が

入れられる。

　今はお二人のお年寄りの自主訓練の場としてリハビリ（ロビーや芝生の庭での歩行訓練）に利用されている。……何と効果が上がっている。四肢麻痺が改善してきた。癌の治療中のリハビリも効果がありそう。嬉しいことである。

　悠々を開所して9年目に入った。当初の目的が少しずつ見える形になってきた。家族に強制されてではなく、自ら望んでお年寄りが自宅で安心して暮らし続けるために、手助けをしたい。その願いが形になってきた。長いようで短い年月である。

2016年9月10日

## 秋本番！　そしてこちらは決算、総会準備

　今年は雨が多く（台風直撃が多く？）、山の民の唯一最大の楽しみ「キノコ採り」がうまくいかない様子……（本音は余程でないと漏れ聞こえてこない）。普段は足が不自由なご様子のお年寄りでも、山ではカモシカが飛ぶように歩き回るらしい（目に見えるようだ）。泰阜の山は不在地主の山がほとんどで止め山が少ない。そこをよく知り抜いた業者とおぼしき巨大なリュックを背負った中年のおじさんたちが大勢押し寄せる。他県ナンバーの四輪駆動車がこの季節に限って大挙して押し寄せる。それでも都会人の我が家にも珍味である松茸の入った籠がベランダにそっと置かれていたことがあった（何年前だったかなあ）。仰天した夫が、都会の同級生に電話したら「こっちにも送れ」と言われ、自分の口にはとうてい入らない500g 1万円の高級品を購入して送る羽目になったこともあった。最近はその噂も聞かないので、よほどの不作なのかもしれない。

　さて、10月に入った。我が「悠々」の決算月は9月末日、総会は11月23日と決まった。第9回目の総会開催である。

　昨年の総会の来賓あいさつで、村長から「よくここまでやってこられた……」とのお言葉をいただいたが、今年はその心配に倍する経営状態である。貧しい過疎の村の住民にとって、税金は上がるし、社会保険料は上がるし、サービスは削られる。本当の世の中とテレビの国会中継で見る風景とはどうも違うようだ。

　しかし、貧しかろうと季節は廻り、黄金色の稲穂がなんとか台風被害も逃れ、収穫の秋が来た。村民が楽しみにしている山の幸の恵み（雑茸はまだある）が手に入り、しばしの間笑顔がこぼれる。

そのなかで「悠々」の存在が少しずつ口コミで知れ渡るようになり、私たちの介護保険サービスの隙間産業が、とても大切なものらしいと理解されるようになってきた。緊急時（24時間オンコール）の通院の付き添い（無料）、悠々食堂のランチ（＠500円）、ケア付き入浴（＠1,500円）、無料お茶付生活相談（愚痴ＯＫ）、体調悪化時のケア付きショートステイ（５千円／日）、体調の悪い方の昼間のリハビリを兼ねたデイサロン（無料、休憩のための個室も利用可）も好評である。これに加えて近日大評判の月１回の「生活リハビリ教室」や出張美容（無料貸会場なので、カット＠２千円、月１回）などすべて送迎（無料）付きである。時々お泊まりの視察をも承っており、持ち込み可のお酒を楽しみながら、包括的地域医療＆ケア談義に夜中まで話に花が咲き……なぜかゆったりと癒されたと満足して帰途につかれる。入居施設ではないので入居者は少ないが、その他の小さな雑事でスタッフ（常勤４名、非常勤１名）はてんてこ舞いである。

　できるだけ家にいて、助けてほしいときだけ助けてほしいことを助ける、本当に必要なことは小さなことで、そんなにしばしば起こることではないらしい。それが起こったときはおそらくターミナルで、その時こそ「悠々」で最期まで人として大切にしてもらえるケアをやったと言い切れるし、これからもその日のために私たちは存在していると思っている。今回の総会はこのように報告したいと思っている。

2016年10月1日

## 秋色に染まって

　悠々の庭を華やかに彩っていたコスモスが枯れ、里山のあちこちで、花が咲いたかとしばし見とれるような渋柿の実が、美しい立姿を見せる季節が来た。遠くに見えるアルプスの山に初冠雪、秋色に染まった里山の端からは落ち葉を焼く煙があちこちで昇るようになった。

　稲の取り入れも一息ついて、お年寄りたちが冬支度に忙しくなった。悠々のお年寄りたちも庭の渋柿を採ってきては、ベランダに干し柿をつるし、黄色のかりんをもらってきては、かりん酒を作って咳止めの特効薬の準備に忙しい。

　山奥に住む炭焼きのMさんは今年も備長炭に負けないと自慢の上等な炭を持ってきてくれるだろうか、健康で炭を焼けるだろうかと年々お年を増す身を想う。

　さて、今年も冬が近づいて、悠々の入居者に変化が現れた。組合員のなかでも

90歳を超える方々が現れ、冬の雪に閉じ込められたとき、雪かきをして幹線道路（ここまでは村が大型ショベルカーを駆使して除雪をしてくれる）まで出られなくなるとの予測から、冬季入居のお申し込みが増えた。時あたかも重要介護者しか介護保険施設に入れないとの締めつけが浸透してきたからでもあろうか。村役場の福祉課からご紹介を受けて、お年寄りを連れたご家族が見学に見えるようになった。

　その少し前から昼間独居になる重度障碍者のKさんや、難病を発症したSさんが悠々に昼間だけ身を寄せられ、賑やかな笑い声に包まれるような雰囲気に引かれるように（その人たちのお見舞いに悠々を訪れることで悠々の温かさが口コミで広がっているようだが）、村の60代、70代の青年たち（それぞれにお年寄りを抱えていたりする）が、悠々を直に見学する機会を得て、一気に様子が変わってきた。空き部屋の確認をして、急いで予約をしたいという。

　悠々の空き部屋は二人部屋は満室、永住入居の方々の一人部屋は二つ、昼間のみ利用のデイの方用には一つが空いているだけである。

　畳コーナーにも入れるといった見学者がいたが、そんなところでは心豊かな老年を送れないだろうとの判断からお断りしている。そして身分の隔てなく悠々は先着順である。昨日も、お試しお泊まりをした独居のSさんが一晩で気に入って、迎えに来た息子さんに「ここにずーっといたい。もう彼方此方には行きたくない」とおしゃって、お部屋の予約をして「家族で話し合ってきます」と帰られた。


　9年目の総会は今月23日である。組合員の方々に「俺たちの配当金を払えないような経営状態の責任をどうとるか」というお言葉を覚悟していたが、赤字の言い訳は、この様子では何とかなる（損益分岐点は6、7人の利用者）といえるだろうか。長い間この日を待っていたような気もするが、この日を迎えてしまえば短かったような気もする。開設時に村長から「だいだらぼっちは、村民に理解されるのに20年かかったからね」と言われたことをまた思い出し、噛みしめたところである。

2016年11月3日


### 第9回通常総会を迎えて


　南アルプスに雪の稜線、山里に真っ赤な柿すだれの立ち木の点在、山奥の村道は落ち葉の絨毯……。美しくすっかり冬の顔をした泰阜の森の、静けさのなかに渡り

鳥の声が響く。

　11月23日に通常総会を迎えた悠々の理事長、総会資料作成に追われている。昨年は高齢の入居者をつぎつぎとお見送りして、一時入居者が3人になったことが影響し、赤字が膨らんだ。驚くことに10月以降一気に入居者6名が新たに加わることになり悠々は計8人の入居者で、今度は少ないスタッフたちから悲鳴が上がる。デイサロン（組合員さんたちの利用のため無料だが……）もご利用者が増え、来季の経営見通しはいけるとみたが、今期の事業報告と決算報告をまとめていると、生き物（人間もレッキとした生き物）を扱っている自分の経営能力のなさをつくづく思い知らされる。正直にありのままを組合員に告げるつもりである。

　だが問題は一つある。今期事業の赤字の主要因が食堂にあることが判明した。今年度の事業収入86万円に対し（利用者が少なかったため）、料理人の給料が年収260万円、仕入れ収入が183万円……（山ほどのお野菜の差し入れがあったにもかかわらず）。（悠々食堂、皆を喜ばせたい一心で贅沢したかな）、開設当初のように無給で働く理事長が毎日3度の食事を作るか……と心が揺れ動く（できもしないのに……）。

　この理事長75歳（あと数か月で76歳に突入）意欲ばかりがある。調理は好きである（時々うまいと喜ばれることもある）。管理・事務作業よりもずっと、ずーっと好きである。しかしあまりに人手が少なく、それをあちこちカバーしていると、一日も休んでいないことに気づく。

　従業員は勤務条件に関する様々な規制があって守られているが、経営管理者たるもの、死ぬほど働いてもだれからも守られない。過労死してもだれにも文句をいえない（この間コンビニの店長がテレビで訴えていた）。組合員からは経営責任を厳しく追及されて総会で棒立ちになったこともあった。

　これでは跡継ぎのことを訊かれても、自分でさえ「やめておけ」とアドバイスしそう……。地域交流センター「悠々」の事業は、日本初の試みである。

　「住み慣れた地で、顔見知りの人たちに囲まれて最後まで住み続ける。血のつながりはないけれど、心満たされて最期を迎えることができる」そんなことを夢見てこの事業を立ち上げようと思ったのが2004年5月。大学の教員だった（武士の商売とよくいわれた）が、もう12年経つ。

　悠々の入居者たちのゆったりと幸せそうな笑顔を見た人はだれもが、「自分たちも最期は悠々で迎えたい」と言うのだが、悠々のケアには国の補助のシステムはな

い（村からは施設の維持管理費500、600万円をいただいていて、おそらくそれがなかったら、2年目に潰れていたと思う）。貧しい村にこれ以上の負担はかけられない。ケアの量（それも時間という量、質は問わない）ばかりではなく、その質にどのような補助金が可能なのか。貧しい中山間地域の夫を亡くした90歳以上の寡婦たちは、1か月3万円程度の年金（福祉手当）で一人山中に取り残されているのを、安倍総理！ご存知でしょうか。

2016年11月15日

## 「これからは新しい風が吹くよ」に励まされ……

　地域交流センター悠々の第9回通常総会は、「どうも潰れるらしい」との前評判の嵐の影響をまともに受け、心配げな顔をした組合員たちが、まるでお通夜の晩のような顔をして席に着いてはじまった。ご来賓の皆様も、副村長、村議会議長、福祉課長、県中小企業団体中央会担当者がそろい、これもまたこの赤字経営をどう乗り越えるつもりかと、心配げな顔をして席に着かれていた。

　理事長のあいさつはこんな言葉ではじまった。

　「思い起こせば、社会福祉方法論の研究者であった私が、地域住民が集まって『住み慣れた地で、顔見知りの人たちに囲まれて最後の日まで暮らしたい』という高齢者たちの願いを形にするために、自分たち村民の手で運営管理するという計画書を、泰阜村村長にプレゼンテーションしてから12年という月日が経ちました。

　ここまでの日々、当初はまだ若かった組合員の皆様がワッセワッセとやってきて、それはそれは賑やかな日々がありました。10年経って80代90代となられた組合員たちは皆あちこちに故障を抱え病院通いの身となり、悠々のボランティアどころではなくなって悠々は寂しくなりました。当初の村外（都会）のリピーターの方たちも年齢を重ね、泰阜村までの距離の遠さが心身ともに重荷になり、『そこまではとても行けない』と言われるようになりました。

　10年という時間がこれほど重いものであるということは、誤算であったと思います。

　この利用者の減少は悠々の経営を直撃し、この1年は見事な赤字となりました。本年度は前期の高額寄付による剰余金で赤字をカバーできましたが、村民の方々の入居者の増加、食堂利用者の増加をどう工夫するかが課題であると思います。

組合員の皆様の運営管理への温かい奉仕と季節のお野菜の寄付、村役場からの補助金援助、役員の皆様の無私の奉仕の賜物をいただいたおかげで、ここまで来ることができました。

　しかし、この危機的状況の最中、ここにきて立て続けに5名の入居者が現れ、天の助けとはこのようなことかと涙を流すほどの安堵をいただきました。悠々に人生を託されたこの大切なお年寄りのために、身命をなげうって精進する覚悟をあらたにいたしました。今後とも変わらぬサポートをよろしくお願いいたします」

　帰途に就いた組合員のお一人が動かれ、病に伏している他の組合員に悠々の窮状を伝えられたとのことが聞かれました。そこでは住民たちに悠々のサービスの中身を説明し、悠々の利用を促進するようにお誘いの声がけをしていただいているようでした。これこそ天が動かれ、人々の心のなかの愛に火をつけてくださったのだと感じ、心折れた理事長にもう一度やる気を起こす「新しい風が吹く」見えぬ力を感じました。

　悠々のモデルでもあったスウェーデンの「高齢者協同組合」は10年という節目に公的福祉制度（介護保険に似たもの）によって消滅しましたが、過疎山村の地にあって「悠々」はなぜか復活するのですね。

2016年11月27日

### 山の民たちの重い枷について

　冬支度がはじまった。村役の一つ道路愛護である。前日の雨で重くなった濡れ落ち葉を、すべての村道と側溝から掻き出して山に返す作業であった。今年は我が限界集落（9戸）のうち、2戸の戸主が重い障碍と難治性の病を負ったため、力仕事をする男手を失った。その上今回は大事な所用でもう一戸がご夫婦で出かけられるということで、男手が3人も欠け、代わりに出てきた女衆が集まって皆が顔を見合わせた。急坂な山道を走る村道いっぱいに降り積もった落ち葉は、膝上までの深さの側溝に詰まり、いつもの軽口を叩くものはだれもいない。皆、黙々と作業を続けた。みんな知っている。この落ち葉を撫でるように掃き清めておかなければ、雪が来て道路の落ち葉の上に降り積もったとき、落ち葉とともに急な坂道を谷底まで滑り落ちてしまうことを……。

しかし、それを知っている1戸の方は、事前にご夫婦でずいぶんたくさんの範囲を掃き清めていたが、何が何が、2、3日風が吹き雨が降って、すっかりもとに戻っていたのだった。その気持ちを汲んでだれも何一つ文句をいうものはいない。今回は村からも応援があって、がけ崩れの岩を重機で片付けてあった。女手で片付ける重労働がなくて皆でホッと吐息をついた。

　振り返れば10年前は、皆若かったなあとつくづく思う。一山をぐるりと回る村道＋県道＋山中深く走っている井水＋神社＋大峰山公園（＋参道）、いったい何キロあるのだろうか。腰をかがめ湿った落ち葉を側溝からすべて掻き出して、箕（穀類をあおって穀、塵などを分け取り除く具。竹、藤、桜などの皮を編んで作る）に入れて中腰で山に返すこの作業は、人手もなくお金もない貧しい村の村役という名の税金である。

　この緑豊かな自然に恵まれた美しい国・日本の7割を占める山々は、そこに住む今は年老いた村人たちの重労働によって守られていることを、いったい何人の国民が知っているのだろうか。村にいる限り死ぬまで続く重い枷を嫌がって若者たちが村から出ていくというが、都会でお金を払って筋力トレーニングやジョギングを楽しんでいる人たちに届いているのだろうか。あなたたちの吸っている酸素が、この山々の緑から届けられていることを！　この度聞こえてくる環境税という増税から、私たち山の民は除外してもらいたい！

　安倍さん、お願いがあります。もっともっと自分の国民の苦しみについて深い理解と愛情を注いでください。私たちは今あたりまえのように村を守っていますが、年老いて（現在80代が3割、70代4割、60代2割）年寄りがいなくなってしまったら、日本の国から豊かな緑はおそらくなくなってしまうのでしょうから。

2016年12月6日


## 新しい仲間たちが加わって


　11月から新しいお仲間が加わって、久しぶりに悠々に賑やかな声が戻ってきた。現在入居者は7人、スタッフ4人、デイサロン利用者（平日の9時〜4時頃まで）1人に、時々悠々食堂を利用する入居者の家族、近隣のお年寄りたち、月に何組かの視察見学者が加わって、食事やお茶の時間には和やかな雰囲気のなかで笑い声が絶えない。暖炉に火が入って、その前で新聞を読むご夫婦は（夫92歳、妻96歳）

最近お入りになられた方たちである。9月に入居されたご夫婦は（夫90歳、妻88歳）、高専賃と呼ばれる村のアパートから移ってきた。この方たちが悠々に入居されて最初の日に口にしたことは「やっとゆっくり眠った。あちらでは夜当直がいないので、夜不安になる認知症の方々が（どうも複数いるらしい）部屋に入ってきて騒ぐので、眠れなかった」と言うのである。

　悠々にも重い認知症の方がいないわけではないが、当直の方が対応してくださる。昼夜逆転の方がロビーに出てきても、そっと自室に誘導してくださるのだ。夜中にトイレに行こうとして転倒するか方が時にいるが（ドーンと音がするので駆けつけて覗いてくださる）、お怪我がなければ、抱き起してベッドに寝かせてくださる。糞尿まみれになっていた場合や異常が起こっていた場合には、ただちに理事長ならびに看護師やヘルパーに緊急連絡が入り、必ず5分以内に駆けつけ病院に緊急搬送するかどうかを判断し、処置する。最低限のスタッフで、しかし最高の安心を与えている……と入居されたお年寄りが口にする。

　特別なことをしているわけではない。必要なことをただちに解決するが、いつもすべてのスタッフが待機しているわけではない。「これで月額15万5千円はあまりにも安すぎる。病院への付き添い介助（往復の送迎付き）もマルメ（生活上のすべての介助込）なので、ありがたい。ついでに買い物も付き添い付きでいつでもほしいものが手に入るなんて……申し訳ない、ありがたい」というのだ。

　入居者はこのようなことを体験すると1週間ぐらいで安心しきった穏やかな顔になる。高専賃から移ってこられたご夫婦を、村役場の方たちが目の当たりにして、「たった1週間でこうも変わるのか……」と言われたそうである。

　私たちは、たとえ年を取られていてご不自由をあれこれ抱えておられていても、人間として大切に思っているだけのことである。

　現在入居中の癌の治療中の方（77歳）を抱えている。2週ごとの通院の付き添いは朝8時から帰りは午後4時頃になる。ご家族を精神的に支えながらともに闘病に心を合わせる。どんなことをしても治って笑顔を取り戻したい。

　夫婦で家に閉じこもっているよりもと、悠々のゆったりとした普通の生活の（仲間の）なかで闘病への支援をしている。主治医の指示を仰ぎながら三食を栄養豊かな食事にと工夫を怠らない。こうやって悠々のスタッフも精神的にサポートしながら、ともに闘う家族だと思っていただけたら嬉しい。

2016 年 12 月 14 日

## 90 代男性たちの生きる意味を考える

　昨日は恒例の「大祓い」の式が執り行われ、最近入居なさった 90 代のご夫婦が感動しておられた。

　「大祓い」は、山郷に住む民たちが山の神々にこの 1 年の罪咎を払い、来る年の幸いを祈る伝統行事である。神主様の祝詞に頭を下げ玉ぐしを捧げて、あらためて自分たちが山の恵みを受けていたこと、災害や危険に満ちた山での生活に山の神々の守りを祈ることを通して、山とそこに住む民の生活が決して安定したものでないことを自覚する祭りでもある。

　式の後、入居者や理事とスタッフ、近隣のお年寄りたちとの「直会」でお下がりのお神酒やお供物の鯛を分かち合いながら、顔見知りの人々との談笑を楽しんだ。「久しぶりに楽しんだ。これからも呼んでください」と、送迎車のなかで近隣のお年寄りたちが赤い顔をして口々に言う。その笑顔を見ながら、介護保険サービスに、この生活に密着した年中行事の導入はあったかな……と思う。会費 2 千円、もちろん大赤字である。実はこの予算について、理事長と会計責任者の役員とのあいだに丁々発止の議論があった。しかし、お金には代えられない宝があるのだ。「お年寄りの心からの笑顔を見たい」と懇願し、説得し、乗り切った。

　入居者たちはみな 80 代後半から 90 代である。ご近所の顔見知りたちとのこんなに楽しい会に、90 代の男性入居者たちが当たり前のように一杯飲みながら団らんして、人としての交わりを取り戻すなんて、近年林立する高齢者施設にあったかなあと思いながら、温かな和みのなかで私も久しぶりに幸せを味わった。

　その夜、一人の 92 歳の入居者に呼ばれた。「もう死にたいと思っていた。自分は生きすぎたと思っていた。しかし今日のような楽しい行事に参加して、もう少しこの世を楽しんでもいいかなと思えた。明日からはご飯をよく食べて、散歩してお迎えが来るまで生きてみようと思う。先生よろしくお願いします」92 歳男性、体重 36Kg、栄養失調の様々な兆候が出ていた。この体で 96 歳 の重度認知症の妻の面倒を看ていた。コンビニでおかゆを買って食べていた。時々倒れて近くの医院で点滴を打って生き延びてきたという。

　人はいろいろな事情を抱えて生きている。たとえ 90 代になっても人間らしい交わりが生きる勇気を与えるのだと、あらためて思ったことであった。

2016 年 12 月 25 日

## 海のない南信州にトロ箱満杯の鯛の贈り物!

　昨日、突然にトロ箱満杯の黒鯛が５尾、巨大な出世魚の鱸が１尾、氷詰めの宅配便で届い た。開けてびっくり仰天とはこのことか、スタッフも入居者もお魚屋さんに行ったことがない。最近はスーパーでも切り身しか目にしたことがないので、その一尾の美しい姿を目にしたことがなかった。トロ箱を皆で覗きながら感動し大騒ぎとなった。一昨日、友人から電話で「瀬戸内海の朝採りの魚が手に入ったんだけど、氷詰めにしてあるからそのままそちらに送っていいかな?」と言う。「いいもなにもそんな贈り物聞いたこともない。南信州では魚の贈り物なんて見たことも聞いたこともないんだよ。嬉しい!　送ってください」と懇願した。ああ……神様、仏様どんなにスタッフと入居者たちが喜ぶかと思い、それからというもの「瀬戸内海の朝採りのお魚がね、明日トロ箱で届くんだって」「キャー嬉しい、早く見たい、瀬戸内海のお魚!」とスタッフは大喜び。

　早速悠々の料理人さんが「最近使ってないので刺身包丁が切れん……」とつぶやきながら料理し、その日の夕食に黒鯛の刺身を皆で堪能した。92歳のおじいちゃんも、88歳のおばあちゃんも、「ホンにわしは生きてる間に鯛の刺身を口にしたことはなかった。こんな日が来るなんて思いもしなかった。ありがたい、ホンにありがたい」と言う。あまりに大量なので、スタッフも役員さんもおすそ分けをいただいてニコニコして家に帰った。「久しぶりにかあちゃんと食べるかな……」

　その喜ぶさまを見て、山郷の民たちは鯛の刺身(高級魚)など日頃口にはしないのだとつくづく思ったことであった。

　悠々には様々なプレゼントが「ほんの気持ち」と言いながら届けられる。最近は、みかん、柿、りんご、ゆず、干し柿、鹿肉、猪肉、刺身こんにゃく、蜂の子の佃煮、源助菜の漬物、その他名も知らぬお野菜の数々、それから高級焼肉もいただいた。本当はこんな贅沢、内緒がよかったかなあ。届けられるそのお気持ち、愛に包まれてスタッフも入居者もこの世の幸せをいただいている。「わしはこんな幸せ今まで貰ったことがないに、ありがとうございます」と口々に言うお年寄りと働くスタッフの笑顔を届けます。

　皆さま、本当にありがとうございました。今年もお世話になりました。来る年が皆様に幸せが訪れますように祈ります。

2016年12月28日

悠々に奇跡が起こったよ！
2017 年

## 猛威なるかなインフルエンザ！

　所によれば何十年来、我が泰阜村でも5年ぶりぐらいの大寒波による積雪である。雪かきしても雪かきしても振り返れば真っ白に積もり、咳と鼻水を垂らしながらの雪かきが祟って、大風邪を引き込んだらしい。夜中にかけて熱は上がり翌朝39.3度まで上がったところで病院の休日救急に連れていかれた。インフルエンザA型だという。予防接種したんだけどなあ……。「流行ってますからね、吸入をしてから自宅でうがいと内服薬（ＰＬ顆粒＋ミヤＢＭ十プリンペラン＋カロナール錠）を飲んで安静にしてください。お大事に」、「あっ、水が飲めないんでしたね。点滴していきましょうか」、「お願いします！」と助けられた。ところが翌日は39.9度と熱は上がるばかり。体温が40度に手が届くところまでいったのは生まれて初めて……ということは、年かあ……。

　よりによって先日前の席で久しぶりにおしゃべりを楽しんだ91歳M翁が、38.7度ということで急遽受診していたのである。「ああ、申し訳ない。悠々の細菌の主は我かな……そうに違いない。申し訳ない」との思いで点滴を受けていたのだが、M翁は翌日にはインフルエンザの治療薬がよく効いて、36度台に落ち着き、食事も食べているとのことで、ほっとする。

　年が明けてすぐに、理事の一人である我が夫もインフルエンザB型に罹患、急遽単身赴任中の大宮に出かけて看病に精を出したばかりだったが、ＡとＢでは型が違うので夫からうつったのではなさそうだし、今年は泰阜中学校も学級閉鎖がでたということで、泰阜中おちおち出かけることもできないでいる。

　そのなかを明日、神奈川県逗子から80歳の翁（翁にはちょっと若すぎたかな？）が、永住入居目的で見学に来られる。

　大丈夫かな、お風邪をうつさないように細心の注意を払い、祈るしかない。こちらの状況をお伝えしたが、是非にということである。ありがたいことである。

2017年1月24日

## 「生きた憲法25条」

　久しぶりに「悠々」に戻った。平熱に下がり時々咳がコホンと出るが、厳重なマスクをして入居者の顔を見て歩いた。私より2、3日インフルエンザ罹患の遅かっ

た90代ご夫婦は、まだ自室に隔離されたままであったが、それ以外は病を抱えておられるものの、いつも通りの顔で、「ほんに久しぶりだな、心配しておったで、私らより先に住かれたらどうしようかと思っていた」と、次々とお見舞いの言葉をいただいて胸が熱くなった。この私の身を本当に心配してくれていたのは、この年寄りたちであったのだと、あらためて管理者としての健康管理が、お年寄りたちの安心にこれほど重いものであったのかと、肝に銘じたことであった。

　肝心な給料支払いなどの事務作業は、病を抱えた年寄りたちの通院介助等に振り回されながら、スタッフが片付けてくれていたし、来所者たちの「ご馳走賄担当」スタッフがともに倒れて欠落した戦場のような悠々を、身を粉にして無事に動かしてくれた我がスタッフに感動した。そこには入居者に対する愛と責任感という「プロとしての矜持」を見た感がある。

　10日間ただ、ただ寝ているだけの時間をいただいて、熱で朦朧となった頭で、この先の「悠々」はどうあるべきかについて考えていた。「もし自分がこのまま死んでいったとしたら、何を残したいのか」をただひたすら考えていた。

　そこで、一つの結論が突然ふっと浮かび上がってきた。

　「生きた憲法25条」！

　そうだ、そうなんだ。私は現在75歳（昭和16年2月生）、戦前生まれの生き残りの最前線にいる人間なのだ。昭和19年に満州から着替え一つで引き揚げてきて、3歳になったばかりの私は、親戚の家をたらいまわしされながら、高射砲のある軍事基地を抱えた静岡県浜松で戦火のなかを逃げ惑った。3歳だというのに、畑のなかで死んだふりをしていろと言い聞かされて、畝のなかに身を伏せながらそっと目を上げたとき機銃掃射を撃ってくる戦闘機の兵隊さんと目が合った。笑いながらダダダと撃って飛んで行ったその目を、72年経った今も鮮明に思い出す。戦後は草を食べていた。サツマイモのツルはご馳走だった。捕虜に取られたまま帰らない父を待って、借りた農地で農作業に慣れない母を手伝って、ただ食べるためだけに死に物狂いで働いていた（糞尿の入った肥桶を母と担ぐと、肥桶は小さな私の方に偏ってその飛沫がかかっていたことを忘れない……）。

　普通の国民は、戦争に負けてすべてを失った。しかし、そこには土地を持つものと持たないものの格差がまずスタートとしてあった。戦後の復興とはまず経済復興であった。これに文句を唱えるものはだれもいなかったはずだ。しかし、戦争で財を成しているものがいたことを、国民は知らなかった。その隠れていた財閥が戦後

の復興を牽引して富国（強兵）にまっしぐらに突き進んで戦後70年が経った。

　あの世界大戦は、日本国民に何をもたらしたのか。

　バブルの時代に生活が便利になった一時は確かにあった。しかし、そのバブルはすぐにはじけて国民の間にどんどん格差を広げた。今、過疎山村が産み育てて都会の工場に送り出した子供たちが定年になって、労働年齢からはじき出されようとしている。そして、その年寄りたちを養えないという。消えた年金のことはもういうまい。先の戦争で国民が手にしたたった一つの宝物のことを、あらためてここに示したい！　私は、この憲法を実現するために国民の一人として命を懸けている。「生きた憲法25条」でありたい！と願っている。


　みんな思い出して！
　聞いたこともないよという若者たちは耳を澄ませて胸に刻んで！
　憲法25条とはこのようなものなのだよ。国はこの憲法を守る義務があるのだよ。
　これが戦争で国民が勝ち得た宝なのだよ！

日本国憲法第25条（昭和21年11月3日憲法発布）
すべて国民は、健康で文化的な最低限度の生活を営む権利を有する。
国は、すべての生活部面について、社会福祉、社会保障及び公衆衛生の向上及び増進に努めなければならない

2017年1月30日


## 過疎山村における福祉民営化の意味


　山陰・鳥取の豪雪の映像を見ながら、その地に住む友の身を想い、わが村と同じような過疎山村の奥深くに住むお年寄りの身を想う。かつて泰阜村にも80cmという大雪が降ったことがあった。その時、多くのお年寄りを失った。重機の十分でない村の除雪は、まず県道を開けることからはじまる。役場の職員は集合をかけられ、山奥に一人取り残されたお年寄りの家の私道（玄関から村道まで）の雪かきで、役場は当直を残して空になる。動ける者たちは（それがたとえ年寄りであろうと子供たちであろうと）みな、腰まで埋まる雪をかいた。私は悠々の年寄りのことが心配で1組の着替えとタオルをリュックに詰め、その上にペットのパピヨンを入れ

て、腰まで埋まる深い雪をラッセルしながら、ほとんど一山を転んでは雪に埋まり、もがきながら2時間かけて悠々までたどり着いた。着いてみるとさすが悠々スタッフ！　大雪のなかをスコップで雪かきしながら車を県道まで出し、道をふさぐ竹を鉈で切り分けながら、各々駆けつけていた。この責任感！　感謝！

　悠々の年寄りたちは「こんな日にわしらは飯が食えるのか……」と心配だったという。着雪による停電や流通経路が断たれた2、3日、市場もスーパーも開店休業状態であった。

　悠々では、薪ストーブの上に大鍋を乗せ、戦時中さながらに雑炊を炊いたりすいとんを食べたりして凌いでいた。雪が融けるまで、村道が開くまでの辛抱であった。スタッフたちが悠々のお年寄りのために働いていることを知った理事たちは、悠々の広い駐車場と玄関までの雪かきに駆けつけた。次いで理事の二人は我が家の庭で雪にすっぽり埋まった我が愛車を掻き出し、雪の重みで村道をふさいでいた竹林を舵や鋸チェーンソーで、見事切り開いていてくれていた。

　黙って礼の一つをいう暇もないほど素早く、さり気なく絶望的であった単身独居老人（夫は都会に単身赴任中）の我が家の危機を救い、その2、3日後に（山中ただ1軒建つ）我が家の前の村道を除雪車が走った。嬉しくて頭が下がり、涙がこぼれた。

　助け合いとはこのようなことをいうのかと、都会育ちの移住者である私は身をもって教えられた。しかし、その彼らも今は70代後半、次々と病に倒れ、地域の絆もボロボロと千切れていくなかで、この村の年寄りはどのように生きていくのかをあらためて思う。

　やはり、山中で一人取り残される人たちは、災害のときだけでなく、日常的に避難小屋のようなところに出入りして身を寄せ合って生きる術を手にするべきではないか。自分たちの手で助け合って生きる術を、日常的に集落ごと（小学校区、年寄りが徒歩で移動可能な距離）に常設すべきではないか、とテレビ画面を見ながら思ったことであった。

　昨日は「家に一人でじっとしていると寂しくて生きている気がしない。土曜日と日曜日は悠々でご飯を食べられないかな」と言って70代の若年寄り（少しご不自由を抱えている）が顔を覗かせた。「悠々の日常性」の温かさの意味が、近隣の住民にひたひたと染みわたっているようである。

2017年2月12日

## 悠々に奇跡が起こったよ！

　昨日は春一番が泰阜村にも吹いて、残り雪が一斉に消え枯草の間にもう緑色の草が顔を出した。スタッフがご近所の蕗の薹の訪れを敏感にキャッチし、摘ませてもらって山菜の天ぷら第1号をしたよと嬉しそう。そう山郷の民はだれよりもこの春を待ち望み、春の野に出かけるのだ。そして、だれもが村のどの辺にもう山菜の芽が出ているころだと知っている。今年の筍は、一番乗りのイノシシにまだ芽も出ていない地のなかから掘り出され、食い散らされてしまったと残念無念の顔をされている。子育てに忙しい動物たちとの知恵比べがはじまるのだ。

　その春の訪れの初めに、癌の末期と宣告されていた理事のお一人が、発見されてからたった半年で「緩解しましたよ。がんの細胞は体のなかにはありませんから抗がん剤の治療の必要はありません」と言われ、信じることができずに本人と家族たちは「先生はあんなこと言うけど、もう治療の手段もなくて治療から見放されたのだ」と誤解し、葬式の心配までしていたというのに……なんということだ。末期のそれももっとも治療困難な悪性リンパ腫が抗がん剤治療2クールで緩解するなんてことがあるのか、とは素人であればだれもがまず思うことである。

　それが治ったというのだ（再発の危険性はもちろん残るのだろうが……）。とりあえず今は抗がん剤治療の必要はないと言われたのである。これ以上の喜びがあるのだろうか。本人も友人たちも、家族も悠々の仲間たちも、祈り、体調を気にかけ、体力をつけるために全面的に協力を惜しまなかった。しかし、1年はかかると覚悟していた療養生活がたったの半年で収束に至ったのである。悠々ではみなで大喜びして本人を迎え、早速ケーキとお茶で快気祝いをした。皆の顔が喜びではじけていた。

　大切な大切な仲間のお一人が生き返ったのである。これを奇跡といわずして何といおうか……。

2017年2月22日

## 春の息吹に雪が舞って

　春3月に入り、暖かな日差しに誘われるように、悠々の住民たちがテニスコートほどもある庭へ散歩に出るようになった。「庭のあちこちに餅草があったよ、水

仙の芽が出ていたよ」と告げながら、「草餅が食べたいよ」と呟く。早速、悠々では餅草は入らなかったがお餅をついた。あんころ餅、きな粉餅を頬張り笑顔がはじける！　３月３日にはちらし寿司のご馳走が出て、みんな健啖ぶりを見せてスタッフを安心させている。入居者総勢７名、皆それぞれに重度要介護だ。

　そのなかで一人のスタッフが病魔に倒れ入院手術となった。当分病との闘いが見込まれる。その働く仲間の回復を待つ間、スタッフ欠員のままがんばることになった。あと１年、健康になってこの職場に戻ってくるまでがんばりたいと思う。悠々スタッフは強い絆で結ばれている。まあ働く若い人が余っているわけでもないこの村では、仕方のないことではあるが、それよりもなによりも、その仲間の居場所を残したまま待っていたいというのが悠々スタッフの気持ちである。

　そこで、フリーターの理事長が賄に入ることになった。山ほどの料理本を買い込んで、珍しいものを、入居者のお年寄りがびっくりする顔見たさに、手を変え品を変えがんばってみるのだが、年寄りたちが喜ぶのは昔なじみのちらし寿司、おはぎ、あんころ餅、カボチャの煮転がし、季節の天ぷら、きつねうどん……なのだ。そして泰阜村育ちのお仲間にお教えを乞うという次第になりつつある。

　76歳、一人で大人数の料理と格闘中である。そして今年は限界集落の班長になった。村役の指揮をとれるか……無理である。限界集落には強者の男衆がいて、ウロウロしながら走り回る76歳女子に、あれこれ文句をつけるのを笑いながら楽しんでいる気配がする。

　ふうー、私の手帳はだんだん予定で真っ黒になりはじめた。そういえば老人クラブも村役の一つであった。「私はまだまだ現役です」という言葉はもう通用しなくなった。先輩たちが高齢で運転できなくなったり、障碍を負ったり、病魔に倒れたり、亡くなったりで、とりあえず運転する人ならだれでもいいことになり、言い逃れはできなくなった。老人クラブの役員を担う人がいなくなったのだ。老人クラブと銘打ったボランティアの主な作業は、真夏の県道沿い（何キロも続く）の花植え、草取り、水やりである。自分の家の庭の草取りも寝込むほど疲れるのに、この体力でできるのだろうかと思う。厳しい１年がはじまる予感。それも６年に１回ずつ回ってくのだった。ふうー……。

2017年３月８日

## 春の野に雪が降って

春の彼岸がすんで、泰阜にも春らしい気配がそこかしこでするようになり、心がほんわりとほぐれてきたというのに、早朝の薄明りのなかで雪が降っている。それもしっかりと積もりはじめている。ゲゲゲ、あの我が家の庭の片隅に出たばかりのカタクリの葉っぱはどうなるのだ、春蘭のつぼみは、沈丁花の柄は、道端を飛んで舞っていた雉の夫婦の子づくりは大丈夫か、当たり前の降雪なのだが、春を待っている山奥の住民たちの期待が、やっぱりね、季節はそんなに甘くはないのだという理を思い起こす。

一昨日、悠々でお一人のお年寄りが入院した。心不全で胸水がたまっていた。もう長くはないよと医者に言われ、本人も覚悟をし、誤嚥で苦しみながらも、目の前に並ぶ山菜チラシに思わず手を伸ばし、お好み焼きにも手を伸ばし（うーん、好きなものは誤嚥しないのだ！）、刻み食と一緒に並んだ皆と同じおかずに手を伸ばして、おいしいと顔が綻んでいた。

入所したときより２キロも体重が増えて、深くえぐれていた頬も気のせいかふっくらとして、それまで自宅で一人で悪戦苦闘していた重度認知症の妻の介護をスタッフに任せ、ゆっくりとそれを見ているのは幸せだと言っていた。

92歳、ここまでよくがんばったよね。戦場に行ったよと言葉少なに語ってくれたっけ。この時代のお年寄りは、あの戦時中の苦しみをくぐってきたのだ。最後ぐらい、人生の最後ぐらい、ゆっくりと人の手を借りて生きていてもいいのではないかと私は思う。

これまでの数えきれないほどの人生の様々な苦しみが癒されますようにと、わが悠々スタッフの優しいケアに感謝！

サ高住が倒産していくこの時代に、長野県の最低賃金に少し毛が生えたぐらいの給料では、働き手が病に倒れると、人手が足りなくて、お年寄りが死ぬか、スタッフが倒れるかと気が気ではないが、介護保険に縛られるのを嫌って、悠々では採算度外視の横出しサービスを無償提供している。そして、これが楽しいのだ。スタッフはお年寄りの笑顔を報酬にしている気配がする。確かに悠々で働くことの楽しさにだれも辞めない。しかし、病に倒れるのが悔しい。

先日、村長とお話をする機会があったが、「施設管理者契約が満了する次の役割は、医療・スタッフ教育を任せたい。悠々の横に、村で研修所を造るので、全国から若

者を集めて研修させてくれんか」とおっしゃった。うーん、80に手が届くという
のに、この村の村長さんは、私をまだ働かせる気だね！（実は塩尻に住む娘と、東
京の渋谷に住む息子の嫁さん両方に、このおばあちゃん、「緊急育児」を頼むとい
われているのだ。病気の子は、保育園でも幼稚園でも預からないのはご存じでしょ
うか、安倍総理。おじいちゃん、おばあちゃんがいない都会の若者は、仕事を休む
しかないのです。幼児はよく病気それも感染症にかかります。そうして免疫力をつ
けて大きくなっていくのだから……。

　ふと目を上げると書斎のガラス窓の向こうに黒文字の黄色の小さな花が雪のなか
で咲いているのが見える。山のなかにいるのだと気づかされる。

2017年3月26日

## 春爛漫の夕に翁逝く

　山裾が桜の花の薄紅色に染められた泰阜村のもっとも美しい夕べ、誤嚥で苦しま
れたM翁が旅立たれた。覚悟はしていたものの、本人もその覚悟をなさっている
と聞いてはいたけれど、この胸の苦しさは何なんだろうか。ご遺体をご家族に引き
取られてしまうと、私たちには、それまで家族のように暮らしていた記憶だけが残
る。そして寂しさにだれもが言葉を失う。この家の屋根の下でともに暮らしていた
お仲間たちも、うつむいて先に旅立たれたM翁を想う。

　入浴介助のときのおしゃべり、心不全で胸水が溜まった胸が苦しいといわれると、
ベッドのギャッジアップの角度をあれこれ工夫し、クッションをあちこちに当てた
よね（役に立っていたかどうかはわからないが……）。軟下剤を服用していても、
誤嚥のために十分に食事の量が摂れなくて、お雑炊と副食を少しに悠々のいただき
もののおやつ＋自前の栄養プリンやユンケル皇帝液等々では足りない摂取量に、日
に何度も「便が出ないのが苦しい」と訴えられ、腹を温めたりマッサージしたり、
摘便したり……。やっと「出たあ」と喜んでいても水様便だった。私たちはいっぱ
い昔語りを聞いたっけ、ともに驚き共感しその数々のご苦労に頭を下げていた。

　お姿が一瞬で目の前から消えてしまわれるのは、苦しいものだ。寂しくて、ただ
ともに暮らした日々の思い出だけが、繰り返し繰り返し胸に湧き上がってくるのを
じっと耐えるだけである。最後の日々を家族のように暮らした施設職員も、このよ
うに喪に苦しんでいることを、世間にはあまり知られていないような気がする。

今日は庭に出て、ニョキニョキと一面に生え出た庭の草取りをしよう。何も考えずに……。

2017 年 4 月 12 日

## 春の野に出でて来し方を想う

92 歳 M 翁をお送りした日はひどい雨だった。帰りの車内で、喪服の妻が「涙雨だよ」と呟く。「自分勝手にさっさと逝ってしまって……。私は長く生きすぎた。こんなに馬鹿になってしまって」と繰り返す。付き添いの私たちには返す言葉もない。

悠々にたどり着くとお茶になった。入居者のお年寄りたちも他人ごとではないかのように、私たち一行の一挙手一投足を目で追っている。お一人の神経の細やかなお年寄りは、その夜半血圧が 198 ／ 116 に急上昇、少しバタバタ騒ぎとなった。

それからの数日間、夜になると「だれもいなくなって、寂しい……」と当直のおじ様たちを悩ませるようになった。日中は、出会うたびごとに、目が私に訴える無言の言葉を受け止めるようにハグをする。この寂しさを慰める言葉もなく、ただ黙って受け止めるしかない。あの日から妻は食事を少ししか摂らなくなった。ご飯と汁以外には副菜に手を伸ばさなくなった。そして心配する私の顔を見上げながら、「胸が痛い」と訴える。ステージ４と宣告された癌は、もうすでに鎮痛麻薬の服用を勧められているほどだった。体もこのようなのに、その上に重なるこの精神的な打撃には、何が効くのであろうか。

昨晩からの春の嵐で、真っ盛りであった桜の花は、吹雪となって山里を染めた。そのあとに待ち構えたような浅黄色の新芽が顔をのぞかせている。この山里にも春の盛りはもうそこまで来ているというのに、悠々にはまだはじけるようなあの春が先送りになっているようだ。もうしばらくは、皆ともにこの哀しみのなかにひっそりと暮らそうと思う。

2017 年 4 月 18 日

## 田本神社の春の大祭

泰阜村に春の花々が咲き乱れ、晴れ上がった空に小鳥のさえずりが響きわたる集

落の真ん中にある田本神社で、今年も春の大祭が執り行われた。我が部落に祭りの宿六の大役が回ってきて、早朝から男も女も祭りの準備に駆り出された。この神社は本殿２棟、棟札２枚、神賽類16点、石造物10点が村指定有形文化財に指定されている。神社の真向かいには大峰山の山城がそびえ立ち、水張りのはじまった棚田を見守っているのが伺える。地元のもう年寄りしかいなくなった集落だが、春と秋の例大祭には、今年生まれた孫たちのお宮参りが行われ、村人たちに披露され、わが村の宝物のように祝福されるものだ。今年はその孫たちのお宮参りが一人もなく、寂しさが募った。祭りの後の直会の席では、自然に「次の秋の祭りには、どこの嫁さんの腹の中の子が見られるかのう」というお年寄りからの切実な声が聞かれた。若い命の誕生は、我が集落にとって何物にも代えがたい賽なのだと思い知った祭りであった。

　その宝物が成長して小学生になった女の子は、祭りのメインイベントである「浦安の舞」の巫女さんに選ばれ、そのあどけない舞が奉納される。地域の人々はこの祭りを通して、小さな小さな集落の命の繋がりが、地元の神々に見守られていることを体験する。その祭りを通して、地域の絆を肌で感じるのかもしれない。

2017 年 4 月 25 日

## 浅黄色の森のなかで

　泰阜村が浅黄色の美しい衣を纏って、ひっそりと佇む季節が来た。一年でもっとも美しい季節。

　「泰阜村のどこがいいのか」と例外なく視察者に尋ねられる。その質問を受けていつも私の脳裏に浮かぶのが、この全山浅黄色を纏った里山の風景である。命の送りをはじけさせて、農作業に勤しむ村の年寄りたちを包む。わが村の知る人ぞ知る県立公園万古渓谷には、あふれるほどの水流を送る渓谷沿いの燃え上がる新緑の光のシャワーを浴びて、一日をゆっくり過ごす隠れ場所がある。多くの訪問客は感動のあまり言葉を失う。迸る水の音を耳に、愛らしい小鳥たちの姿を目で追い、そのさえずりに耳を傾けながら眠りに落ちる。森の発するフィトンチップの甘い空気を吸って、心も体も癒され大都会の喧騒のなかに戻っていく。

　視察に訪れる訪問客を案内すると、自分たちが何に疲れているのかがわかるという。都会の人工音が吐き出す騒音と振動、排気ガス、夜中までまぶしく光る看板と

イルミネーション……。それらが人間から生きるエネルギーを知らず知らずのうちに奪っていることを知るという。

　人は大自然のいのちのなかで、いのちに支えられて……がんばらなくても生きていけるのであろう。夜には満天の星が降り、満月にはその明かりで懐中電灯なしで歩けると知っていますか？　幾重にも重なる山々の果ての遠いアルプスの稜線に落ちる夕日が天空全体を真っ赤に染め、小さな山村とそこに住む人々をも朱色に染めて一幅の名画と化すのを知っていますか？

　桜が散り山吹の黄色が消えて、今は紫色の藤の花が里山のあちこちを彩っている。もうすぐ森の木漏れ日のなかに笹百合の優しい群生が見ごろだ。

　悠々の庭も芝刈りを終えて、花壇には春の花が植え込まれ、小さな畑に春野菜の苗が植えられる。

　悲しみを乗り越えて、独りの寡婦が少し元気になったか……。日々の小さな出来事に笑顔を見せるようになった。

　その笑顔を見て、スタッフ一同そっと安堵の息を吐く。今日は恒例の悠々の「生活リハビリ教室」でたくさんのお客様が来る。さあ、おいしいご馳走を作るぞ！

　がんばれ理事長！

2017 年 5 月 13 日

### お手玉の効果！

　昨日、愛知県の刈谷市から素敵なお年寄り軍団の視察・見学を得た。お土産に、手作りの小豆や稗や何かわからない豆類の入ったお手玉と、雑巾をいただいた。83 歳、86 歳、90 歳の妙齢のお年寄りたちがやってきた。運転手は 90 歳の一昔前の青年のようなエネルギッシュな方。3 人のお仲間を乗せて来たのだという。「ボランティアで、自分たちで身を寄せ合う場を作ったんだ」、「こっちでは肩がぶつかっても口もきかん」とおっしゃって、かかわりの薄さを嘆いておられた。

　「過疎山村のこの村では、肩がぶつかるほど近くには人がおらんでねえ。我が家のお隣は一山ぐるりと回った反対側の山中に住んでいるし……。でも人恋しくて、たまに出会うと、みんな笑顔で挨拶や立ち話をちょこっとするよ」と紹介する。

　町の喧騒のなかに取り残されるお年寄りたちは、寂しくてたまらないのだろうか。これをどうにかしたいと、自分たちで「寄合場を造ったのだ」という。世にいうデ

イサロンのことであろうか、かつては宅老所というのがあったが……。「食事代は400円、ヘルパーを頼むので人件費にとられて、私はあんたと同じ無給です」とやっぱり赤字を嘆いていた。

そこでやっていることがすごい！　東日本の震災のときからはじめた雑巾つくりと、お手玉つくり。施設をやっていると、やっている者にしかわからないが、本当にほしいものの筆頭にぼろ雑巾が上がるのだが、それを今も作って被災地に送り続けているという。それがデイサロンの仕事なのだ！　すごいと思う。年を取り身を寄せ合った人々が、世の片隅で何かほかの人々の役に立つことをしよう！という発想でコッコツと実行し続けているというのだ。その世話人は、83歳であった。後期高齢者の真っただなかにいらっしゃる。

悠々でもまだ手先の動く方には雑巾を作っていただいている。豆の種だしもするし、夏みかんの皮むきもしているが、世のため、人のためにする余裕がないところが違うと思わされた。

そして、お手玉！　92歳のあのうつむきがちの寡婦が、いただいたお手玉に夢中になった。「こんなのができんくなった。ああ、残念！　これも、あれもできたはずなのに……」と、夢中になって老女3人と若年50代〜70代の我がスタッフも挑戦する。昔取った杵柄が、心を活性化して、久しぶりに悠々に笑い声が弾けた。

感謝です！

「こんな悠々に私は絶対にお世話になりたい。また来ます」と言って帰られたが、泰阜に来ていただけたら嬉しいが、このような方たちは、その刈谷の町にこそ必要なのに！と思う。刈谷市の行政の皆様、この宝物を早く発見してください！　どこかの施設に持ち去られてしまいますよ！

2017年5月18日

### 山里の梅雨景色

昨今の気候変動のなかで、山里のお年寄りたちの頭のなかは、いつものように梅雨には雨がしとしと降り、夏が来たらカァッと暑いお日様が照ってくれるのだろうかという不安でいっぱいである。昨日梅雨入り宣言をニュースで知り、「ああ、やっと今年も梅雨に入ったか」と、だれともなしに安堵のつぶやきを口にする。昨日から降り続いた雨に、田畑が、森が、しっとりと緑色を濃くして大きく息をしている

気配がする。花の村泰阜は、道端沿いにキバナコスモスが一斉に顔を並べ、垣根越しには花菖蒲の色鮮やかな紫が見える。緑の森のなかでは、ヤマボウシが白色の清楚な花をひっそりと散らばせ、ヤマユリたちが一斉にピンク色の蕾を膨らませた。「栴檀は双葉より芳し」と歌に詠まれた栴檀の小さな紫色の花に包まれたことがあるだろうか。

　泰阜の山里が四季折々の花で包まれる花の里であることを、住民はあまりにも当たり前でたいして感動もしないが、都会育ちの者にとってここは秘境そのものである。

　昨日は、知り合いの方から「梅畑の梅を取りにおいで」とお声をかけていただき、我がスタッフが収穫前の立派な小梅をもぎにいった。20kg も採ってきて、重そうな米袋を食堂のテーブルに広げ、早速、入居者のお年寄り、スタッフ、デイサロンのお年寄りたちが、「この小梅を塩漬けにしようか」、「砂糖漬けにしてカリカリと食べたいね」、「大梅が取れたら梅肉エキスを作ろうか」、「いやいやあれは、土鍋で何日もかけてとろとろとつきっきりで炊かんといかんから、大変だぞ」、「あれはどこの家でもかならず作っとったで」、「昔は腹が減っとったで、子供らは皆青梅をちぎってポケットに入れておやつに食べとったもんだ」と、おしゃべりに花が咲いていた。

　この村の昔の暮らしがいかに貧しかったか、それをどのようにかいくぐって生きてきたかを垣間見た瞬間であった。そのおしゃべりを大切に心に留めながら、この村の人たちは、この大自然の賜物<sup>（さいもつ）</sup>さえあれば、どんな災害が起こっても生き残ることができるとひそやかに確信した。

2017 年 6 月 8 日


## 悠々 8 年半の活動報告


　先日、国土交通省にお邪魔し、10 年前にいただいた補助金「まちづくり交付金」第 1 号の活動報告をさせていただいた。特別養護老人ホームとの違い、有料老人ホーム、サービス付き高齢者住宅との違い等、具体例を示しながらお話した。ほんの一部の金持ちを除く大部分が、生活保護以下の年金生活を送っている過疎山村の住民実態調査（高齢化率 39%、高齢者の村民税非課税率 82%）からは、「悠々方式」こそが住民にとって「安心して住み慣れた地で暮らし続ける」ための方法として有

効であると思うと伝えた。「悠々」の指定管理者として残すところ１年余りとなり、やがては高齢化率が４割に迫ろうとする日本社会にあって、年寄りたちがどのように老いていくのが幸せなのかを、様々な具体例を通してお伝えした。

　2007年の悉皆訪問調査および2014年の高齢者追跡訪問調査からは、①３世代同居の高齢者が必ずしも幸せとは限らない⇒子供世代は皆働いているので、日中独居がほとんどであること。このため高齢になると家族による行動制限があり、ベッドでテレビ、お昼はペットボトルのお茶とおにぎりまたはコンビニ弁当が多いこと。②老夫婦世帯で元気でいることか、独居でも車の運転が可能で、年を取っても人生のライフスタイルが継続できることが幸せの条件であることなどが明らかになったことをお伝えした。

　以下、悠々のサービスの特徴をあげ、これこそが今後日本の貧しい中山間地域のお年寄りの、真のニーズに応えるものになるのではないかと示したものである。その第一は、基本的な事業は永住入居（施設）ではなく、介護認定関係なしにだれでも泊まれる「ケア付き民宿１泊５千円」である。(ex：八ヶ岳山麓から90代のお婆ちゃんと国の天然記念物である甲斐犬同伴で２泊３日⇒ペットトレーナー修行中の青年による犬のお散歩付き／１日２回／時給千円)（ex：癌の末期と入院中に宣告され、「悠々で死にたい」といって介護タクシーで病院から直行した60代の男性が、悠々のリハビリ専門医の指導や栄養管理、のんびりした普通の生活のなかで活力を取り戻し、３か月後に電車に乗って自宅復帰、独りで入浴可となった）など、あげればきりがない。現在は癌の治療中の後期高齢者が、抗がん剤治療の合間の自宅療養を「悠々民宿」で乗り切ろうとしている。最近は特に在院日数の短縮化で自宅に返されるが、自宅にはおろおろした老伴侶が待っているばかり、または単身独居である。悠々では、役員のリハ専門医ならびに看護師による医療的管理と、能力にあったリハビリ指導が受けられ、悠々食堂の手作りの栄養に配慮された食事が供されることにより、体力の維持強化が図られることが難病に効果があるのではないかと評判である。また、悠々には様々な地域住民に向けた催事や悠々食堂を利用するご近所さんの出入りが日常的にあり、地域に開かれているところが「普通の暮らし」を醸し出しているのではと思われる。

　ただし、難点はこの横出しサービス（急な発病による通院介助等）には補助金が付かず、深刻な人出不足が永遠の課題である。

　国交省の方には、研修生をお一人出していただけないかと熱いお願いをして辞去

した。もちろん泰阜村が多額の補助金でサポートし続けていただけること、大自然の懐に包まれてある癒しの力が「悠々」の癒しの本体であることを付け加えることを忘れなかった。

　指定管理者残すところ1年と少し、ご苦労をかけた役員も年老いてきた。みな最後は悠々でと口々に言う。

　「理事長の代わりはいないでしょ。死ぬまでやるんだよ」と口々に言われるが、このところ体のあちこちにガタがきて、病院通いが多くなった。

　さてどうするか……理事長！

2017年6月29日

### 天からの慈雨のごとく

　先日、何故か胸騒ぎがして大学時代の恩師にお電話をかけた。お声に力がなく何が起こったのかと問うと、「長年連れ添った妻を失い独りで暮らしている。自分で苦労して立ち上げた精神の授産所からも辞任を通告され、仲間を失い生きていく目的を失った。ヘルパーさんが来るけど……」これを聞きながら、福島在住のその方が東日本大震災で被災され、その後始末も手つかずにいることも知り（蔵書が部屋中に散らばり積み重なっているらしい）、お見舞いに行かねばと心した。

　時期を同じくして、大学時代の我が秘蔵っ子ゼミ生からも電話を受け「会いたい」と言う。この子も（もう30代半ばだが）東日本大震災被災者である。ともに大学時代の恩師を見舞いに行くことになった。私は朝4時半起きでの福島行きである。

　その突然の思い付きが元学生たちの間にラインでまわり、何故か元老教員二人を慰労する会に発展した。福島の老舗温泉旅館に連れて行ってくれるという。据え膳盛飯とはこういうことをいうのか、子供たちに囲まれて「温泉」に入るってこんなに心も体も休まるのかと、思い出してもこんなに幸せなことを経験したことがなかった。

　老恩師と私（ともに後期高齢者）は、いつの間にか立派に育った（福祉分野ではそれぞれの場で中堅管理職についていた）子らにケアされ、「本当に幸せだね、生きていてよかったね」と言い合った。

　その夜は、女子部屋で2次会となった。飲むこと飲むこと、へえー、あの時の心細そうな子供たちがイッチョ前のおばさん、おじさんになってしまって、それぞ

れの福祉現場で悪戦苦闘している状況の打開策について、検討会＋共感となっていた。脇でそのディスカッションを聞きながら、ますます福祉現場から人間の良心が失われていく現実と悪戦苦闘している子供たちを見て、このように育った次世代の子らに出会えたことを心から天恵と感じた。山の奥深くで孤軍奮闘していると思っていたが、この子らが日本中に散らばって戦っているのだと知った。

　「先生のブログ見てますよ！」と口々に言う。「卒業して10年経って、よく考えてみると大学時代に先生が言っていたこと、やって見せてくれたことを、自分もやってるじゃんと気がついたの。先生これって先生がいつもやっていたことですよね」。うんうんと頷きながら涙がこぼれそうになった。

　実習巡回に行くと、泣きながら「もうこんなの人間のやることじゃありません。虐待です。それを実習指導担当者からやれと命令されたり脅されたりするんです。私はもう福祉は向いていないと思います」と言われたことを思い出した。介護保険の経済的締め付けが10年前よりもさらに厳しくなったこの時期に、この子らが雄々しくも優しい心を失わずに、日々の実践のなかで「基本的人権」のために、心と知恵を尽くして戦っているのを見た。

　天からの慈雨を浴びていると感じた。

　私も、置かれた場所で死ぬまで、力を尽くして「基本的人権」のために闘おうともう一度心に誓った。


　毎年縦ゼミ会（教え子1年から4年生まで約600人？）を持ち回りで開くことに決まったらしい。来年は日光だとか……。

　元気でいなくちゃ！　理事長！


　ありがとう！　ありがとう！　嬉しいよ！　こんな嬉しいこと、教師冥利に尽きるというそうだ。本当にありがとう、みんな元気でがんばれ！

2017年7月10日


## 悠々の危機をだれが救うか！

　テレビに映し出される大雨被害の悲惨な人々、猛暑で搬送される熱中症の人々、火蟻上陸と日本列島が荒れ狂う自然の脅威の最中にあって、泰阜の山里はひっそり

と初秋の気配を漂わせている。穏やかに何もないかのように、いつもの盆支度に汗をかいている。

　朝晩の涼しさに戸を立てて薄がけをかけ、森に響き渡る小鳥たちの声で目覚める。しかし、悠々は設立10年という節目を迎えて、住民たちは明日をも知れぬ身体状況になり介護が重くなった。ぎりぎりのスタッフで支えてきたが、そのスタッフたちも年を取り、一人二人と歯が抜けていくように病に倒れていく。探しても探しても、この村には働く余力の残っている人はいないことがわかった。

　ふと、悠々のモデルでもあったスウェーデンの「高齢者協同組合」のことが頭をよぎる。かの地も人口67人という超過疎地であった。その地の年寄りを遠く離れた知る人もいない施設で逝かせることに忍びなく、若い二人の女性が立ち上がって「高齢者協同組合」を造ったのであった。しかし、そこもかの地に広がりを見せることはなく、10年を経た後閉鎖されたとのことであった。スウェーデンの消費税は25％である。福祉の充実は世界のモデルとなった。しかしだからこそなのか、人々は老後は国がみるのが当たり前という思想で、ボランティアで年寄りの最後を幸せにというのは普及しなかったのであった。

　まして、この泰阜村では、乏しい予算の大半を公共事業（大規模ながけ崩れは日常茶飯事）が占め、それを補うために高齢化率37％の高齢住民の労役が村の道路と水を守っている。わずかな若者(60代も含む)は残らず皆働いている。

　悠々をはじめたとき、組合員の主力メンバーは50代60代だった。10年を経て主力メンバーは70代となり、ましてや肝心の入居希望者が本格的に増えてきたとき、それを支える肝心な理事とスタッフが年老いて病に倒れ、悠々の利用者となりはじめてきた。

　悠々スタッフの一日の構成人員は5人、事務総務接客を兼ねる理事長＋早番スタッフ1名＋遅番スタッフ1名＋賄い1名＋夜勤の当直1名のみである。このスタッフを週休2日で休ませる交代要員（非常勤）が倒れて、理事長がそれを補うことになった。無理がたたって体が悲鳴をあげ病院通いが深刻になってきた。

　ヘルプコールに応えてくれたのは東京の組合員さんたちであった。6時間かけて深夜に到着したその方々は、疲弊困憊し、「遠いよ！　助けたくても遠すぎるよ。それに私たちの周りにいる仲間たちはみな孫の塾の送迎に毎日駆り出されて、悠々のボランティアをちょこっとなんてできないよ！」と悲鳴があがった。「そうだね。本当にその通りだったね。済まなかったね。でも娘たちごと村に移住して子供たち

を一緒に育てるというのはできないことなのかしら……」と、理事長は食い下がる。「そうね。この朝晩の涼しさ。この大自然の癒しに包まれる安らぎは、何物にも代えがたいわね。娘と相談してみるね」。さてどうなるか。

　東京からの移住ボランティアを待ってがんばれるか。それにしてもその方々も70代であったが……。

　悠々の理事長が倒れたら「悠々」はなくなるかもしれない。だれもこの悠々の大胆な「横出しサービスを担う人」の代わりがいないことを知っている。介護保険サービスがどれほど穴だらけなのか、高齢化率の激しい過疎山村の人々は知っている。入居者の親族の方々が死に物狂いでスタッフを探しはじめていてくれるらしい。ありがたくて涙がこぼれる。ありがたくて……。

　悠々を救い出して、さすが日本人！と世界の人々に言わせてみたい！

　それまで、がんばれ理事長！

2017年7月19日

## やっぱり奇跡は起こるのですね

　泰阜村の朝夕の涼しさはもう初秋の気配がする。山百合の盛りがすぎ秋の七草（萩、ススキ、桔梗、撫子、女郎花……）がもう咲きはじめ、その可憐な立ち姿にふと立ち止まりたくなる。森からかしましいほど響き渡る小鳥たちの声に目覚め、朝支度に起き上がる。泰阜の民にとってあまりにも当たり前の季節の風情だが、都会からこの村を訪れる方々にとっては、どうも驚異らしい。

　先日、泰阜村婚活事業でカップルにたどり着いた方々の再来村の機会があり、「ケア付き民宿・悠々」にその4組の方々をお迎えする機会をいただいた。遠路はるばる神奈川から来たという方々は、田舎の夏祭りの後の喧騒から逃れるように、シーンと静まり返った「悠々」に落ち着かれて、理事長の手作り巻きずしやおにぎり、はねきゅうりの浅漬けや、農家の畑で完熟した冷たいトマト、りんごジュース等々……（お夜食といわれていたので）を口にしながら、悠々の広々としたリビングダイニングに、実家に帰ったようだと寛がれた。

　順番に入られた浴室の湯船の大きさにまたまた驚かれ、「家ではこんなことできないね。足を伸ばしてたっぷりの湯に肩まで浸かって、本当にのんびりできました」という。

3組のシングルマザーの方とお一人の若者だったが、皆とてもよい方々で、（涎が出そうなほど来ていただきたい方々）つい、「悠々でもヘルパーさん、賄いさん、事務員さんを募集しています。家賃5千円から村営住宅あります」などと勧誘してしまった。

　「ここは、私たち普通の人でも泊まれるんですか？」当然のように質問されたので、「はい、空き室はすべて民宿登録してありますのでだれでも泊まれます」とお伝えした。皆びっくり仰天して「ええっ、その上ケアもついているんですか？」と言う。「はい、八ヶ岳から甲斐犬と92歳のおばあちゃまを連れたご一行が泊まられましたよ」と伝えると、「家のおばあちゃんもここに入れるのでしょうか」と続いた。神奈川では同居家族がいると介護保険のショートステイ等も利用できない事情があると言われる。「それぞれのお宅の事情に一切関係なく、空き室があればだれでもご利用可能です。そのような施設が各地にできればいいなと、この悠々をモデルとして作ったのです」と宣伝してしまった。本当は、泰阜の住民の方々に利用してもらいたかったのだが……。全国展開してしまいそうだ。

　お風呂から上がった方々に、リビングのマッサージ機をおすすめした。「ああ、眠ってしまいそう」と言う。「いびきもご遠慮なくどうぞ」で笑顔がはじけた。

　その横で4歳のちびちゃんが浴衣を着て泣きわめき、大騒ぎをして困り果てているママに、「この暑さで、あせもがかゆいのかもしれない」と浴衣を脱がせ遠くから扇風機を当てながら「お熱があるかもしれないから、お熱を計ってみましょうか」と声をかけると「うん」と小さな声で言う。「36度3分、お熱がないから大丈夫だったね。のどが渇いたでしょ、りんごジュース持ってこようか？」「うん」りんごジュースと手巻き寿司をお皿にのせてお部屋を覗くと……床の上でコトンと眠ってしまっていた。ホォーと吐息をついたママと顔を見合わせ、「さあ、この間にママはお風呂に入って汗を流していらっしゃい」……。

　これって実家に帰ったら、おばあちゃんがやってくれることかもしれない。

　「悠々」にある、子育てママたちへの特別ケアサービスである。

2017年7月31日

## ひたひたと奇跡が起こって……

　昨日、とうとう泰阜村にも豪雨が到来した！　バケツをひっくり返したような大

雨に、年寄りたちは食堂に身を寄せ合って互いの声も聞こえないぐらいの雨音に怯えた。「昔この裏の沢が決壊して、この辺は水浸しになったんだよ。この上の裏山は家のもんだが、崩れやせんだか……」と心配する。ちょうどお茶の時間だった。10時半、停電が起こり薄暗くなったテーブルの上に早速スタッフがありったけのランタンを点けて置いた。「山小屋のようだね。キャンプしているようじゃん」と年寄りたちの不安を少しでも消そうと走り回る。

　おりしも昼食の支度の真っ最中。「ご飯は炊けている？　どんな具合？」ひょっと台所を覗くと、賄いスタッフがすし桶に炊きあがったご飯を団扇で扇いでいる。「ああ、今日はお寿司なのね。よかった、なんとタイミングがよいこと。あとは卓上コンロで何とか間に合いそうかな？」「いいっすよ、卓上コンロで間に合います」薄暗くなった厨房から料理長の落ち着いた声が答える。

　浴室からは「お湯が出ません！　Ｍさんが丁度上がったところでよかったです。つぎのＳさん、停電でお湯が出なくなったので、今日は風呂のお湯を被っておしまいにするかね」と言っているところで、電気が点いた。「よかったねえ。さあ、今のうちに入ろう入ろう」

　常に準備をしているとはいえ、風呂のリフターが停電で使えないとは思いつかなかった。浴槽のお湯を汲むにしてもバケツで汲み上げるしかないか……。うーん、この暑い夏、週に２回ぐらい汗を流してあげたい……。理事長の知恵の絞り具合がまた試される。


　この暑さのなかでスタッフが次々と倒れ、とうとう広大な芝の庭や裏のボタという急坂な法面に雑草が生い茂り、盆だというのにだれも手入れする人がいなくなって、「悠々はいよいよ潰れるらしい……」との巷の噂が耳に入った。何をいうか、雑草ぐらい私が……とはいかないほど広大で1,500坪あるので、理事長の鎌一本では間に合わなかった。素人が空いた時間で刈っても刈っても、後ろを見るとあっという間に元通りに生えそろっているのを見て、泰阜の男手の凄さを思い知ったことであった。

　ところが、ところが、これが泰阜村の凄さで、脳梗塞を患ってご不自由な体を抱えたひとりの70代の男性（Ｋさん）がひょこっと事務所に現れ、「悠々の草を刈らしてくれ」と言う。「この炎天下に草刈りなど、ご無理をなされたら熱中症になったら困ります。お気持ちだけは嬉しくありがたくいただきますが、あなたにだけは

やらせたくない。心配でたまらないのです」

「大丈夫だから、家でもやっているのだから大丈夫。あの急坂なボタは、ガードレールに綱を引掛けて体に縛ってやるから大丈夫。それに、こんな私でも残された人生何か人様の役に立つことをやりたいんです。やらせてもらえんかな」

この言葉にしばし心が揺れた。障碍を持った人々が社会から疎外され苦しむのを、ＭＳＷのころにともに苦しんだことが心によみがえった。「じゃあ、くれぐれもお気をつけてやってください。こんな嬉しいことはありません。悠々にとってだれもできなかったことでした。ありがとうございます。助かります。ただし日中の暑い炎天下での作業はやめてください。もちろん雨のすべりやすいときはやめてくださいね。もしも事故が起きてお怪我をされたら、理事長の私が警察に引かれていくことになりますからね」

「大丈夫です。必ず守ります！」と言われた。「悠々の草刈りは、私と仲間もおりますから、任せてください」

そして、翌日から彼はやってきた。ほんの２、３時間でアッという間にきれいに刈り上げられた庭を見て、涙がこぼれそうになった。夢中になった彼は、やっぱり雨のなかをずぶぬれになりながら止めなかった。飛んで行って「雨のなかは危ないので止めてください！」と叫んだが、「わかりました」と言って、気のすむところまで続けておられた。

スタッフたちが苦い顔をして「もしものことが起こったらどうするんです！」と言う。「もしものことが起こったら、私が責任を負います。あの方のご家族は私を訴えるような方たちではないし、お怪我は傷害保険でできるだけのことをしましょう」

この世から役立たずという烙印を押されて、独り不自由な体を抱えて生きていくほど苦しいことはないと、私は知っている。

そのお一人お一人に何か一つでもお役に立てたのだったら嬉しいと思う。

突如現れたボランティアである。これを天恵といわずして何といおう。

2017 年 8 月 19 日

### 理事長の後継ぎ現る？

近年、台風の被害が甚大になった。昔から地震、雷、家事、親父と恐れられてい

たことが耳に残っているが、最近の地震の壊滅的なこと、台風の目を覆うばかりの甚大な被害、それがいつ起こっても不思議はない地に住んでいるのだと、あらためて思い知った。戦争は人の手によるものである。だから人が食い止めねばならぬものではないか？と思う。しかし、この自然の脅威はもっと恐れるべきではないのか？世界のなかでも小さな国に入るこの日本が……。そして、平和で豊かな国日本が、一瞬で壊滅的な被害を受けることに、人はどのように備えればよいのかを思う。

　秋風が吹き、ススキの穂が揺れ、山百合が道端の崖に真っ白な花を一斉に咲かせ、萩、女郎花が山里を彩るときが来た。悠々の庭にもコスモスの花が咲き乱れ、赤とんぼの群れが真っ青な空いっぱいに群れ飛ぶもっとも美しいときを迎えた。

　そして嬉しいニュースが一つもたらされた。

　この小さな村の宝物である泰阜中学校２年生が、毎年村の各種職場で職場体験をする恒例の「キャリアデー（３日間）」がある。我が悠々でも、朝９時から午後４時半までスタッフとともにお年寄りたちのお世話をするのだが、この時を悠々のお年寄りがどれほど待ち望んでいるかを見て、スタッフは驚異の顔を見合わせる。

　慣れぬ手で髭剃りをしてもらうときのあのおじいちゃまのトロリンとした顔、お茶の時間に重度認知症のおばあちゃまたち（複数いるので）の争うように語る（２分と持たない）昔ばなし（自慢が多い）を、飽きることなく不思議なものを見るような顔をして聞いてくれる子供たちを、どれほど喜びをもって愛おしいと感じるしぐさを見せるか……。私たちスタッフがとうてい真似できない技である。

　その子供たちの一人が「僕は悠々に就職したい」と言って、高校の福祉コースに進んだと聞いていたが、この度Ｎ福祉大学に入学したと村の職員から伺って仰天した。この悠々が子供たちの心をつかんだのだ。この理事長、キャリアデーの最後には必ず「在宅福祉の村泰阜に帰ってきてね。もし気に入ったら理事長として迎えるから、この悠々に帰ってきてね！」と繰り返す。かなわぬ願いと知りながら、そう言って送り出したことを思い出した。

　３Ｋ職場と揶揄される福祉現場に、あの子たちが帰ってきたとき、福祉の仕事が誇りをもって迎えられるように精進しなければと心したことであった。あと何年待つのか……。大学４年、それまでにきちんとした給料で迎えられるようにと祈るような思いである。

　もう一つ、大学時代の教え子が「年老いた両親を連れて泰阜村に移住しようかな」、「悠々でやりがいのある福祉の仕事に就きたいな」と言う。やりがいのある仕

事……ともに暮らす家族のようなお年寄りの笑顔に包まれて働きたいと、その方々は言う。

　これ以上嬉しい報いがこの世にあるのだろうか。たとえ無給でも私がやってきたことは有り余るほどの報いを受けている。

　返すに「感謝！」以外にはないが……。

2017 年 9 月 3 日

## ひたひたと新たな風が起こって……

　泰阜村の里山が色とりどりの秋の七草に彩られ（観光客はどこにも見あたらないが）、無事にこの気象変動を乗り越えた山間の棚田が黄金色の稲穂で埋まった。ススキの銀波の間をくねくねと走る野道を車で走りながら幸せで心が満たされる。世間でどのようなことが起こっても　季節は巡り今年も秋祭りが近づいた。

　悠々の人気者であったペットのパピオンちゃんの急性膵炎も危機的状況を脱し、年寄りたちとともによろよろと、老犬も残された余生を過ごせそうだ。

　この間の人手不足を残された少ないスタッフが死に物狂いで乗り越えている間に、お一人の非常勤スタッフが健康を取り戻し戻ってきてくれそうだ。マムシにかまれて入院した山男も元気に当直をこなせるようになり、理事長の胃の痛みもほっと一息つけそうだ。

　その上に思わぬところから悠々に援助者が現れた。入居者の縁者にあたる方たちが走り回って、悠々を潰してはならぬと、足りないスタッフを探し回っていてくれたとは、知らなかった。

　また、地元入居者の家族のお一人が、「娘たちも、第二の故郷にしたいからお母さん泰阜に帰ろうよと言ってくれるので、定年になったら東京から帰ろうかな、悠々を手伝おうかな、パソコンしかやったことないけど、一応ヘルパーの資格も持っているんだけど、何かできることあるのかなあ」と言う。ああ、天は見放さなかったのだ！　あの日照りのようなスタッフ不足の苦しみはどこに行ったのか。辛抱してよかった。世の中やっぱり辛抱が肝心とはよくいったものだ。

　9 月は決算日。11 月に迎える総会を前にして、「悠々」に新しい風の復活の予感を報告できそうで嬉しい。

2017 年 9 月 10 日

## 悠々の決算と総会を前にして

　10月に入った。泰阜村の里山の秋模様の美しさはひと際の輝きがある。秋日和のなかで「なぜかなあ」としばし立ち止まって考える。いつになく曼殊沙華の赤が田の畔に美しい。山際の村道には山栗の実が至る所に零れ落ちている。奥山では松茸が豊作らしい……。山持ちに聞くと、「いや、まだまだ家とこは見かけねえな」と逃げられるが、私は里山の尾根沿いの村道でいくち茸の群生を発見、ビニール袋いっぱいの収穫を得て、昨夜は我が家で栗ご飯と茸ののっぺい汁を堪能した。

　何かがおかしい、過疎の村の山の恵みが何年に一度異常な恵みをもたらすことは耳にするが、別段観光地でもない過疎山村の山の幸の豊作に不安を感じる。今年の冬は大雪の予報も耳にし、厳しそうだ。

　さて、悠々では9月決算月を越して10月に入り、会計士さんに驚き顔で「去年よりいいね、何があったんだ」と言われたが、それには以下にあげる事業が村民の口コミで広まり利用者が増加したことで、10年近くを経て事業が実を結んできたことが要因の一つとしてあげられるかもしれない。

　その一つ①悠々が「食堂」だったという事実が驚きをもって口コミで広がり、近隣のお年寄りが「突然友だちが訪ねてきたのでランチをお願いしたいがいいかな」とか、「突然、孫を預けられてしまったので昼を悠々で貰えるかな」、「今日は朝づくりで疲れてしまったので、たまにはおじいさんと悠々で昼を貰いたいんだがいいかな」という嬉しい悲鳴である。その上これらのお年寄りたちが、「悠々ランチがこれまたえらくおいしい。これで500円とは安いもんだ」と、あちこちで評判を巻き起こしているらしい。

　小さな収入だが1年貯まれば無視できない大きさである。それよりも何よりも、悠々の一つの業がお年寄りたちに少しでも役に立っているのが嬉しい。

　二つ目は、②入居利用者が増えたことである。近隣の村からも問い合わせが入り、介護保険の補完的事業がこれも口コミで広まっているらしい。まず永住入居者のお年寄りの例は、サービス付き高齢者住宅から逃げ出して助けを求められたご夫婦である。要介護度が軽いので特養には入居できないが、家庭の事情（同居の長男が中国に単身赴任中で、急坂な山の崖の上に立つ隠居所の老夫婦（90代）を、一人残された嫁独りでは介護が困難）でお引き受けすることになった。悠々に移ってきたいちばん大きな理由として、サービス付き高齢者住宅では、常駐の管理者がいない

こと、とくに夜だれもいなくなってから認知症の入居者が部屋に侵入し、その世話を要支援の入居者がしなければならないことに疲れ果て、悠々に逃げてきたそうである。入居後、「悠々は高いという評判であったが、電気代や水道代の公共料金も込み、掃除洗濯もやってもらえる、食事代も込み、その上調子が悪くなったときにはいつでも駆けつけてくれるスタッフがいる。病院に付き添って連れて行ってくれるのも込みで 155,000（税抜き実費）は安すぎる」と口コミで、その実態がひたひたと広まってきている。

　三つ目は、③人生最後のときを、家族のような見守りを受けながら、自分のしたいようにゆっくりと生きていることができることだという。朝方や午後の涼しいときに悠々の広い芝生の庭を、泰阜の景色を楽しみながらゆっくりと散歩する。悠々食堂にやってくるご近所さんたちから最近の話題を聞く。時々いただく珍しいお土産をお茶の時間に堪能する。季節のおいしいご飯をいただく。いつもいつも寄り添ってくれるスタッフがいて、幸せだという。

　四つ目は、④癌の治療中の方を年齢に関係なく受け入れ、県立病院、市立病院への定期的な通院介助、医師との緊密な連携のもとにターミナルの看護をしていることである。かかりつけ医からは携帯の電話番号も知らされている。「痛みと苦しみだけは取り除いてください。あとは悠々が引き受けます」とお願いしている。今はご夫婦で入居中である。ご家族の不安、大変さへの支援も大切にしている。

　五つ目は、⑤泰阜村悠々「生活リハビリ教室」事業を開催し、無料で健康相談（理事のリハビリ専門医の診察も含む）をし、理学療法士による個々人に合った装具の相談や腰痛体操の指導等が加わる。この生活相談によって近隣のお年寄りは、この１年で見違えるように元気になった。参加費は悠々ランチの 500 円のみである。このランチが好評で参加希望者の問い合わせに悲鳴があがる。

　スタッフは総出で低賃金でがんばっている。それなのに優しい！　これに勝るものがどこかにあるのか……訊きたい。

2017 年 10 月 1 日

### 錦秋の風のなかを悠々にも新たな風の予感

　アルプスに囲まれた伊那谷の棚田に稲架掛け米が並んで、見事な秋が無事にやってきた。異常気象のなかで、貧しい村のお年寄りたちが今年の稲の収穫を本当に心

配していた。この稲刈りが終わりホッとするころ矢継ぎ早にやってくるのが、村民大運動会である（先週秋晴れのなか終了した）。明後日は秋祭りである。しかし、近年の高齢化で、この秋祭りにやってくるのは、神社部の担当者と宿六さんという下働きをする当番にあたった部落の年寄りたちのみである。昔は村で生まれた子供や孫たちのお宮参りで賑やかだった。今は伝統文化を自分の代で絶やしてはならぬと、がんばっている年寄りたちがよろよろとやっている。

　近くに住む山村留学の都会の子供たちが、境内に撒かれるお菓子を目当てにわあっとやってきて、さあっと潮の引くように消えてしまうという寂しさである。子供の姿が見えないなんて、青年たちがワッセワッセとやる姿が見えないなんて、祭りか！と問いたい。

　さて、それでも泰阜の伊那谷の秋の風情の美しさは何物にも代えがたい。そのなかを吹き渡る風の芳しさは、これまた言葉では表せない。

　そのなかにあって、最近悠々にも新しい風の気配を感じるようになった。毎日のように入居のお問い合わせをいただくようになったのである。問い合わせの条件がこれも皆決まっていて、まず①親族をいろんなこと（病気の際等）で呼び出さないこと、②お金は定額の税込17万円から請求しないこと、③入居は特養の順番が決まるまでの期間ということである。

　「つまりは、手間のかかる年寄りを捨てたいということか？」と、じっと目を見ながら訊いてみた。すると大慌てで「いえいえ、そんな気持ちはかけらもありません。一生しっかりと面倒を見るつもりです。しかし、この人を施設に入れたら、私は女中のような仕事から解放されたい。この人が駄目になってしまったのでお金はやっと自分の自由になった。私も人生を楽しみたい……」と言われた。

　気持ちはわかる。そうだろうと思う。女は楽しむ暇もなく奴隷のように男の暴力的な言動に振り回されてきたものだ。しかし、気持ちはわかるが、我が悠々のスタッフをその代理としてお引き受けすることはできない、とは理事長の堅い決意である。毎日のようにお問い合わせいただくが、そろいもそろって「男性・認知症要介護3」80代後半〜90代 の方の介護者からの悲鳴である。その上、小規模多機能を利用しているが、「もう看れないと言われた。特養の順番が回ってくるまでのショートで……」ということである。「どうして小規模多機能で認知症要介護3の方がお断りされるのでしょうか」と問うと、夜間の問題行動を管理するケア担当者を確保できない（人材的にも、経営的にも）ということである。

悠々はでは、当直のボランティアさん（男性）をお願いしている。ケア担当者ではないので、夜中に問題が起こったら即座にスタッフを呼び出す仕組みになっている。スタッフは悠々の近隣5分以内の在住者である。そして経営的には、この二人のボランティアさんの手当てを捻出するため、この10年間の理事長の報酬は無給である。

悠々にも新しい風が吹いてきた予感！　しかし、悠々はお年寄りをゴミを捨てるように放り出す場ではない！　近隣のお年寄りたちと家族のように暮らしている「地域のコミュニティーセンター＋食堂＋ケア付き民宿」である。したがって永住入居者の専用施設ではないので、あらためてお知らせします！

2017年10月13日

## 悠々の看取り

癌のステージ4と宣告されてから1年経過している96歳のMさん。先週の金曜日の夜、突然の大量出血が止まらなくなり、近くの県立病院に連れて行った。かかりつけの医師からは血液検査、CTの結果を家族等に示しながら、「今日、明日ということもあり得ます。最初のお話のとおり、延命治療はしないということなので、痛みと苦しみをできる限りとってあげましょう。大変だと思いますが、がんばってください」というお言葉をいただいた。その夜から麻薬の鎮痛剤服用が開始された。

それから4日、見た目には普通のお婆ちゃんに見える。夜中には独歩でトイレに行き、皆と同じ普通食を食べ、3時と10時のお茶にも出てくる。余命宣告の翌日、親戚一同がやってきた。お昼も普通食をご一緒に召し上がられ、同席の家族はいつ逝くかわからないというのに、あまりにも普通に見えるのでびっくり仰天して帰られた。

その後、Mさんの興奮状態が収まらない。「10人もいる兄弟がみんな来てくれた。こんな嬉しいことはない。みんな年を取っているので普段でもめったに会えない兄弟に会えて、話ができて嬉しかった、生涯でこんな嬉しいことはなかった。それに皆さんが嫌な顔もせずに迎えてくれたので嬉しかった。このご恩は忘れない」と言う。それからだれかれをつかまえてはこの興奮状態が続き、スタッフは体力の消耗を心配した。

今日で4日目、診療所の先生が東京に出かけて月、火と二日間この村は無医村になる。家族とその時に臨終を迎えたらどうするということになった。死亡診断書のことである。このままお亡くなりになったら、救急車には死人を乗せてくれないので、「ご遺体を抱えて県立病院にお連れするしかないか」ということになり、だれがご遺体をお運びするかで、家族が「家ではそれは無理なので病院に入れてください」と言われる。それを聞いた理事長、「食事も普通食を取っている。独歩で歩けてしゃべることもできる。自分でトイレでおむつ交換ができる。服薬は自分で普通にできる人を病院は入院させません。死亡診断書をいただくために入院はできないと思いますが……」

家族は、苦い顔を見合わせている。「どうしてもご家族が、ご遺体を抱えて病院にお連れするのができないと言われるなら、私が抱いてお運びいたします。死亡診断書をいただいたらご家族をお呼びいたします」と告げた。診療所の医師がいなくなるとき、泰阜村で看取るということは、この覚悟が家族に求められるのであろう。お住いの下条村でも最近往診がなくなったそうである。


台風一過、朝一番の空に二本の虹が「悠々」の天空にかかった。

その夜は澄み切った空に三日月がくっきりと浮かび上がっていた。悠々のなかでは、昼夜を問わず心配げな顔でケアを続けるスタッフの顔がある。今日は理事長の賄いの日である。この激務いつまでもつか……。

2017年10月24日


## 病院での最後……


「癌の看取りを施設で終わらせるのは忍びない」と、今月97歳の誕生日を迎えるというMさんのご兄弟が言い出したということで、内服用の麻薬鎮痛剤が終わったので受診したところにお嫁さんがやってきた。

前日まで自分の足で歩行器でトイレに行き、昼食までは食堂に出て自分で普通食を食べていた。お茶の時間にも皆といただいた柿をおいしそうに食べていた。出血は続いていたけれど、血液検査結果では貧血はあるけれど栄養状態も落ちてはいない、心臓機能、肺の機能も落ち着いていると告げられた。

しかし、家族は上述の理由で入院を強く望んだ。医師は確認のため施設長の私の

顔を見た。

　私は「このような場合は、ご家族のご希望を優先します。どうぞご家族の判断にお任せします。私はそれに従います」と告げた。

　医師も「延命治療を望まない」と言われていたご本人の意思を確認していたはずであったが、ご家族の顔を向き今後の治療方針を告げていった。「失血の量を把握するためバルーンカテーテル挿入、失血に対し輸血を、尿路感染には点滴治療を実施します」と。体中を様々な管につながれて逝くことになった。

　「これらの治療は本人のためなのだろうか？」、「どうしてこんなことになるのだろうか？」

　昨晩は、ベッドのそばで「おじいさんはどこに行ったね」、「おじいさんはね、先にあの世に逝かれたんだよ。Mさんのお席を準備しておられるからお迎えが来るまで一緒に待っていましょうね。いつも私たちがお傍にいるから大丈夫！」と言っていたっけ。

　私たちは朝も昼もいつも見守り、痛くないように、不快でないようにと心がけていたっけ……。私たちはMさんを愛し、大切に思っていた。だれも口にはださないけれど、空っぽのお部屋の前を通り過ぎるとき胸が痛んでたまらないことを、せめてMさんへの贈り物にしたい。

2017 年 11 月 5 日

## 晩秋に思う……

　雪の便りが聞かれた。泰阜村ではあちこちの軒下にすだれ柿が吊るされている。冷たい北風の到来に錦秋の森に落ち葉が舞って、日増しに森が明るくなってきた。落葉樹の森に落ち葉の絨毯をサクサク踏んで、独り散歩するのがいい。

　11 月 26 日の日曜日に、村長や村会議長ら村の来賓をお迎えして、第 11 回通常総会を開催することになった。

　この村に通うようになってもう 40 年になる。そしてこの村に「悠々」を作りたいと思い立ち、本格的に移住してからでも 12 年経つ。長いかなあ、短かったような気もする。今回の総会は、来年には 10 年間の指定管理の区切りを迎えるということで、村にとっても我が役員やスタッフたちにとっても意味深いターニングポイ

258

ントとなる。

　この9年間で視察者は北は北海道から南は沖縄まで、実に多くの方たちと交流できたように思う。その方たちが決まったように口にする言葉がある。「何故かわからないのだけれど、ここにいるとほっこりして体中がゆるむ気がする。帰りたくない気がする」そう言って思い出したように民泊のリピーターになられる。

　当初それをめざしたわけではない。しかしこの村で、この大自然に包まれた里山の奥深くに（近くのJRの田本駅は秘境である）、ひっそりと仲間たちと身を寄せ合って和やかな家族のような暮らしがしたいと望んだ結果、今の「悠々」ができあがった。私の心がけたことはそれだけだった。

　この事業は、厚生労働省ではなく（これまでたくさんの事業を起こしては厚生労働省から補助金をいただいたけれど……）、当初の大型の補助金は、日本の過疎山村に住む、経済発展から取り残された貧しい村の、それもまた時代の荒波に取り残されたお年寄りたちと身を寄せ合って、貧しいけれど幸せになれる暮らし方を実現したいと訴えて、その活動拠点としてのバリアフリーの建物を建ててくださいとお願いしたのだった。


　この12年間住民として部落の班長をやり（同時に5つの役を抱えることになるのだが……）、村の運動会でよろよろと走り、綱引きで優勝するまで力を入れて村の古参のお年寄りに笑われ、年に数回の道路愛護に汗をかいた。もう部落のお年寄りたちとは、家族未満友だち以上の関係である。そのように生きてきて、お金では買えない幸せをいただいた。

　テレビで偉いお役人たちが「これからは地域の時代だ！」と叫んでいるようだが、地域の絆はお金では買えない。天から降ってくるものでもない。自分の村を守るためにともに汗をかき、困ったときには飛んで行って「大丈夫か」と顔をのぞかせ、自分でできるほんの小さなことをする。それらの日々の暮らしのなかで積み重ねた「思いやり」が、知らぬ間に地域の絆を育てていってくれたのかもしれない……と思う。

　そのお年寄りたちがご近所さんを誘って、月に1回の「地域リハビリ教室」に集まってくる。お母さん役の理事長の手料理が「おいしい！」と言ってみんなでほめ殺しにする。入居者たちも1か月に1回会えるご近所さんから最近の情報をゲットしているらしい。

いちばんいいのは、この「リハビリ教室」の後である。お年寄りたちは畳コーナーの炬燵に足を突っ込んで、ゆっくりおしゃべりしたり昼寝をしたりして、まるでだれかの家の離れのようだ。そう感じているらしい。

　そして先生方は、混迷する地方の活性化のためにどうすればいいのかと、熱い議論をする。

　「○○○研究所を創ろう」という話まで出てくる。「どう思う？」と訊かれ、「あのね、私はいったいいくつになるのかを考えてみてください」と答える。もうじき80歳に手が届きそうだというのに……何を言い出すのやら。

　「悠々」では特別なことは何一つやってこなかった。できなかったのもあるが（星空観望会、託児所、地域名産物販売等）、「ケア付き民宿」が今のところ一番のヒットメニューであろうか。それと「悠々食堂」。村にいちばん必要で、それにもかかわらずこれには介護保険も他の補助金もつかない、とあって評判を呼んでいる。

　なにも特別なことではない。ただこの村のお年寄りにとって、とっさの困ったとき、これがあれば生きていけるというものである。

2017年11月20日

## 施設でのケアの限界とは……

　北信では今日も雪が舞うと聞き、2、3日前に融雪剤18袋を集落の急坂な村道脇に置いて回った。1袋25Kgのそれはあまりにも重く、女の年寄りでは引いても押してもびくともしないということで、やはりご近所の70代後半の男性が軽トラックでやってきて「手伝うから横に乗って」と言われ、手伝っていただいたが、それが要因かどうか2日後に入院してしまった。うちの部落は総勢10軒、そのうち80代の寡婦が二人、単身赴任で一人残された老妻が二人、80歳を超え障碍を持っていて重い仕事ができない人が三人、重い病気の療養中の男性一人、ということで6軒は班長の仕事が困難である。自分の地域を愛していて、離れられない者たちが助け合って暮らしている。その年老いた仲間たちに厳しい冬が到来した。

　悠々はその年寄りたちに灯火となるか？　心を温める焚火となれるかが今から試されるのであろう。

　先の総会の来賓あいさつで、村長が「この事業が真に村民に受け入れられるようになるのには10年、20年かかるのであろうと思う。がんばってやってください」

と今後を託されたが、前にずらりと並んだ役員の顔触れは、紛れもなくくたびれた年寄りたちにほかならない。それを受け懇親会では、「月に1回はボランティアをしに通ってくるよ。息子たちと相談して村に移住するか相談してみる」という厚木在住の組合員の力強い言葉をいただき、神奈川在住の新入会組合員のお一人は「冬の自家用車は厳しいから、電車でくる方法を調べるよ。月1回は来るようにするよ」と、やってみればあまりにも遠い距離に閉口するのだろうが、そんな嬉しい希望の灯を置いて行かれた。

　さて、悠々では悪性腫瘍の短期療養入居者をつぎつぎお預かりし、（入居者は少ないのだけれど）最少のスタッフで対応している。週1回の市立病院への通院介助、ご本人とともに入居されているご家族のケアも担いながら、徐々に重くなる症状に悪戦苦闘の日々に突入した。大変なのは、医師に指示された重要なケアを、本人が頑固に拒否されることである。この時、本人の意思を尊重（自尊の心）すると、病状が新たな段階に突入することが確かであるとき（専門職による特別なケアを必要とするとき）、それを放置することはできない。

　これが施設のケアの限界であろうか。

　本人は、病院からの帰途車中で「あと1年、2年は生きたいな……」と呟かれる。「車は運転したい。議員の仕事も悠々の会計事務も自分がする。正月は家に帰って家族とおせち料理を食べる。トイレは自分で行く。ケアは必要なときにしか要らない」と、がんこに貫かれる。

　人は、本当はこうやって最後まで自分らしく生きていたいのだ。

2017年12月3日

## 認知症の方の苦悶

　師走に入り本格的な冬の到来に悠々では床暖房のスイッチが入り、薪ストーブが一日中赤い炎を上げている。別天地のようなリビングに入ると、訪れた人は引き寄せられたようにストーブの前に座り、そっと出された1杯のお茶をすすりながら「ここは暖かですねえ、なんか心もほっとしますね」と嬉しそう。

　隣町の地域包括さんから問い合わせが入り、「80代ご夫婦の夫が自動車事故で入院した、認知症のある妻（まだ介護保険未申請）をこの寒さのなか独り残しておく

わけにはいかないので、急遽悠々で預かってもらえないか」という相談であった。浜松から駆けつけたお子さんたちに連れられたKさんは、夫の自動車事故に気が動転し、急に子供たちがやってきてあれやこれやと自分を引きずり回すのに混乱し、「悠々に泊まるんだよ」という言葉に猛然と抵抗した。

　下を向いて口を一文字に結び「私は一人でちゃんとやってきた。大丈夫だ。何も心配されることはない」といい切る。子供たち二人がかりの説得が２時間続き、双方ともに疲労困憊していた。

　「とりあえず、お夕飯を私たちと一緒にいただきませんか」と勧めてみる。置いていくわけにもいかず、かといって連れて帰るわけにもいかない子供と孫三人は、悠々の手作りあったかご飯をお相伴することになった。家族のように寄り添って悠々のお年寄りがスタッフと一緒に食べている光景に、ご本人もご家族も「ここはいいですね」と呟く。施設の食堂らしくないらしい。Kさんの顔にも笑顔が見られるようになった。

　その様子を傍から見ていた理事長からの一言「今日は一気に日常にはないことが続きましたね。おばあちゃんにはいちばん苦手なことが起こっているのだと思います。そのような状況で、たった一人見も知らぬところに置いて行かれるのは本当に不安でしょう。どうでしょうか、今晩はご家族もご一緒に泊まられるというのは？」顔を見合わせた二人は、「それもいい考えかもしれない」とのことで、急遽、三人で同じ部屋にお布団を並べて泊まることになった。

　それ以来Kさんは、「しょうがないねえ」と当分お泊まりすることに承諾した。子供たちは毎晩のように浜松から往復しながら入院中の父親のお世話、帰りは悠々に立ち寄って母親の様子を確かめるという日々が続いている。

　Kおばあちゃんは、「ご飯がおいしい」と３食は完食、10時と３時のお茶の時間は１時間ほどかけてスタッフや隣の席に座った90になったばかりのMおばあちゃんと「あんたはどこから来たね」とあれこれの質問に答え、「わしらの若いころは……」と話に花が咲いて、見知らぬところではなくなってきているようだ。スタッフの昼休憩には、一緒に炬燵に足を突っ込んでおしゃべりしながらテレビを見て過ごしている。「おじいさんはどこに行ったかね」「トイレはどこかね」「ああ、トイレの流し方がわからん」……おそらくご自宅では和式便器かな？　入居者やスタッフがいつも見えるところにいることが、不安を減らすのに役立っているのかもしれない。

それにしても緊急事態のときに見知らぬ施設に預けられてしまうお年寄り、どれほどの不安であろう。小学校区に一つ、地域の行事のたびに皆が集まるところがあって、そこに併設のケア付き民宿があればいいのにと、今回の経験でまたその感を深くしたところであった。

2017 年 12 月 22 日

家族未満友人以上のケア
2018 年

## 家族と行政の窮状

　列島を襲った大寒波は、ここ長野県南部にも雪を降らせた。その雪は昼も融けることなく根雪となった。

　最近、悠々に隣村（深い山を抱えている）からの入居のお問い合わせが続いている。80代後半の老夫婦世帯や、単身独居世帯で入院後の退院先がないという状況下にある人たちである。もう一つは入居者の親族から、「一人在宅で看ていた年寄りの介護が限界になったので、そちらで看てほしい」との要望である。

　日増しにその問い合わせが増え、介護保険の縛りが、ここにきて過疎山村の地域に住む年寄りを直撃しているという感を深くする。介護保険の家族が看る＋地域で看るという論理は、現実として不可能ということである。ここ泰阜村でもこの冬、立て続けに多くの年寄りが亡くなられ、一日に2、3件の葬儀に走り回るという異常事態に陥っている。

　現実的にはもう一つの足枷があって過疎山村の村民税非課税世帯の年寄りが多く住む行政では、その年寄りたちのための横出しサービスが財政的に不可能ということである。したがって民間の高専賃やサ高住への入居を打診するしかないが、どこも一日5千円（部屋代）で追加料金として食事代、公共料金／水道光熱費、受診時の付き添い料、介護保険のレンタル料（家事／部屋の掃除、洗濯、買い物等）が発生し、結局自己負担分は25万円から30万円近くになるという。その上、認知症は受け入れないといわれるらしい。「悠々」だけが認知症でも精神障碍者でも受けてくれるというので知られているそうである。

　認知症の方へのケアは、24時間の見守りケアが絶対的に必要である。そして問題は何時発生するのかわからない。先日も徘徊の方が鍵を開けて思いついたときに脱出してしまうので、追いかけて、納得されるまで山道を1時間近くもついて歩かなければならなかった。総じて80代のお年寄りの脚力には、最近の車世代の若者はとうていかなわない。脱帽である。何度も繰り返される問いかけに飽きることなく対応する。うんざりしない！（これはすぐ伝わり、不安症状を悪化させる諸悪の根源となる）

　このケアを守って10年、「悠々」の実績はひたひたと近隣の地域包括の方々に口コミで広がっているらしい。ありがたいことである。しかし、スタッフの忍耐は半端なものではない。どうするか理事長！　スタッフを元気づけるためにお金以外

の（お金はどこを絞ってもないので……）何かいい知恵がないかと、この正月は頭が痛いことであった。

2018 年 1 月 3 日

## 理事長の条件について

　正月も明け、今日は七草がゆをやろうかという朝 6 時、ベッドから抜け出そうと体を起こした途端、洗濯機の回転ドラムに放り込まれたような眩暈が襲った。トイレに行きたいが立ち上がれない、無理に動こうとして床に転げ落ちた。床を這ってトイレまでたどり着き胃液を吐いた。浴室の洗面器を引きずり出しトイレットペーパーを引き抜いてベッドにたどり着き、さてどうするか。

　夫が単身赴任のわが身は、単身独居高齢者そのものなのだった。窓の外は牡丹雪が降っている。悠々のスタッフは一人朝ケアで、9 時までは身動きが取れない。しばし、じっと頭を枕に押し付けたまま時を待つことにした。9 時すぎ、かかりつけ医の循環器内科クリニックに電話する。

　「目が回って起き上がれない、吐き気が止まらず吐き続けている。どうしたらいいか」Dr.「頭痛はするか、手足の痺れや麻痺はないか」「いいえ頭痛はなく手足の痺れもありません」Dr.「じゃ睡眠不足や疲れからくる回転性眩暈だと思うから、ゆっくり寝ていなさい。それが一番の薬だよ」「はいわかりました。そう致します。どうもありがとうございました」となり、昼の 12 時まで寝ていたが、雪はどんどん本格的に降ってくるし、吐き気は止まらず、とうとうペットの餌やりを悠々にお願いすることにし、スタッフに電話した。脱水症状になる可能性も考え夜まで待って病院に駆け込む非は避けたいと思い、「誠に申し訳ないが」と言って、お隣の N さん（山の反対側に住む）にすがるしかないかと電話をかけた。直ちにご夫婦二人が駆けつけてくれた。山道を下る車のなかではビニールの袋を被って吐きに吐いたが、嫌な顔一つせず病院に運び込んでくれた。遠くの親戚より近くの他人（親戚以上義兄弟！）とはこのことをいうのだろう。

　県立病院に運び込んでもらったが、休日なのにドアを開けていてくれる病院が存在することのありがたさをこの身で知って、あらためて涙が出るほどだった。一日点滴し、一昼夜死んだように眠って翌朝、眩暈が止まりトイレに行けるようになり、朝食のおかゆを少し食べ、吐き気が上がってこなかったので、退院となった。

10 年間で車ごと崖から落下したことが 1 回、寝起きに転倒して右膝蓋骨骨折が 1 回、インフルエンザ罹患が 1 回（いずれも自宅療養）、そして、今回の疲れのための入院である。こうしてみると不注意が 2 回もある。

　入居者が重介護になり、スタッフも年を取ったり病で倒れたり、そして今年度は大切な役員のお一人を昨年末 26 日に亡くした。理事長も来月は 77 歳となる。

　どこも人出不足が経営者を追い詰めている。零細企業の悠々、人事管理もやり、事務もやり、人手がなければケアもやり、賄いもやる。つり橋を渡っているような日々である。そこで理事長の条件、若くて健康。そして人に対する愛であろう！

2018 年 1 月 10 日

## 鬼の攪乱の後処理

　今朝は雪ではなく、久しぶりに雨音で目が覚めた。そっと庭に出ると庭に植えこまれたパンジーの氷が解けて生き返ったような顔をしていた。自分の心もほっと溶けたような気がした。

　さて、正月明けに倒れて（鬼の攪乱といわれて）、スタッフや入居のお年寄りに本当にご心配をおかけし、少しボケの入った頭でよろよろ考え、今まで頑固に守ってきた理事長の筋（勝手な思い込みか……）を、しばしの間断念することを理事会でお許し頂いた。

　一つは理事長のこだわってきた賄い（手作りの温かい食事を食べさせたい）を、しばしの間、週 2 日（理事長の賄い日）近くの N お惣菜やさん（おいしいと評判）にお力を借りることにした。惣菜 1 食 400 円（ご飯は悠々で炊く）を昼夜運んでいただくことにし、朝はモーニング（名古屋圏で有名⇒カフェオレかミルク紅茶＋トースト on バターかジャム＋ヨーグルト＋スープ＋サラダ）を朝ケアのスタッフがセットすることにした。これは我が悠々のお年寄りに大好評だったことと、ご近所のお年寄りたちも「珍しい！　こんなうまいもん食べたことない！」と評判になっているので取り入れることにしたのである。

　賄いスタッフの不足を理事長がカバーしていれば一見安上がりに見えるが、理事長の体力、気力に先がないことを理事たちも勘案し、この件を了承してくれたものである。今いる賄いスタッフに無理をお願いすることは、労働基準監督署の査察が入り、厳しい是正勧告を受けたため、断じてできないのである。といって 77 歳に

なる理事長、週2日の朝4時半起きで夜7時までの肉体労働は、今回の入院で懲りたのであった。こうして「悠々を止めな！」という家族たちの厳しい叱責を逃れることにしたという顛末である。

　二つ目は、この少ない入居者問題（現在4人）の解決のため、この数日やっぱり走り回っていた。

　今まで泰阜村のためにと入居者、利用者を待ってこの10年間がんばってきたが、泰阜村は社協ががんばっているので十分らしいということで、今回、この空室を埋めることは無理と判断した。理事たちからも「他からもどんどん入れたらいい」とアドバイスを受け、隣村の阿南地域包括との協力体制を推し進めることにした。早速お一人（88歳男性、単身独居、心疾患？）永住入居のお問い合わせを受け入れることにし、ご夫婦（退院後の療養入居）の受け入れもお受け入れすることにし、正式に隣村の地域包括に協力体制を組むご挨拶に向かうことにしたのである。その直後、他村からも協力体制のお問い合わせがあった。

　なあんだ。私の泰阜村への10年間のこだわりはもういらないのだと一人悟ったのであった。

2018年1月17日


### 時代の先駆け吉田一平市長にお会いして


　早朝、いまだ雪と氷と化している我が家の駐車場を何とか脱出し、愛知県長久手市の吉田市長を表敬訪問するという願いが叶った。この方は、福祉分野では全国に名を知られていた「ゴジカラ村」の経営者で、その発想の基点が福祉の原点である「すべて人は人間らしく（健康で文化的な暮らしを）生きることができる」を実践しようと人生をかけておられるとお見受けした方であった。当時、悠々は建設中（10年以上前）で、たまたま視察で泰阜村村長を訪れていらっしゃったとき、村長からこの名も知れぬ変わり者のことを耳にし、興味を持たれて「会いたい」と望まれ、私が役場に呼ばれたという経緯がある。その時は怖いもの知らずであった私が、鋭いご質問に答えお帰りの際に「あんたは本当に人が好きなんだね。今日はいい人に会った」と、意味深長なお言葉を賜ったものだった。

　それから、何年かして長久手町の町長選に初当選され（現在は長久手市長）、今回「悠々」も10年経過し、当初困難にぶつかるたびによろよろと「ゴジカラ村」

を訪ね、温かくもてなしていただきそのお人柄に触れて、もう一度立ち上がる力を
いただいたお礼とご報告を兼ねて、面会を申し入れたものであった。

　10年前の長久手町は長久手市として幾数倍も拡大し、近年若者から「最も住み
たい街」と熱い想いを寄せられる評判の街に格上げされていた。さすが吉田さんな
らではの発想力で行政を生まれ変わらせているのかと、期待で胸を膨らませて面会
室？でお待ちしていたが、作業服姿でさっそうと現れたのは、行政マンのトップリー
ダーとしての責任をその背にズシリと背負われたその人であった。

　あの「ゴジカラ村」の事業集団を率いていた福祉のトップリーダーであったとき
のお顔とは、別人のような厳しさを湛えたそのお姿と、日本の（世界の）未来を見
据えて取り組まれている様々な企画が、そのどれもこれもが、やはりあの「ゴジカ
ラ村」の理事長であったときと同じ人間愛に満ちたものだと知った瞬間、この吉田
氏の人間の大きさに撃たれ、このような方にお会いできたことを光栄に思った。こ
こにも自分の能力を超えていようがいまいが、目の前の人間を愛せずにはいられな
い、本当の意味で、ただひたすら幸せを願わずにはいられない、一人の人間が生き
て自分と同じ地に存在していることに感動し、感謝せずにはいられなかった。

　ともに同じ方向を向いて、歩いている（その方は走っている）同志にお会いでき
たと感じて、もう一度私なりの覚悟を新たにしたのだった。正月明けに倒れて入院
してから1か月、スタッフの方々にご無理をお願いしてきた。ありがたかった。でも、
いつまでも甘えて惰眠を貪っていてはならぬと言い聞かせ、週2日の賄い婦に復
帰した。

　人々の幸せを願う仕事を背負って生きるリーダーには、自分を一歩後に置いて行
動する覚悟を教えられた一日であった。

　吉田一平さん、貴重なお時間を私のために割いていただいて感謝でいっぱいです。
ありがとうございました。

2018年2月9日

## パートナーの覚悟——終の棲家を決めるまで

　雪のアルプスの真ん中を突っ切るように走る中央高速道路を南に下って飯田山本
ＩＣを出ると、そこに広がる風景は天竜峡の船下りで知られた小さな商店街の並ぶ
昔の街である。そこはＪＲ飯田線の特急が止まる「天竜峡駅」、下伊那の観光地で

もある。我が泰阜村は、そこをさっさと通り抜けて県道一号線を南にまっすぐ下り飯田市と泰阜村の境界にかかる千泰大橋を渡った先にある。この大橋は、この世の経済を中心とした行政区と、神秘的な深い緑に包まれた日本の昔の故郷はこうであったかと思わせる懐かしい山里に入る境界でもある。

　この度悠々が10年を迎えることになって、理事長もその伴侶である夫も歳を取り、「人生の最後をどこでどのように迎えるか」について真剣に話し合う機会が多くなった。その話し合いは、家族としては「もういい加減に苦労のわりにこれといった成果が目に見えない趣味を止めて、今まで根拠地としていた○○市の都会ライフに戻ろう！」というものであった。

　ぎょぎょぎょ！　「この方は根っからの都会人であったか」と、またまたあらためてその根本的な生き方の違いを思った。ネオンが好き、赤提灯が好き、スポーツクラブで汗をかくのが好き、そして自由時間のほとんどを書斎にこもって新たな研究に没頭するのが生きがい……。一方私はといえば、緑の森が好き、花が好き、お年寄りたちとお茶をするのが好き、四季折々の大自然に囲まれてその自然のなかで汗をかくのが好き！　うーん……この折り合いをどうするかで行き詰まっている。我が伴侶はこの私の我儘に付き合って、もう2年も単身赴任を耐えてきた。週末ごとに6時間かけて勤務先の病院から山奥の我が家に帰ってくる。彼には○○市の閑静な住宅地に広くて日当たり良好なマンションがある。定年後、どちらで住むか、終の棲家をどこにするかの問題で、激論を戦わしたこともある。

　私が出した検討課題はこうである。

①定年後「心を打ち明けて相談できる人はいるか？」

彼：関東地方に済む大学時代の同級生が4、5人（病気のとき助けてもらう／泰阜村のご近所さん2、3人（日々の困りごと心配ごとの際に駆け付けてくれる）

私：「悠々」のスタッフ3人（いつも心配してくれて非常時には飛んできてくれる＋愚痴の相手・家族同然）＋集落のご近所さんたち4、5人（集落の問題を汗をかきながら守っている絆がある）／大学時代の教え子10数名（理事長の健康と「悠々」の将来のことを心配してくれる）

②自家用車を利用できなくなったらどうやって生きていくか

彼：ノルディック・ウォークで「悠々」まで歩いてデイサロンを利用し三食を確保、役に立たなくなるまで医師として誰かの役に立つ仕事をしていたい。要介護認定されるまでは家事は自分でがんばる。／最後は「悠々」で悠々自適に暮らしたい。

私：「悠々」の後継ぎが現れるまでがんばる＋ショップライダー（電動四輪駆動車）で通勤／重度の要介護状態になったら「悠々」で悠々自適に暮らしたい。

　パートナーの結論。都会生活を捨てて、皆に助けられながら温かい人たちのなかで悠々自適に暮らそう！

2018 年 2 月 28 日

### 残雪が消えて我が家に春の気配！

　朝まで３センチも雪が積もっていた我が家の庭に、たまたま見つけた夫が「花が咲いてるよ！　春だ、春が来たね」と指さしたその先にピンクの椿の花が４、５輪咲いていた。その日は 25 年間泰阜村の大自然に惚れて通い続け、「ここを終の棲家にしたいからお願い！」と頼み込んで自宅敷地を分けていただいてから 15 年、やっと熱い念願がかなって、カタクリと笹百合、春蘭などの山野草の宝庫・群生地であったという山林２ヘクタールを譲っていただくことになった。
　二人の村の重鎮に私と大山持ち氏との間を取り持っていただき、保証人までお引き受けいただいた。そして、私たち二人が少しばかりの山の斜面を手に入れることになった。なんだかやっと山の民の一員として受け入れていただいた気持ちがして嬉しかった。足が地面についたという安心感である。
　私たち夫婦は、早速自分のものになるという森のなかを、長靴を履いて歩きまわった。しかし、山歩きになれない都会人の二人は、落ち葉が堆積し蔦がテグスのように張り巡らされた森のなかを歩くことはできず、その周囲を歩き回り外からのぞき込むばかりであった。
　元の木より太い蔦に搾り上げられてほとんど枯れかかっている広葉樹を発見し、助けてやりたくなったが、まず道具を買わなければ……とこれからの生きがいが見つかってわくわくした。そして足元に若草色の蕗の薹が両手にいっぱい！
　今晩の夕食は春の山菜のてんぷらと決まった。

2018 年 3 月 11 日

## 悠々の新しい形のお客様

　雪融けの進んだ我が家の庭先にもチューリップ、水仙、クロッカス等の緑色の芽が顔を出した。春が山奥の庭にもやってきた。森にはまだ枯れ枝色をしている木々の間を小鳥たちがチュッチュッとさえずりを響かせている。あたり一面の春の輝きに満たされて、悠々にも春がやってきた気配。

　新しいお客様である。昨日その若いお母さんの訪問を受けた。協力隊でこの下伊那地域にいらっしゃった女性、お隣町でコーヒーがヤケにおいしいと評判の小さなカフェを開いていらっしゃる。お腹には５か月の赤ちゃんを抱えていた。この悠々の広く暖かな交流センターに一歩入って気に入られたという。それほどでもないが豆から挽いたコーヒーをスタッフに勧められ、落ち着かれたようだった。

　彼女の呟き……「こんなところにちょっと立ち寄って休みに来てもいいのかなあ」
理事長「はいはいもちろんです。そのための住民のための交流センターですから、特別な用がなくても、だれもが好きなときにきて好きなことをしているために、この悠々は作られたんですから、どうぞゆっくりとしていってください」
彼女「もう少ししたら出産なんですけど、それまで時々ここで休ませてもらっていいですか？」

　理事長「もちろんです。そうやってお役に立てたら嬉しいです。出産後の御里帰りを、この悠々で１か月ほどお世話をさせていただくというのはどうですか？」

　彼女「ええっ！　本当にいいんですか？　里に帰ってもあまり助けてもらえるような事情ではないので、そんなことがお願いできたら嬉しい！」

　理事長「こちらのスタッフは常勤３人、非常勤２人（看護師３人、乳児保育の経験豊富な保育士さん１人、賄い１人）です。安心してお預かりできると思います」

　彼女「友だちもいて、経験豊富なスタッフがいるなら、安心して出産後の療養ができそうです。夫と相談して……」とお帰りになられた。

　この日をどれほど待っていたか。この事業は、地域のお年寄りばかりではなく、子供たちのためにも、働くお父さんやお母さんたちのためにも、「ちょこっとだけお手伝い」をしたいとはじめられたものだから。

　10年経って、やっと初期の思いが地域の人々に届きはじめた予感がする。途中であきらめなくてよかった。待って待って待ち続けてよかったと心から思う春。

2018年3月13日

## 「地域交流センター悠々」開設 10 周年記念式典の案内

　泰阜村の里山に一度に春が来て、浅黄色に萌え出した木々の間から満開の桜が色を添えている。花の好きな村人の家々の庭には一斉に色とりどりの花が咲き誇っている。泰阜村がもっとも美しいといわれるときが来た。いつものように悠々にはツバメも姿を現して、巣作りに精を出している。我が家の里山にも一斉に紫色の可憐なカタクリの花が咲きはじめた。山歩きの古老たちに相談し、腰ベルトに鉈と鎌と折り畳みのこぎりを差し、地下足袋を注文した。毎日、朝いちばんにカタクリの花を見に森に入るのが一番の楽しみである。冬の厳しい環境のなかからだれに見られるためでもなく、ひっそりと咲くカタクリの花が愛おしく、汗を流して泰阜の山の民となるのだろう。

　さて、この春の最中に悠々では、開設 10 周年記念式典を迎えることになった。この 10 年間でこの悠々を訪れたすべての人に、そして全村民にご招待状を出した。悠々を懐かしいと思ってくださる方々とお会いできたら嬉しいと思ったからである。

　もちろん超が付くほどご多忙の方々は、御縁を結ぶことはできなかったが、悠々に行きたいが歳を取り不自由な体を抱えた身では行けないとの、切々としたお声も届いた。人手でさえあったらお迎えに上がったのにとも思う（三重県の賢島在住という）。もうお一方からは、ご主人の心臓の手術を抱え、その上自身は難病にかかって旅行どころではないとのお声も届いた。

　悠々が年を取ったように、この東京からもっとも遠い島と揶揄される泰阜村への大旅行は、御縁がある人しかたどり着けないらしい。でもでもみんな御縁で結ばれた家族なのだから、いつでも声をかけてくださいね。必ず飛んでお迎えに行きますからね！

　冬が終わってこれからは満開の春、5 月 13 日（日）には満開の花々に包まれて過ごす一日を用意して皆様をお待ちいたしております。春の山菜料理もね！

　お楽しみに！

2018 年 3 月 30 日

## 結婚披露宴三次会？騒動

　春の夜、「結婚披露宴の後の花嫁さんが疲れるので悠々に泊まりたい」とのお申し出があり、東京からのご友人と二人、夜8時のチェックイン予約が入った。ケア付き民宿？（この場合ゆっくりと疲れを取っていただけるよう算段をしていた。たとえば、おいしい夜食の用意、広い浴室を温めておくなど）まあ、ゆっくりしていただくか……と高を括った理事長が手料理を作りお待ちしていた。

　ところがである。夜の9時を過ぎても姿が現れない。盛り上がった披露宴を抜け出せないのであろうと9時半まで待って、ご紹介いただいた知人に連絡を入れた。「あの、本当に○さんはいらっしゃるのでしょうか？　今は、披露宴はどうなっているのでしょうか」「私は一次会で帰ったのでそのあとの様子はわかりませんが、ちょっとお電話をしてみましょう」ということになり、現れたのが若ご夫婦と知人、夫の同僚の総勢5名。ぎょぎょぎょ！　その上「僕たち何にも食べてませーん。何か食べさせてください！」と叫んでいる。

　用意しているのは二人分、急遽冷蔵庫のありあわせのものを工夫して……。酔っぱらった夫が、見知らぬ仲間を引き連れて「おーい、腹減ったぞ、何か食わせろ！」と聞いたことがあったっけ。

　里の母親の気分で腹を括り、何品かを追加してテーブルに並べた。手作り焼き餃子、煮豚、たっぷり野菜サラダ、酢の物、ご飯に味噌汁……。好評だったのがお味噌汁で4人そろっておかわりし、鍋が空になった。テーブルの上が空になったころ「そろそろお風呂に入りませんか？」とやんわりとお勧めし、若者たちには「悠々は、このように若者たちでも食堂や民宿として利用することが可能です！」と宣伝し、帰っていただいた。この夜の理事長の帰宅は深夜12時半。鄙びた民宿のおかみさんになったような気分であった。

　でも、心のどこかでこの悠々の近隣に住む人々のだれかが、そっと立ち寄って憩ってみたい、そんな場所になれることを願っているのかもしれない……。

2018年4月6日

## 悠々のサポーターたちからの変わらぬ愛！

　泰阜村の里山が浅黄色に包まれて、地の底から立ち上るような生命の力を感じる。

その泰阜村に、一昨日愛犬を連れて久しぶりに訪れてくださった10年来の組合員にお会いした。愛車ポルシェに乗られて颯爽と自宅の玄関に顔をのぞかせたとき、懐かしさで心がいっぱいになった。超が付くほどのご多忙の関西方面の病院経営者である。「元気か？」とまず訊かれる。「え？　ああ、ええ……」と答える。「10年経って経営状態は順調に推移しておられるのか？」痛いところを突かれる。答えに詰まりしどろもどろの口をあうあうさせているともう察してくださって、私の言い訳をじっと目を見ながら耳を傾けて聞いてくださる。

　苦しくないはずがない！　それをどうやって切り抜けてきたかを探られて、最後にいつもの私の言い訳「もうだめだというときに天が私を見捨てないで、悠々で看取った子供のないあるお方が、理事たちがひっくり返るほどの遺産を寄付してくださって、実はまだ……当分の間倒産しません。大丈夫です。それと『この悠々があるから私は安心して歳を取っても最後まで自宅でがんばれる』という方がおられるので、がんばれます」。

　遺産と聞いてびっくりなさったS氏には、悠々の10年間の主事業が、お年寄りにはデイサロン（デイサービスが苦手な男性群の利用）と食堂（子供たちが帰省すると一家そろって利用＆授産所の帰り道に友人との夕食等）、ケア付き民泊（術後退院後の短期入居＆家族の都合によるお預かり）等、安定的に増えていることなどをお話して安心していただいた。

　大都会のこのような経営者にとって、10年間無給で働く経営者が、人出のないすべての職種をカバーしながら這いつくばって続ける意味について深く考えるとおっしゃった。

　そう、私はこの大自然の生命があふれ四季折々にその見事な顔を見せる神秘の山里が好きなのだ。そしていろいろあるが、その山里の民たちに愛されて見守られていることで十分幸せなのだと感じていただけたようである。

　「5月13日にはどうしても仕事があって出席できないので顔を見に来たのだけれど、泰阜村は本当に素晴らしい！」と感動して帰られた。それだけがただ嬉しい。さあ、明日からは10周年記念式典の準備に追われる。

　大学教員時代の教え子から次々と式典に飾ってと豪華な胡蝶蘭が届けられている。沖縄の友人医師からは泡盛の樽が届き、岩手からは銘酒の6本入りケースが届いている。

　参加できないからとあふれるほどの愛をいただいている。

「もう辞めたいなどと言わせない！」
「わかったよ！　がんばるよ！」

2018 年 4 月 30 日

### 記念式典を終えて――春本番

　10 周年記念式典を終え、あたりが浅黄色から深い緑の森に代わっているのに気づいた。式典は予想よりずっと多くの御来賓や知人友人の御来席をいただき、大阪坂本病院 S 院長様からのプレゼントで、和太鼓「MaDaRa」メンバーのジャズのリズムを感じさせる軽快な太鼓演奏は、会場のおしゃべりを止めさせるほど魅了ある響きであった。

　沖縄の W 理事長様からの琉球王朝古酒泡盛での乾杯は、記念品の特注の素敵な桜模様の一合升に入った美酒で参加者の度肝を抜き、その後の歓談の糸口となったほどであった。和やかに入り乱れて話が弾み予定よりも長い時間をお楽しみいただいた感じがあった。

　お帰りには議員さんたちから「先生、10 年ようがんばった。これからは応援させてもらうでな……」とのお言葉を次々とかけられ、理事長の目がウルウルとなるほどであった。

　10 年は私にとって長かったであろうか。開所式のときの疑惑に満ちた視線（当然だが）を思うと格段の暖かさを感じる今回であった。くじけないでやってきてよかったと思う。私がかけた願いは「この地に住むすべての人々に安心を与えること」であった。今にして思えば力不足は明白である。しかし 10 年を振り返ってみればこの地の人々に、自身の暮らし（大雪で車が埋まり、大雨時倒木が玄関を直撃し、凍結した急坂で脱出不可能になったとき駆けつけてくれたことなど）を丸ごと抱えてもらっていた安心感がある。

　悠々も多くの組合員さん、ご近所さん、隣町の地域包括の方々、そして私の大切な友人たちに支えられ励まされて今日まで幸せであった。そのお力をいただいて私は当初の「だれもが安心して住み慣れた地で住み続けること」ができるように、これからも全力を尽くしてがんばっていきたいとお約束して式典が終わった。

　皆様、本当にありがとうございました。そしてどうぞこれからも応援をよろしくお願いいたします。

このたび「高齢者協同企業組合泰阜」の「地域交流センター悠々」の諸事業活動に対し、長野県中小企業団体中央会様より会長表彰をいただきました。本当に身に余る光栄で、この事業がＮＰＯ法人でもなく、社会福祉協議会でもなく企業組合を選んだ理由が、「自分たちの幸せは、まず自分たちで工夫して自分たちで勝ち取る努力をする。それでも個人の力が及ばないときこそ公的援助で助けてもらう！を信念にがんばりたいからである」と申し上げたことが、中央会の役員の皆様の納得を得られたのだとお聞きした。

　嬉しかった、感謝でいっぱいで言葉にはならなかった。「これからは県中央会も後押したい」とＳ副会長からの直々のお言葉も賜った。悠々の新しい希望である。

2018 年 5 月 16 日

## 心はやれども……

　5月、今年の春はやっぱりおかしかった。真夏が来て2、3日後には炬燵やストーブが欲しかった。入居者のお年寄りたちも体調が思わしくないようだ。そして、この老体も 10 周年記念式典の喧騒が収まっても、いつまでも疲れが取れず倒れた。またまた薬の数が増え、歳を取るとはこういうことなのだと感じ入った。

　我が庭のヤマボウシがやっと真っ白な花を咲かせ、笹百合の蕾が大きくなってきた。ゆっくりとひそやかに初夏の気配がはじまっている。あの浅黄色に包まれた里山は深い緑に変わり、悠々の軒先のツバメの巣の雛たちも大きくなった。悠々の庭には雉の親子が姿を見せるようになった。

　新しいお客様の訪問が続き、お問い合わせの電話が増えている。私たちは少ないスタッフでがんばる……というつもりであったが、いちばん先にやはりこの年寄りの体が音を上げた。心はやれども、である。

　さて、この人手不足の危機をどう乗り切るか……。その時に天は悠々を見捨てなかったようだ。30 代の山形出身の若者が悠々とご縁ができ、あれこれと助けていただけることになった。独り親方というのであろうか。大切な彼の家庭を守るために、村の重鎮のあちこちに声がけし、彼の仕事が途切れないように村のみんなでサポートしていこうということになった。過疎の村にとって大切な労働力が、私たちを助けてくれるというのだ。大切に守らなければ罰が当たると思う。

2018 年 5 月 28 日

## 94歳自立女性の入居顛末

　この度、隣村から新しいお年寄りをお迎えすることになった。94歳女性自立三世代同居（泰阜村出身）。しかし同居のご長男が手術のために入院となり、その間転倒の恐れがあるお年寄りの見守りができなくなるのでと、1か月の短期入居でお預かりしていた。そのIさんが1週間ほど悠々の暮らしを体験してこんなことを呟かれた。「わしは、自分では掃除も洗濯も何でもできるし、裏山の畑にも出て行って畑仕事もできるので、家族には迷惑をかけないできたと思い込んでいたが、本当はやっぱり留守の間に転んだら困ると心配かけておったんだねえ」。しばらく様子を見ているとかすれ声が異常に小さい。悠々で朝昼晩と10時と3時のお茶タイムに食堂に出てきて、臨席の89歳のMさんが知り合いだったということもあって、おしゃべりが弾んだ。そのうちに「こんな連れがあってよかった。施設に行けと言われたが、こんなに楽しいとは思わなんだ」と、お互いに楽しさ倍増の日々となった。女はいくつになってもおしゃべりが元気の秘訣なんだということになった。そして、約束の1か月が近づいてきたある日、こんなことを呟いた。

　「わしはこれまで長い間声を立てて笑うということがなかった。家族は優しかったけれど、みんなそれぞれが忙しくしていてわしのいる場所はなかった。わしは飯がすむとすぐに自分の部屋に行って他の家族たちが楽しそうにおしゃべりしているのを聞いていたもんだった。それでこのごろ年寄りは長生きをしてはいかんのだなあと思うようになった。家族たちはみな優しいので、施設に入れとは言えないのだから、わしから施設に入れてくれと言わにゃあいかんのだなあ……と。でも、何十年も住み慣れた家から離れるのはつらくて言えなんだ。大好きな家族たちと離れるのは決心がつかなんだ。けど、ここならゆっくりと自分らしくおらせてもらえる。ここにおいてもらえるのかねえ。このような年寄りが幸せになっていいのかねえ」「それとここで最後まで置いてもらえるのかねえ。それが心配で……」

　理事長「大丈夫ですよ。あなたがそれをお望みで、ご家族がそのことを『いいよ』と言ってくださったら、最後の息を引き取るまでここで私たちと一緒に暮らすことができますよ。私たちはご縁で結ばれた新しい家族のように暮らしましょう」

　1か月半後ご家族との話し合いをして、永住入居の契約が結ばれた。

　この1か月半のIさんの永住入居に至る顛末を経験して、お年寄りが90歳を過ぎると身の置き所がなく、あの信州のどこかの姥捨山伝説を思い出すのだと知った。

後日、古老から、「昔『姥捨て山』というところが泰阜村にもあったんだよ。この村では年寄りが70歳になるとそこに捨てられたもんだ」と聞いた。深沢七郎の姥捨て山の伝説は、信州の山深い部落の90代の年寄りには自分のことのようによみがえるのであろうか。

　その姥捨て山伝説を、悠々では「最後までゆっくりと穏やかにいつものように暮らして生きていてもいいんだよ」と、塗り替えたいものだと思う。

　森に包まれた我が家の庭の木陰に、楚々としたピンクの笹百合が満開だ。森の精たちに包まれ泰阜の幸せをいただいて、私は今日も元気になる。

2018年6月12日

### 要介護4の退院患者M氏をお迎えして

　2か月前に脳梗塞左麻痺重度で緊急入院し、何とか命を取り留めた92歳の男性が、リハビリ入院を終えて夫を待つ妻の下に帰ってくる……。要介護1だった彼は要介護4となり、見守り付き歩行器歩行、介助付き嚥下食、見守りポータブルトイレと重度の介助付きの身になって戻ってきた。問題は精神的に自律神経失調症を抱えている90代妻との同室での生活である。

　可能な限りケアは私たちスタッフがやるので、緊急時の通報をお願いすることになる。最後まで、ご家族を支えながら懸命の支援をお約束した。どんなに介護が重くなっても、長年連れ添ったご夫婦でともに残りの人生を過ごせるように私たちで、全力を尽くそうと思う。

　もうお一人時期を同じくして85歳の女性が永住入居を希望してこられた。81歳で転倒骨折し骨粗しょう症があるということで手術は受けられず絶対安静にして自然治癒を待つという医師のご判断で、4年の間寝たきりの3か月ごとの施設移動が続いた。要介護度が1ということで特養には受け入れてもらえず、老健をたらいまわしにされていた。諸事情があって61歳の長男一人がこの母親の世話をしていた。他の家族はみな病や障碍に倒れ、彼だけが家族の介護、療養を引き受けていたのだが、限界に来たとの訴えがあった。

　そのお年寄り85歳要介護1をお受けすることになった。車椅子見守り介助の彼女の問題は、精神的問題を抱えているとの情報があるが、普通のお年寄りが4年間も施設を放浪して生きていなければならないなど、精神的におかしくならないほ

うがおかしいと思う。

　このお年寄り、手がかかりそうだが大切にできるだろうか……。大切にしようと思う。

　それにしてもスタッフの人員が足りない。朝ケアに一人のヘルパーが獅子奮迅しても 30 分もかかる。その方々を 3 人も抱えていてはスタッフがつぶれる。労働基準監督署の目も光っているし……。理事長が賄い週 2 日と朝ケアをそれ以上抱えるなんてこといつまで続くことやら……と思う。せめて朝ケアだけでも介護保険サービスの巡回サービスをお願いしたいものである。社協も人材不足で振り回されている現状では、これもなかなか難しいとのことである。

　さて、困っているご家族の支援を続けるためには、強力な人材を確保するという理事長の力が求められる正念場にかかっているということであろう。

2018 年 6 月 26 日

## 染み入る言葉をいただいて

　昨日は蒸し暑い一日だった。悠々ではお年寄りが寒がるこの季節、扇風機さえ置けず、ましてやクーラーもかけない。私たちスタッフは大汗を拭きながら「暑いね、暑いね」を連発し「もうこれ以上脱ぐものはないし、風はそよとも吹かんし、あはは」と愚痴っていると、Mおばあちゃん「今日は暑いねえ、わしはやっとガラス窓を開けて網戸にしたよ」という。「Mさん、あんたはまだ腹巻と股引はいてんのかね」と訊くと、「もちろんさ、股引もはいてる。これは一年中取れんのさ、腹巻とると下痢をするし、股引脱ぐと足元が冷えて冷えて眠れんのさ」と言う。「そうか、でも真冬のダウンケットはもう外そうよ。夏掛けの上に毛布をかけて調節しようか」と言うと、今度は Iおばあちゃんも声をそろえて「駄目だ！　腹巻はしとらんけどわしも股引を一年中脱いだことはないよ。冬布団も昼はくるくると足元に巻いておいて、朝晩はそれを引っ張りあげて寝るんさ」と言う。「朝晩は冷えるからの」……「そうなんだね、わかった」私たちスタッフは、こうやってお年寄りと私たちには皮膚感覚の根本的なずれがあり、お年寄りが暑さ寒さを自由に調整して生きているのだと知ったのであった。

　その会話のなかで、「私はこの年まで本当に苦労して生きてきた。農家に嫁に来てから、70 年間でお父ちゃんと一緒におれたのはたった 10 年間だった。お父ちゃ

んはトンネル掘りの塵肺で倒れるまでずっと出稼ぎに出て家計を支えてきてくれた。残された私は一人で子供を育てながら家を守らにゃならんだった。田の代掻きができんで、隣のおじいちゃんによう笑われておった。そのおじいちゃんは見ておれんと言って、ほんに親切に代掻きを手伝ってくれたもんだった。わしは本当に親切ないい人に助けてもらってここまで来たと思う。お父ちゃんが帰ってきてからの最後の２年は入院していて、一日中ずっと傍に付き添っていた。親戚の嫁さんが「たまには代わってやらにゃあ」と言われたけれど、お父ちゃんが「あれが一生懸命世話をしてくれるから、Ｍ子でいい」と断ってくれた。「嬉しかった」と言う。

つづいて「生きているということは本当に大変なこと。こんな年まで生きておって家族に迷惑をかけて申し訳ないと思っておった。自分から『施設に入れてくれ』と頼まにゃいかん歳が来たのだと思っておった。だが今度息子から『手術のために入院するからどこかに預けたい』と言われたとき、じっと息子の目を見た。息子もそれ以上何も言わず、じっとわしの目を見ておった。とうとうその日が来たのだと知った。家を出るときわしは、『ちょっと車を止めてくれ』と娘に頼み、振り返って家を見た。70年も暮らしてきた家を見たかった。もうあの家を出たら帰れないのだと思った。辛かった。振り返ったら息子が一人門の前に出て、見送っておった」と涙を流しながら語ってくれた。

施設に入るということの意味を、私たちはもっともっと深く受け止めねばならないのだと知らされたのだった。

その後に続く言葉で、私たちも涙した。

「この年までいろんな施設を見て来たけれど、こんなゆったりと自分らしく過ごせる施設があるとは知らなんだ。私はここにきてもう思い残すことは何もなくなった。お迎えが来るまで幸せに待っていられると思う。ここのスタッフは、それぞれ顔が違うけれど、みんな本当に優しい一つの心だと思った。どうしたらこんな一つの心になれるのか知りたいもんだ。今度入居するＡさんも（ご近所のお知り合いの方らしい）早く入ったらいいと思っている」

10年目にこのような言葉を入居者からいただいた。この苦しいときに、私たちは天からの励ましの言葉をいただけたのだ。ただ、ただ感謝！

2018年6月28日

## 家族未満友人以上のケア

　脳梗塞、左片麻痺を発症したM翁が、無事リハビリを終えて一昨日悠々に帰ってきた。認知症が少し重くなり食事も刻みトロミ食全介助となった。そこで病院で行われていた既成のトロミ食と昼間の車椅子拘束自走の生活を変更することにした。

　まず、寸胴鍋にたっぷりの水を入れ、切り出し昆布1袋＋かつお節厚削り1袋＋どんこの干しシイタケ一握りを使って半日がかりでだしをとり、アイスキューブに入れ保存。基本的にはこのスープですべての料理を煮ることにした。

　帰ってから一番に、このスープで炊いた雑炊（たくさんの野菜とささみのみじん切り入り）にトロミ剤を少し混ぜ口に運んだ（塩、醤油等の調味料は一切なし）。本人「おいしい！」と一人でパクパク食べはじめた。完食である。スタッフ一同それを見守りながら「やっぱり本当においしいものは、介助しなくても自分で食べるんだね」と確信した。この日はこれにカボチャの煮つけを一つ、スープで塩気を抜いたウナギのかば焼きを潰しスープで緩めたものにトロミ剤少々が混ぜられた心ばかりのご馳走となった。「退院祝いね」と伝えるとニコっと笑った。

　さて、問題は昼間の車椅子に乗せたまま拘束帯で縛り、室内を自由に動き回らせておくというケアをどうするかである。

　92歳の彼は、もう4年も前から3食とお茶の時間以外はベッドで寝ている習慣であった。リハビリ病院では、昼間は覚醒させてリハビリする目的のために、ずっと車椅子に騎乗する生活であった。おかげで歩行器歩行が見守りで可能となり、食事が椅子に座って摂れるようになり、ポータブルトイレに見守りが必要だが自分でトランスが可能となった。たった1か月間でこの年寄りをここまで復活させ得たリハビリ訓練の効果にはあらためて脱帽した。

　しかし、家に帰ったら彼はどうするであろうか。疲れを訴えベッドに戻りたがる彼を見て、私たちスタッフは覚悟した。少しぐらいケアが重くなっても、3回の食事を皆と一緒に食堂で時間をかけて食べ、10時と3時のお茶も食堂で時間をかけておしゃべりして過ごす平均5時間でいいことにしようか……。「5時間、十分だよね。92歳なんだもの。ここは死ぬまで暮らす彼の家なんだものね。ゆっくりしてもいいよね」

　これが「悠々的ケア」の基本的考え方である。その上スタッフはみな優しい。

2018年7月8日

## 泰阜村の初盆まいり

　昼の猛暑は、日本列島いずこも同じだが、この泰阜村、朝の４時にはクーラーのきいた室内（27 度に設定）より外気温のほうが圧倒的に涼しい！　窓の外の森からはカナカナゼミの声が聞こえ、もう秋なのだよと知らせが届く。

　悠々のお年寄りたちも、いつになったら雨がくるやらと祈りにも似たため息をつく。泰阜村の野菜畑が赤茶色に焼けて、畑一面枯れてしまったところが目に付くようになった。山間の田んぼの稲もどことなく勢いがなく黄色っぽい、生育がいつもの年より遅れているのかと思う。悠々のアジサイは花が開いたまま枯れて茶色になっている。

　今年も午後になると、毎日のように救急車のサイレンが里山に響かない日はなかった。毎日毎日その音が里山にこだますると、どこかでまたお年寄りが熱中症で倒れられたかと心が騒ぐ。悠々のスタッフにも訃報が届き、大切な方々が亡くなって８月14日は初盆参りのために、スタッフの影が消える。肝心の社協も休み。

　さて、重度介助のお年寄りを抱えた悠々をどうするか。365 日、助けを必要とするお年寄りを抱え、残るは理事長一人である。

　今年は、日中のケアと賄い、夜動当直を連続で引き受けた。労働基準法は、管理者には適応されていないとかで、安心して 24 時間眠らず休まず働けるらしい、その上無給……。

　今年もたくさんのお年寄りが逝かれた。寂しさがじーんと胸に染みてくる。そのお一人お一人がこの村の力仕事を引き受けていて、だれからもこれといって褒められもせず、黙々と村の管理をしていたのだと聞く。

　その方々が一握りの灰になってしまって、力仕事に慣れない若い衆が残って……。さて、残されたこの村はだれが支えるのか考えたい。

2018 年 7 月 26 日

## ケアする者がバーンアウトするとき

　その日はとうとうやってきた。85 歳Ｋさん要介護１、81 歳のとき自宅で転倒し病院に担ぎ込まれたが、骨粗しょう症で手術ができないと安静を強いられ、寝たきりになった。それから４年間、３か月毎に特養、老健をたらいまわしになってきた。

「悠々」が空いているということで問い合わせがあったが、転居先からの医療情報、介護情報がまったく届かない。自走用の車椅子は自分で購入、食事は自立しているというが、おかゆを要求し朝は牛乳を人肌の温かさで、昼はお茶、夜は白湯でと指示が細かい。その根拠が書いてない。何か問題を抱えているのか問い合わせるが「別に、特に何にもありません」と口を濁される。盆前の悠々は人出がなく、介護者一人で朝ケアに30分もかかる要介護3の方（食事に介助がいるので実質的にはほとんど要介護4だが）をすでに2人も抱えていて、これ以上の受け入れはできないとスタッフに泣きを入れられている（探しても悠々通勤内に人手が全くない）。

　そこで、ご家族を呼んでなぜ家に帰れないのか伺った。「ご自宅で巡回ヘルパーさんを頼めば長男（61歳）さんとお孫さん（30代）なら要介護1の御婆ちゃんをお家で看れそうだが……」

　そう言われてご長男さんは、しばしの間絶句し、理事長の私の目をじっと見つめた。「もう受け入れてくれるところがどこにもないのです。3か月毎に家族が家に帰せないのなら自分で探せと言われる。この4年間3か月毎に仕事の合間を縫って探し回ることに疲れ果てた。助けてください」と言う。「なぜお家には帰せないのですか？」と再度問うと、重い口を開かれた。

　「自分の嫁は故あって家を出た。兄弟二人で妹は神奈川で施設で働いている。自分は建設業で疲れ果てて帰宅する。子供たちは（孫）一人は病弱、もう一人は施設に入居している……。自分も家族も精神的な病を抱えている……」

　このご家族の長期間にわたる精神的な苦しみを思って絶句した。「ご家族の皆様、長い間どれほど大変だったでしょうね。辛いことを伺いました。お許しください」と言ってからしばしの間自問した。この方を御受け入れするとして、私に何ができるか。スタッフはどこまで耐えられるか。Kさんは精神的ケアが相当大変なのかもしれない。

　ケアマネさんと相談すると「悠々」が駄目なら精神の施設があるが……と言われる。「その前に『悠々』で知恵を絞って全力を尽くしてみようか……」と、スタッフに頭を下げる。

　案の定それからの日々、夜動の当直男性に夜中に呼び出され、「『部屋の電気をつけてくれ、トイレに連れて行って汚れたパットを代えてくれ、抱えて寝かしてくれ』と言われるが、どうすりゃいいんだ、先生」

　「わかりました、すぐ伺います」と飛んでいって「当直のおじさんたちは素人な

のでケアをしてはいけないことになっているのです」と説明し、「この施設は人出がないので夜のヘルパーさんを雇えないのです。申し訳ありませんが、ご自分でできることはがんばって自分でやってみてくださいませんか？」とお願いしてみた。「ふーん。あんたはだれだね」と言う。「私はこの施設であなたを安全にケアできるのか、できないのかを判断し、場合によってはご自分の家にお帰りいただくかを決める理事長の本田です」と伝えると、「ふーん」と言われる。

「ご自分でトイレに行けますか？　見ていますからやってみましょうか？」ちゃんとベッドから起き上がり車椅子にトランスし、自走してトイレに行き、立ち上がって下半身の更衣動作をし、パットを代えベッドに戻って自分で布団をかぶって寝ることができた。

「よかった。ご自分でできますね。自分でできることはがんばって自分でしてみてくださいね。できないことを私たちがお手伝いいたしますので大丈夫ですよ」

これがこの夜の顛末であった。理事長の賄い当番のときには、「牛乳が人肌じゃないからやり直し、少しの時間なのだからじっと傍に立って見ていなさい。ご飯が少し硬いけど、あんたはご飯の炊き方を知っておるのかね。ご飯の水加減は手のひらを水につけて手のひらすれすれに水を張る。そうしてるのかね……」この試練はまだまだ続く……。スタッフは一日中これらの鋭い言葉にひどく傷つけられバーンアウトでやめそう……。さてどうするか理事長！

2018 年 8 月 12 日

## 地元の子供たちの職場体験の一日

台風の最中、地元の中学生の「キャリアデー」と呼ばれる職場体験学習が 3 日間行われた。緊張でカチカチになった中学 2 年生、90 歳を過ぎたお年寄りと話をしたのは初めてだという。そして 90 歳を過ぎても元気なお年寄りを初めて見たという。

悠々では、初日に自己紹介をかねてお年寄りの各個室を訪問し、お話を聞くという仕事を与えられる。今回のテーマは「昔、若かったころどんな暮らしをしていたのですか？」とお尋ねすることになった。

そこで、子供たちは想像もしなかったようなこの過疎山村の子供時代、どのようなものを食べ（桑の実がおやつだったなど）、どのような歌をうたい、どのような

ことが辛かったかについて聞いた。

　この村にまだ県道がなく橋もなく、トンネルもなく、ひたすら急坂な山の崖路を伝い歩いて尋常小学校に通ったこと、遠いお店にお使いに出されて暗くなったとき、山道で動物の鳴き声に震え上がったこと、近くに動物のごそごそという物音が聞こえ腰が抜けて、それはそれは恐ろしかったこと……を昔語りに聞かされていた。

　一人の御婆ちゃんからは鋭い問いをいただいた。

「あんたたちは、将来大きくなったら何になりたいのかね」

Ｔさん「このような人のお世話をする仕事をしたいです」

Ｓ君「まだわからないです」

「そうかね、そうかね。このような年寄りのとこに行くときには、歌の一つもうたえにゃいかんだに。わしが昔入院していたとき、若い看護師さんがいてな、癌で亡くなる前にその年寄りの傍で北国の春をうたってやってな、その年寄りも一緒にうたってな。こんな嬉しいことはないと泣いておったで……」

　帰るまでその子たちは悠々の年寄りの前で歌をうたえなかったけれど、帰りには、お礼にと言ってゼリーのおやつを作って食べさせていた。年寄りたちはどんな立派なおやつより、この子供たちの心配りが嬉しいと喜んだ。

　帰途、別れを惜しんでいるお年寄りたちを見て、このように子供たちと日常的に触れ合える機会に飢えているのだと感じて、過疎の村の少子高齢化の厳しさを知ったのであった。

　理事長「また、機会があったら遊びに来てね」「はあーい！」元気な声を皆で見送って……。ひ孫が帰るような気持ちを味わったことであった。

2018 年 8 月 25 日

### 台風一過とお年寄りたち

　9 月 5 日、大型台風の泰阜村直撃を免れたものの、その夕は賄いさんを早々に帰し、ヘルパーさんも夕食後のケア後には早々に自宅に帰った。泰阜村の外れから出勤予定の宿直 M さんにも、出勤途中に何があるかわからないのでと自宅待機を指示し、その夜は、我が理事長（単身なので）がペットとともに避難準備をリュックに整えて宿直交代することになった。

　強風の荒れ狂う音の最中、各入居者の様子を確認し、停電時には各部屋に置くラ

ンタン、食料、水を確認し、テレビ画面に見入っていた。深夜巡回ヘルパーの訪問が定時になっても来ないことを確認し、要介護4のMさんのおむつ交換に入った。その後巡回ヘルパーさんが訪問され、驚いた。「この台風の最中、危険なので来られないかと思いましたので、代わりにやっておきましたが……」

「いえ、どのようなことがあっても、上からの指示がない限り、私たちはなすべきことをせねばなりません」

「うーん、真っ暗な山道には突然の倒木、土砂崩れがあります。真っ暗な道の陥没のなかに落ちる可能性がありますよ、もうここでやめてください」

「いえいえ、まだこの後3軒ありますので、お年寄りが待っていますので……」

ただただ頭が下がった。泰阜村の在宅福祉は、このような献身的なヘルパーさんの心意気に支えられているのだ。ありがたいことである。悠々のお年寄りたちは、理事長が泊まるというのでちょっとだけ嬉しそうな顔をしていた。まるで母さんが傍にいてくれる子供のような顔をして眠りについていた。

その夜が明け、泰阜村でも各地で土砂崩れのため通行止め、倒木のための停電、電話線の断線などが相次ぎ、村の建設係の青年たちが、車で走り回っているのに出会った。ああ、この方たちも昨夜から村中の山道を走り回りながら、村民の安否を確かめていたのだと、あらためて住民の安全と安心のために働く人たちに私たちが支えられているのだと知った。

この村の山奥に住む、独り暮らしのお年寄りたちの不安に思いをはせながら天に祈った。

「どうぞこの村の……、全国の人たちの安全が守られますように」

2018年9月7日


### 癌のターミナルケアをともにして

悠々のケアには、介護保険指定事業所にはないメリットとして、癌のターミナルを家族とともに最後まで看取るという特別な支援がある。値段は同じ1泊3食（特別手作り食付き）ケア付き5千円。そのような場合でも高いか安いかを考えてこなかった。これまでにスタッフを一人、悠々の理事さんを二人、神奈川県から「悠々で死にたい」といって介護タクシーで飛び込んでいらした方お一人をお引き受けした。最近は、抗がん剤治療は通院で行う。泰阜村は山奥なので、治療のために片道

1時間の山道を毎日通院できる人は少ないと思う。ステージが重くなってくると、体力的にとうてい自分では運転できなくなる。しかし、家族（妻）が運転免許を持っていない場合、タクシーで片道1万円弱を往復は払えない。この過疎山村でそれも引き受けなければ命の保障はない。精神的に追い詰められた家族ごと引き受けて、個室にて療養がはじまる。

　最近、悠々のケアスタッフに看護師がいること、顧問医師が絶えず相談に乗ってくれていること、病院のケア記録に準じて毎日24時間の詳細な記録を取り、それを通院時に提出することなどで、主治医から信頼を得られた場合、内服用の麻薬鎮痛剤の治療をお任せいただける場合もあった。その最後は壮絶であった。妻一人では耐えられる場面ではなかったと思う。私たちは全力を尽くして協力し、本人と家族をサポートした。その時、私たちはもう家族であった。

　同級生のお一人がお見舞いに伺ったとき、「悠々があってよかった」と言っていたと聞いた。振り返れば最後の闘病といえるのは短い時間であったが、あまりにも重くとても家族だけで看取るなどということは無理なことと実感した。

　問題は、この凄まじい闘病が、病院ではなく自宅で家族に任せられる現在の医療体制である。先日、「昔はよかったよねえ」という話になった。ベッドの下に四半畳のコロのついたベッドらしきものがあって、夜になると家族がベッドの下からそれを引き出して横になり、オムツの交換やら、清拭やら、着替えやら、食事の介助などをやっていたものだった。家族は交代で病院に詰め、病人とともに病状の進行に一喜一憂して最後を迎えたものであった。病院の医師や看護師に見守られているという安心感があった。これに代わるものが今の治療体制にはないことになる。本人も自宅で子供たちや親戚の人々があれが効く、これが良いといわれるものを何でもかんでも試し食し、内服し、次の治療開始のための検査時には腎臓が悪くなっていたり、血液の状態が悪化していたりして治療が進まないこともあった。

　悠々があってよかったと私も思う。本当の住民のニーズはその時の医療・福祉体制からは零れ落ちてしまうものなのだと知ったからである。この貧しく弱った家族から、これ以上のお金を取れない……、これが悠々の問題点である。

　日本の医療と福祉が、その利潤追求のために切り捨てたものは、実は貧しい人々の命なのではないかと感じた。

2018年9月17日

## 悠々指定管理者更新！

　昨日は「地域交流センター悠々」指定管理者の10年間の契約最終日であった。泰阜村は公募し、私たちは再応募し回答を待った。しかし明日は土曜日で役場のお仕事はお休みに入るというのに、何の連絡もいただけず、ヤキモキしながら役場の福祉係長にお電話を入れた。「私たちはこの悠々にこのままいてよろしいのでしょうか？」「ああそうでした。今日の議会で悠々に継続委託が承認されましたので、そのまま事業継続してください」

　本当はお電話が欲しかった。総会が例年通りなら11月開催で、準備に入らなければならないし、会場もどこにしようかと迷い、さて来年どこに引っ越すのかと、お年寄りたちを抱えて苦しんだ。

　これからもこの指定管理者制度にコントロールされ、国の補助金で確保したこの建物をいつか追い出されることがあるのだと知った。あの有名な旧鷹巣町も最終的に町が指定管理者期間を3年と定め、日本で初めてのチャレンジであった「ふくしのまち」構想が消滅したのであった。その後を知っている実践家としての私たちは、そこを利用していたお年寄りを思って心が掻き毟られるほど痛んだ。悠々のお年寄りたちが、「わしは本当に幸せだで、先生」「わしを死ぬまでここにおいてくれるかね」という願いに、「いいんですよ、最後まで私たちと一緒にゆっくりと暮らしましょうね。至らぬ私たちですが、お世話をさせてくださいね」と繰り返したばかりであった。

　お年寄りの幸せは建物だけではない。「スタッフが心温かく寄り添って、できる限りのことをしてくれる。いつも一緒にご飯を食べ、10時と3時のお茶をしながら家族のような取り留めもないおしゃべりをして一日を過ごす。これ以上の幸せはいらんのだに」とじっと私の目を見ながら、昨日もお年寄りに言われたっけ……。時間通りにケアプランに決められたことをこなすことが、お年寄りの幸せにはつながらないのだと聞かされたのだった。昨日、悠々はもう5年間の時間をいただいた。この新たな期間で挑戦したいことがある。

　あるお方に「入居費用が月額8万円ぐらいなら多くの村民が入れると思う」と言われた。次の5年間で入居費8万円まで下げたい！　さあどうするか、理事長！理事長は無給、理事たちも役員報酬は返還、スタッフの給料はベテラン看護師も保育士さんも、調理師さんも非常勤スタッフ（看護師さんもいる）も同じ給料である。

そして、たいてい手取りは平均月額13万円程度になる。

　みなさん！　信じられますか？　我がスタッフは、この低額賃金で日本一といわれている過酷なケアを続けたのです。9年間もです（理事たち役員は10年間）。これが奇跡といわずして何というのでしょうか。この人たちを簡単にこの世から消していいのでしょうか。

　人間の尊厳を守るケアとは、「当事者ご本人が幸せです。生きていてよかった。悠々に出会えてよかった」というケアではないかと思うのですが、現在の入居料月額15万5千円の大半は、電気ガス水道料の公共料金と法人税や社会保険料やその他の諸経費に消えてしまうのです。私たち役員は無給ですので、これ以上どこも削ることはかないません。

　最近、小規模多機能の企業がたくさん現れてきましたが、介護保険を導入したとたん様々な規制（規則）が入って縛られるのです。お年寄りが笑顔になって、「生きていてよかった」といえるような最期を迎えることは不可能になっているのが、この10年で証明されました。さて皆様のお知恵をいただけたら嬉しいです。これからの5年間の時間を共有したいです。人は必ず老い、病に倒れ、死ぬのですから……。

2018年9月22日

## 秋深し……悠々も秋日和

　泰阜の里山に秋の七草が乱れ咲き、山里がもっとも美しい季節を迎えている。観光客など無関係のこの村にも松茸大量の噂は飛び込み、先日は、いただいた貴重な松茸ご飯を堪能した。今年は栗の実が豊作で栗ご飯が3回、栗の渋皮煮も3回、香茸の炊き込みご飯などをいただいた。

　悠々の婆ちゃんたちもニコニコ顔で（でも秋なら当たり前というお顔）、若いころはご自分の手でさぞかしご自慢料理を炊かれたのだろう。ずいぶん前には、秋祭りに区長さんがお菓子の代わりに松茸を包んで盛大に境内に撒いたのだそうな。

　里山の道端に秋の花々が乱れ咲いて、そのなかを車で走りながら、こんな美しい景色に包まれて、この村の人々は幸せなのだと実感する。2007年の泰阜村悉皆調査、続く2014年の追跡調査にも表れているが、この村の年寄りは関節があちこち痛いのだけれど、幸せだと感じている人が多いと出た。お金はご存知国民年金5万円（男

性）、残された多くのおばあちゃんたちは福祉年金３万円、またはお父ちゃんの残した遺族年金をこれも３万円ぐらい……。それでも春には山野草、秋には豊富な茸や木の実を食べ、庭先で作った野菜を食べて幸せな笑顔を見せる。こんな大自然の営みに包まれて、孤独に苦しんでいる人は少ない。理由は、田畑の手入れに忙しいこと、自然の恵みの探索に忙しいからだという。送迎付きでワッセワッセと催すお祭り騒ぎを時々覗きに行って、久しぶりに出会うお年寄りどうしのおしゃべりで十分に幸せなのだという。

「自分は嫁に来てから 60 年、70 年住み続けてきた家が好き、自分が過ごした村が好き、わしはどこにも行きたくない」と、だれもが口をそろえて言う。「だけど、人生の最後に悠々に来て、こんな暮らしができるとは思わんかった。わしは最後までここで暮らす。こんな幸せもいいもんだとわかった」と言う。

「先生あんたはね、自分のことを忘れているで、少しは自分のことも考えてやらにゃいかんよ。自分の辛いのは自分しかわからんで、少しは手加減せないかんだに……」

じっと私の目を見つめ、真剣な顔をして、まるで本当の母親のような口調で言われた。「おかあさん！」と言いそうになった。こんな嬉しいこと、涙が出そうになった。悠々の一日……。

2018 年 10 月 18 日


### 悠々、次のステージへ突入

最近、このブログの存在を心の横目で見ながら、じっとはやる心を押さえてお休みにしていた。理由はこの年で博士論文執筆に挑戦していたからである。10 年間のこの「悠々」の実践記録を、開設前に実施したこの村の 2007 年悉皆調査と 7 年後の 2014 年の追跡調査の生活実態把握をベースに、10 年間試行錯誤して手がけた住民の手で試みた住民のための実践記録である。スウェーデンのモデルで発進したが、建物と設備はスウェーデンを取り入れ、中身は自分たち村民のその時その時のニーズに応えるという原則ではじめられた。その一つ、悠々の屋台骨であるボランティア活動は、どのようなものであったか、どのような人たちが、どのような思いをもって、どのくらいの時間働いてくれていたのかを一つひとつデータを集めてみると、10 年間で延人数 4,393 人が延時間実に 31,009.52 時間働いているのであ

る。これを作業種別ごとに当時の長野県最低賃金に換算して計算すると（庭仕事、薪仕事等：@ 1500×762.25 h = 1,143,375 円）（日直、当直、経理事務、総務、賄い、ケア等：@ 850×17469.17h = 14,848,794 円）（医師、弁護士：@ 5,000×221.5 h = 1,107,500 円）（送迎介助：@ 35/km×12556.6Km = 439,481 円）合計 17,539,150 円となり、軽く 1 千万円を超えていることを確認し、愕然としたのである。

　このボランティア作業は、当初、組合員加入に際して年間 60 時間のノルマが課せられているものであった。まだ組合員さんの大部分が 50 代 60 代のころである。年に 4、5 回の 1,500 坪もある敷地の草刈り、真夏の芝生の水やり、花の植樹、大きな薪ストーブのための、薪材の切り出し、運搬、薪割り、そうそう薪小屋も組合員さんたちの手作りだった。

　それには施設内貨幣「悠々チケット@ 200 円／時」を出し、悠々ランチやお試しお泊まりに利用していただき、当初は「みなでたまには悠々でお泊まりしてゆっくりしようか」と、お仲間でお泊まりしたりお茶をしたりと活発な交流があった。10 年分を一つひとつ拾いながら、あの人の顔この人の顔を思い出し、「みんなで力を出し合って働くってこんなに幸せだとは思わなかった。ボランティアって案外いいものだなあ」なんてこと言ってた人も、もう今は 80 代に突入し、病を得て支援が必要になった。当時の組合員さんは皆歳を取り、次々と病を得るか、施設に入居した。ご家族が贅沢だと言うので悠々には入らず、在宅ケアサービスを利用し、待機の順番がくれば特養入居となった。

2018 年 11 月 18 日

### 第 11 回総会を終えて──理事長交代

　初冬の暖かな日差しのなかに、組合員と村の来賓方をお迎えし、第 11 回総会を開催した。村から指定管理者の認定を受けた最初の総会とあって、新村長、村議会議長、教育長、住民福祉課長、係長、県中央会からも支部長代理のご出席をいただいた。今回は、1 人の経理担当理事を失った組合の役員改選の時期とも重なり、本当に心機一転という内容になった。

　理事長の挨拶では、この 10 年間のすべてのデータを整理し、列席者の前にその図表を資料として添付し、役場にも、従来の組合員にも、新しく加入された組合員

さんにも、「高齢者協同企業組合泰阜」という民営の企業団体が、「金儲けではなく、村民一人ひとりの幸せを願って、ただそれだけを願って苦闘した10年間」が数字とグラフで示された。それを、出席された来賓も組合員も、食い入るように見てくださっていた。理事長からのメッセージは、この「悠々」が10年間も存続し得たことは、一重に村民の（組合員の）皆様の「悠々」を自分たちのものと感じて支え続けたボランティアのお陰であること、それは10年間の実績を長野県最低賃金に換算すると2千万円近いものであったこと、加えて泰阜村が苦しい財政のなかから支え続けてくださったお陰にほかならないことを、心から感謝の言葉を尽くして伝えたことであった。

　新村長のお祝辞では、「在宅福祉の村で『悠々』が試みた挑戦は貴重なものであった。開所当初先生から伺った理想を10年間貫き通した姿を見てきて、大変なご苦労があったがここまでやってこられたことに敬意を示したい。村としても今後可能な限り応援していきたい」と温かで誠実なお人柄のあふれたお言葉をいただき、安堵のあまり気が緩んでめまいがしたほどであった。

　1人の組合員から、「この赤字続きの経営を10年間も継続した根拠と、経営改善のために今後どのように努力しようとしているのか」と問われた。理事長として最後にしなければならない総括を求められたと感じ、真摯に受け止めた。

　まず、「何とかしてこの過疎の村々のお年寄りが、孤独のなかで苦悶の最期を迎えることは避けたい」という理想だけは高く、しかし……その経営能力のなさに、幾度も「組合解散」を思ったことがあった。しかし、第一の理由として、現にお預かりしているお年寄りのお一人には子供がなく、夫に先立たれ要介護度が軽く施設にも入れない状態にあった。もう一組の老夫婦は、ご家族との関係が悪く実質的には帰る家がなかった（その方も入居当初は要介護度が軽かった）。さらにはご家族が全員働いていて、94歳の転倒骨折後の年寄りを1人急な坂道に囲まれた家に残せないと判断された（介護認定未申請）ことなどを、置き去りにはできなかった。

　ケアスタッフは最低限の常勤2名、食堂経営のために常勤賄い1名、宿直は2名の有償ボランティアさんに依頼、理事長は会計総務事務、視察来客の対応、緊急時の判断と送迎、賄い、ケア、すべて無償で対処しながらやってきた。これ以上削る部分を考えられなかった。一方事業収入においては、開所当初は視察研修の費用として1人2千円をいただくことにしていたが、このお金は払えないと民生児童委員の方々、各地の議員団、社協の方々からの反発があり2千円が千円になり、

挙句の果てに資料代は無料で写真集をプレゼントするというありさまになった。A県副知事の視察では、付き添いの方から「このような方に来ていただいたのに、視察代を請求されるのは心外です」と言われ、心折れて以来請求できなくなったことがあったことなどを付け加えた。また当初8万円／月額だった入居費も組合員さん方からのボランティアが少なくなると、業者にお願いするしかなく、それらは経費となった。現在の利用料一日5千円でのケア付き三食付き、身の回りの家事付き、緊急時の病院通院介助無料等を背負っているのが現状である。さらに当初悠々ランチは千円であったが、高すぎるというご要望に応え600円に下げ、500円に下げたが、ご利用はあまり増えなかった。特に視察は、北欧ではランチ付きで1万円であったのを、ここでは「悠々ランチ」付きで2千円となっていたが、視察団は昼食をどこかで済ませ、その前後に無料のお茶を飲みながら「悠々」の視察を利用するという事態が続いているのが現状である。

この10年間の努力は虚しく、心身ともに疲れ、心折れ自らの無力を極限まで悟って、理事長交代を願い出ている次第である。お許しいただきたいと思うとお応えした。

これを聞いて、後の懇親会の場で、村会議長、住民福祉課長らから、「先生全力で応援するでな、がんばってくれ」とのお言葉をいただいた。新しく加わった理事たちも、口々に「先生のこの無私の実践に心打たれた。及ばずながら力を尽くしたい」と言う。これからの5年間（私は82歳になるよ）、これ以上の報いが、宝物があるだろうか。泣き虫ばあさんはやっぱり泣いている。

2018年11月25日


### 悠々の翁の看取り

南信州に雪の便りが聞かれるようになって、村道にはふかふかの落ち葉が敷き詰められ里山の雑木林は奥まで木漏れ日が差し込み明るい光が届くようになった。しかし、一方で最近の異常気象による寒暖の差で、体調を崩しお亡くなりになるお年寄りが増えた。

悠々でも要介護5の92歳の翁が昨日逝かれた。脳卒中の後遺症に苦しみ寝たきりで重度の嚥下障害を抱えながら9か月もの時を生き切った。JAの組合長も務められ、村長選を闘い、村会議長を務め、村ではその名を知らぬものがないほどの功

労者であった。病院で「あなたのご趣味は？」と訊かれ、「政治かな……」としか答えられぬほどの生涯であった。

　入浴時ゆったりと湯につかりながら、零れ落ちる昔話はケアスタッフを感心させた。こんな愛すべき人柄を身近な家族は知らないのかもしれない。このM翁はケアスタッフにとても愛され、そのやり取りは聞いていて思わずこちらも笑顔になるほどの魅力があった。食事を拒否するようになってから１週間、水分摂取を嫌がるようになって４日ほど、肺炎と脱水症が進み、予測される最後が主治医の東京出張に重なるということで、水分補給の点滴をお願いした。先生のお帰りまで最後の息を引き取る瞬間をできるだけもたせたい、中国にいる長男の帰国に間に合わせたいとの理由からであった。

　その点滴が切れ、その日の夜中には主治医が駆け付けるという日に、大きな息を一つして、それが最後の息となった。穏やかなお顔は威厳に包まれ、偉大な一つの魂がこの村から消えた。この時代の変化は、こうして偉大な志をもった重鎮が一人、二人と消えていくことで、泰阜村のあの「人を思いやる優しさ」が消えていくのだと感じる。大きな声で自己主張をする若い人が力を握り、貧しく力なき弱い者が守られてきたこの村の宝は、人間力であったかと思い知らされることであった。

2018年12月8日

### 悠々に新体制発足、激震走る！

　凍りついたような真っ暗な冬の夜空に「スバル星、オリオン座が美しいよ」と、毎週金曜の夜中に帰省する夫が感嘆する。本格的な冬を迎えて雪かき用スコップと暖仕様の長靴、雪に濡れない手袋を新調した。

　去る11月24日の総会で「理事長は、この10年間の赤字経営の責任をどうとるか」と組合員に経営手腕の反省を迫られ、その通りと感じ入り、自らの経営能力の無力さの責任を取って引責辞任した。その後、我が悠々に２年余り家族同然に暮らしていた大切な翁の最期を看取り、寂しくなった。その寂しさの余韻に浸る間もなく、ひとりの優秀なスタッフが辞職願を出した。

　９年間もこの赤字経営の余波を喰って、保育士の国家資格を持ち乳児保育のベテランとしての勤務経験を持ちながら、ヘルパー資格を取ってご存知、巷の半分という安給料で勤め上げた方であった。その人柄の優しさは、この悠々にとって何物に

も代えがたい宝であった。ケアスタッフ常勤2人という悠々において、片腕を捥がれた感がある。

　ケアする者もプロとしての誇りがある。私がいつも何事かトラブルが起きるたびに、利用者に言うことがある。「大変申し訳ないが、悠々のスタッフはあなたの下男下女ではありませんので、ご自分でできることはがんばってやってみましょうか？　できないことはすぐにお助けしますので、さあやってみましょう」と言って、ご本人の自律を促すケアのすすめは、結局はスタッフたちの優しいケアを支えているのだという元理事長の信念があった。

　その保証がなくなるかもしれない。いやできるはずがないというのだった。お金のために、自分をそこまで陥れられない……。

　これまでの悠々の優しく人間的で、家庭的なケアは、実はこの管理者の「真の人間の尊厳に寄り添うケアとは、管理者がスタッフの人間としての尊厳を大切にするということなのではないか」との信念に支えられるものであった。悠々を訪れるものはだれでも、このしっかりと守られた入居者とスタッフの和気あいあいとした和やかな雰囲気に感動するのであろう。

　さて、そんなことが起こって、新体制の理事たちの真の福祉の実現への挑戦が問われている。ご期待あれ！

　元理事長には相変わらず週2回の賄い、すべての会計総務事務が降りかかってきている。そして入居者のケアもやるしかないか！　要介護4のMさん、至らぬ私のケアでよいのかのう？

2018年12月18日

### 悠々の御年取り

　今年の大晦日の恒例の御年取り行事は、年寄りたちが「ここでみんなと一緒が良い」といって、家族の元には帰らないことになった。ぽっかりと空いた12月31日大晦日の賄いと宿直＋元日の賄いシフト。元旦の賄いは、夫（医師）とともに新しくセンター長となった本田が、御年取りと元旦祭をご一緒することになった。「どうせ二人でやるはずだったのだから、悠々のお年寄りとご一緒でにぎやかでいいね」ということになって、奇妙な家族が下伊那伝統の御年取りと新年の行事を、ともにすることになった。

12月28日には高齢の元理事さんご夫婦（組合員）が、例年通り悠々の玄関と各部屋入口にしめ縄とおやすを飾りつけてくれたので万全である。30日にはインターネットで調べた「下伊那の年取り料理」コピーを片手に、買い出しであった。主な献立は「節米（新米）」、「年取り魚（鰤）」、「黒豆」、「田作り」、「数の子」、「しぐれ煮（貝ひも、人参、椎茸、蓮根、昆布、生姜、こんにゃくの煮物）」、「おなます（大根と人参の酢漬け）」、「汁（豆腐、里芋、大根、牛蒡、人参、こんにゃく、糸昆布の7品を醤油で煮込んだもの）」、「昆布巻き、タコ、カリンの砂糖漬け、栗きんとん、鯉の煮物」である。

　正式には移住して40年間でこのような正月料理を用意するのも初めて、夫と二人、悠々のお年寄りを囲んで大晦日の夜と新年を迎えるのも初めてである。

　ホンに泰阜村の爺婆になったんだなあと実感した。御縁で集められてご一緒にこの年越しを迎えられるのはちょっとドキドキする。大晦日の当直のお泊まり一式と元旦の余所行きをバッグに詰め込んで、さあ、がんばるぞ！！

2018年12月31日

身仕舞い……の挨拶をお受けください
2019 年 -2020 年

## 新しい入居者

　松飾りが取れた新年の玄関から、悠々にとっては久しぶりの男性入居者が現れた。お優しい妹たち二人にお世話をされ、脳梗塞の後遺症で軽い右片麻痺のお体をゆっくりと運ばれ暖かな悠々の東のお部屋に入られた。妹たちにすべての荷物の片づけを任せ、ゆったりと指示を出している姿を拝見しながら、「はあ、大変なお殿様をお引き受けしてしまったな」と感じた。その晩の夕食の席で、長い間の独居生活を問わず語りに話されたところによると、「若かったころは東京や大阪、名古屋で、酒と女と博打三昧だった……」その結果30年以上も糖尿病を患っているのだという。

　さて、今のところ悠々は、スタッフも含めて女ばかりである。しかも入居の婆様たちは90代（母親世代）、スタッフも70代（兄弟姉妹世代）、60代、40代（子供世代）と、見知った家族構成であった。

　それもあるのか、ご性格なのか、お茶の時間、お食事の時間、まるでずっと前からお仲間だったようにおしゃべりに溶け込んでいる。若かったころの放蕩三昧のお話がでてくると、「ホンにおまさんはバカ息子だったなあ」と94歳の隣席の婆様に叱られ、「本当だな」と反省する。そのやりとりを見て、みんな笑顔になる。昨夕の食事の席で94歳の婆様が、手つかずのエビフライ2匹を、「おまえさんが良ければ、手をつけておらんでこれも食え」とそっとすすめられると、私たちスタッフの顔を見ながら「よかったらどうぞ」と言われ、「エビフライは大好きなんだ」と言ってぺろりと食べたが……。問題はそれから起こった。「ばあさん、部屋にいっぱいあるパンをやるから食うかね」と言い出して、スタッフをギョギョギョとさせた。

　「ええっ！　お部屋にパンがしまってあるのですか？　それをお食事の合間に食べているの？」「……家ではいつもパンを食べていたので持ってきた。クロワッサンの美味しいやつ」「ちょっと待ってくださいね。この悠々では、三度のお食事と10時と3時のおやつ以外はだれも食べ物を口には入れないことになっているの。その理由は、どの食材をどのくらい食べたかをチェックして、健康管理に気をつけているからです。だからお部屋で自分勝手にお食事の追加をすることは、原則的に禁じられています。いいでしょうか？　その持参してきたパンは、こちらに出してくださいね。パンが欲しかったら、ご飯をやめてパンにしましょうか？」

　「いいや、ここのご飯はおいしいからごはんでいい」と一件落着となった。

　彼は30年以上も糖尿病を患い、インシュリン自己注射を10年間も続けている

という。

　脳梗塞を患ったのもこの好き勝手な食生活にあるのかもしれない。これから彼に納得してもらいながら食事管理を気をつけなければ……と、あらたな課題を背負った。

2019 年 1 月 11 日

### 立春、悠々の新しい入居者たち

　立春、まるで昨日までの雪の日々が嘘のように、今朝のこの暖かさは何だろう。雪の下からもう黄緑の小さな芽が覗いている。もう春が来たのだと実感する。悠々もこのところ「春が来るまで」とショートステイのお年寄りを二人お迎えしていたが、今日はまた新たな永住入居のお年寄りをお迎えすることになった。

　ずっと独居でがんばってきたお年寄りが、インフルエンザになり気を失っていたところをご近所さんに発見され、緊急入院したあとの療養をと頼まれてお引き受けした。悠々では近年一人もインフルエンザに罹ったお年寄りがいない。きめ細やかな栄養管理と、往診をお願いしているかかりつけ医との連携で、皆そろって元気であることが一つの自慢である。

　優秀なケアスタッフの退職という難問を抱えたままであるが、とりあえず春からは４人の永住入居のお年寄りの面倒を基本的には私が看ると腹を据えて……（目が据わっているかも）いる。

　10 年前開所当時は凄まじい状態（介護スタッフ０人に対し、ショートステイや、療養入居数人を、賄いも含めて理事長一人で乗り切る）でオープンしたものであったが、その時のことを思うと、まず私自身がすべての作業に慣れている。賄いのお兄さんがとりあえず一人いる（しかし、週２日は休日）ので、ずいぶん助かることになる。追加で週１の悠々 91 坪の施設内清掃を空き時間？（おそらく私の休憩時間）に実施！……やれるだろうか、やらねばなるまい。「こんな幸せでいいのだろうか、私は生まれてきて初めてこんな幸せをいただいた！」と、私の目をじっと見て言うお年寄りを抱えて、やらねばなるまい。

　ご縁で４人の家族を抱えて嫁が（ちょっと年寄りだけど……）やらねばなるまいと思った立春の日でした。

　以上、近況報告。

2019 年 2 月 4 日

## 過疎山村の暖冬に思う

　暖冬に、もう白梅、紅梅が満開で泰阜村民の眉間に皺が寄る。雪の極端に少なかっ
たこの冬、南信州の里山に住む民たちは、皆この夏の渇水が心配でたまらない。

　去年も小さな小競り合いはあった。井水（奥山の湧き水から先人たちが手掘りで
造った灌漑用水路）の水の分配は、昔のまま時間で区切って仕切り板でそれぞれの
田畑に水を引くやり方を守っている。ある夜こっそりとその仕切り板を動かし、自
分の田に水を引き込んでいるお年寄りが、夜間の警戒の網に引っ掛かり大騒動とな
ることがあった。昔は命のやり取りがあったと噂されている事態である。

　昨年は台風や大雨の被害が続きニュースにはならないが、この井水の擁壁もあち
こちで崩れ、その補修費としてこの集落に住民票を置くすべての住民に年間千円の
負担金がかかることになった。この村の田畑はそれを受け継ぐ年寄りたちの高齢化
が進み、耕作放棄地が増加している。80代90代の年寄りたちが胸を掻き毟られ
るような思いを抱きながら、荒れ果てていく自分の田畑を見ながら、平均7、8万
円の年金から井水保存のための維持費を毎年千円支払い続けるのは、どれほどの苦
渋を感じていることかと思う。

　我ら泰阜村民は決して金持ちではない。国の7割を占めるという過疎山村の高
齢化は大都会住民の想像を絶するものがある。その民たち（わずかな年金で暮らし
ている年寄りたち）が、日本の国の命の鍵を握る大切な森を守り、水を守っている
ことは、あまり気にされていないように思う。

　その上に私たちは赤十字（赤い羽根）募金、緑の羽根募金、PTA会費、社会福
祉協議会募金、交通安全協議会費など、そして今回は井水管理会費である。この村
には年金2、3万円／月で暮らしている単身独居の超高齢者も決して少ないとはい
えない。「差別に当たる」として、その人たちもこのほとんど強制的な募金から免
除することはしない、ことになったそうである。

　ある調査でこの村では生活保護を受けている人が極端に少ないことが判明した。
それは、ほとんどのお年寄りが自分の葬式のためにわずかながら貯金を確保してい
るからである。近頃は厳冬の冬、夏の盆近くにお年寄りが亡くなることが多い。そ
れは月平均2、3件はあり、その度に香典（2、3千円）を包んで参列するのが仕来
たりとなっている。その時にはご馳走をいただき、貴重な栄養補給の機会となって
いる傾向がある。その恩恵をいただきながら、「自分のときはお金がないのででき

ません」という不義理は決して許されないことだと思っているということを耳にしている。

　お世話になった人々に人生のお別れのときにお礼をするというのが、この山国に住む年寄りの慣習である。といってこの村の維持に直接係るとは思えない諸分担金を、この高齢者たちに強制的に負担させるのは如何なものかと申し出たところ、やはりいろいろな圧力を感じる機会に遇するようになった。

　小さなことである。その上自分のことを言ったわけではない。弱い人々をそっと配慮するという美しい習慣がこの村にはあったではないか。私はそこに惚れてこの村に移住し40年経った。だんだん優しい思いやりが当たり前の世代が年を取り、声が出しにくくなってきて、この村も都会的な考えの人々が力を握るようになったのではないか……と春になり思ったことであった。

2019年2月17日


### 春、悠々始動！


　わが庭の椿が毎日ピンクの花を咲かせ、ご近所の蕗の薹がみごとに生え揃い、昨日の晩御飯には蕗の薹のてんぷらがのった。

　白梅も紅梅も真っ盛りの泰阜の山里は、家々の庭の花々が咲きそろう。

　悠々の入居者は6名、新顔の80代のIさんも90代の4名のおばあちゃまたちのおしゃべりに圧倒され気味である。

　最近、このおばあちゃまたちは夕食後のひと時を皆の共通の記憶をたどって、昔はこうだった、ああだったなあ、と言って憩うようになった。穏やかな時間がゆっくりと過ぎていって、あれほど家を恋しがったお年寄りが、「わしはここでいい、もうどこにも行かん」と言って落ちついて過ごすようになった。

　そして、今日のお茶で90代のIさんが昔の歌をうたいだした。皆は耳を傾けながら「そうだった。そうだった」と言い合った。その歌、今は遠い昔の泰阜村の穏やかな営みが映し出されるような村歌だった。


　　田本の町の鎮まれば、福寿の寺の鐘が鳴る
　　冬　梨久保に炭焼けば、大畑文化の中心地
　　秋の温田は稲を刈る、こんにゃくの豊かな漆平野

我科ノ水に野菜もの、栃城山に板をヘグ
南信濃の泰阜は、北は下条左京坂
南上原平石、涌き立つ雲は紺色に、
竜田の橋に霜降れば、紅葉は筏に散りかかる。

なつかしく、そして見事な歌である。

2019年2月27日

## 悠々の春

　悠々の周りの山里が春に突入した！　お茶の時間の話題は、蕗の薹が裏のNさんの斜面に見事に生え揃っているよ。土筆がNさんの田んぼのぼた（土手）に芽を出していたよ。「土筆はきんぴらにして食べるとおいしいよ」というセンター長に、お婆様たちが声をそろえて「ありゃ草だに、あんなもん食べりゃせん」、「じゃ、今度土筆のきんぴらを食卓に出しましょう！」とかしましい。

　ある日安曇野に住む友人からびっくりするような便りが届いた。悠々の年寄りたちに、有名な映画監督が「出前映画」を上映するために、悠々を訪れてくれるらしいとの情報である。そこで90代のかしまし婆様たちに、「ねえ、貴方たちはどんな映画を見たいのかねえ」と振ると、「わしらが若いころは温田駅まで歩いて行ってそこから飯田線で1時間も電車に揺られ、そこからまた飯田の街中の映画館まで歩いて行って、映画を見るのが一番の楽しみだった」と言う。口々に「青い山脈を見たねえ」、「わしは愛染かつらを見たよ」と言い、みんな声をそろえてうたいだした。「花も嵐も、海超えて〜♪」この年寄りたちだって青春歌はうたえるのだ。それからというもの、だれかが「愛染かつら」の主題歌を口ずさむと、一斉に声を合わせてうたいだす……。実は重度の認知症を疑われているお婆様も含まれている。

　「若いころは歌が好きで、こんな歌をよくうたっていたよ。いつもいつも口ずさんでいたよ」と述懐する。聞くところによると、デイサービスでうたわされる歌は、あまりうたいたくない歌らしい。

　最近入所したTお婆様は読書が趣味で、本屋大賞を取って有名になった葉室麟さんのファンだということで、悠々図書コーナーを座りこんで覗いていた。葉室さんの最新作を探し出して大喜びで、早速お部屋にこもって読みふけっている姿を目

撃した。単身独居の身、認知症を疑われて親族に入居を勧められたのだが、彼女が
こんな能力を隠し持っていることをだれも知らなかったらしい。

　「私は悠々に来てよかった」とため息のように呟かれる92歳の婆様、幸せをちょっ
ぴり見つけられてよかった。

2019年3月10日

## 春、悠々のお年寄りたちとの新たな暮らしへ

　我が書斎の窓ガラスの正面の黒文字の木が、黄色の小花をちりばめて「ほら、春
が来たよ」と私を励ます。大切な二人の介護スタッフが悠々を去る日が近づいてい
る。残り 10 日……。要介護の御婆様を含めて 5 人のお年寄りを不肖センター長と
なった私が一人でお世話することになった。7 時の朝ケアから夕食後の夜のケアが
終わるまでの 18 時半までの実に 11 時間半、休日なしでどこまで続くのだろうか
と苦しむ日々が続いた。

　当時、村はこの建物が建ったら本田の消えるのを待っていたという噂を、先日聞
いた。総檜造りの建物は私の計画書にはないものであった。私の計画は古い空き家
の民宿をお借りすることであった。その民宿の改造費用 500 万円を補助していた
だきたいと願い出たことが、設立のそもそもの発端であった。それができあがっ
てみれば 2 億円もかかった総檜造りの豪華なケア付き民宿となった。したがって、
入居費はどんなに削っても 17 万円（含消費税）となって、私が助けたかったこの
村のお年寄りが利用できなくなってしまったのであった。そのころ、村ではこの建
物を使ってあれをしたいこれをしたいとの計画があったらしい。

　当初悠々が提案した事業計画は、10 年経った今では村が補助金を使ってほとん
ど実行している。もう悠々で本田ががんばっている意味は、この村にはなくなった
ことを示すのかもしれない。

　しかし、それでもがんばりたいと思うのは、「先生、わしの死に水を取ってくれ
るかね」、「最後までわしはこんなに穏やかで幸せで生きていてもいいのかねえ」、「わ
しはここで死にたい」と口々にいうお年寄りたちがいるからだ。その残りの生涯を
引き受けてしまったからには、その約束をなかったことにはできない。最後まで責
任を果たすこと。自分の幸せよりも人の幸せをまず考えて、最後に自分が幸せだっ
たらいいなと思っている。プロとは、自らの責任を最後まで放棄しないことである

とは、今は亡き父の遺言である。

2019 年 3 月 22 日

### 悠々、春の雪に思う

　日本列島桜の便りが次々と届く季節、悠々のお茶の時間は「東京の桜が満開だとテレビで見た」「南信州じゃ寒桜の淡いピンクしか見えねえなあ」と、お婆様たちが隣のお寺の観音様の満開の桜を待ち望む。

　5 時半起きで朝 7 時ケアから夜 7 時の 12 時間勤務を無事やり終えた。

　この 4 月のシフト表を覗いた人たちが絶句しながら私の顔を見る。「先生、こりゃ持たねえぜ……」「大丈夫、この辺じゃ昔の嫁は年寄りの 4 人や 5 人は、面倒看ながら孫までみて家のことや百姓を手伝っていたもんだ。大きなお屋敷に嫁に来たと思えばだれでもやって来たことさ」と答えて心配顔の面々の口を封じる。

　このたった 2 日間で、信じられないようないいことがあった。

　悠々に暮らす年寄りたちが、「先生わしらにも何かできることは手伝いたい」と言い出し、すっかり何もかも甘えていた雰囲気が一変した。まず①食後のテーブルを台拭でふきだした。②自分たちの食後の茶碗を流しまで運ぶようになった。③洗濯物を畳むようになった。

　その上④「暖かくなったら、悠々の庭の花壇の草をむしって花を植えたい。野菜も植えたい……」

　なんだ、なんだ、このお婆様たちの心変わりは……。まず小さな喧嘩がなくなり、なりたてほやほやのセンター長を何とかして助けたいと申し出る。

　そして、たった一人残ってくれた賄いさんが、昼の休憩時間に訪れる訪問者に、「先生は今休憩中で休んでいるのでそっとしておいてくれんか」と頼んでいたとは……。道理でこの 2 日間休憩時間につぎつぎと訪れていた訪問客が、なぜかいないなあと思っていたが、そういうことだったのか。

　嬉しく、ありがたく涙がこぼれて止まらない。

　ご家族からは「先生心当たりがあるからだれか連れてきていいか」と訊かれる。「家の嫁さん、掃除なら半プロ並みだよな……」と言う。ご本人の承諾はこれからである。その上、月 1 回しかスタッフを送れないといったハウスクリーニングの業者さん、「見積もりには 14 か所のトイレ掃除が入っておりませんが、監督の私がそっと内

緒でやってあげましょう……」と言われる。

奇跡とはこのようにして起こるのだと知った。南信州の人々の優しい心根がありがたくて、心は涙でいっぱい！

さあ、今日もがんばる！

2019 年 4 月 3 日

## 泰阜の里山の桜が満開、そして悠々も

今日も花の便りがあちこちから届き、悠々の周りの里山が桜色に染められて美しい。悠々の軒先にはもう 2 組のツバメのつがいが巣作りをはじめて賑やかになった。もう春だなと我が婆様たちの顔が綻ぶ。

悠々の独りケアをはじめて 5 日が経過した。確かに忙しいが、5 人の婆様たちの雰囲気が変わった。お茶の後、自分たちでゆっくりと四方山話におしゃべりが止まらなくなった。みんな顔見知りというわけではないのに、自分たちの身の上話をあれこれ話はじめ「うんうんそうだった。わしのときもそうだった。若いころはみんな苦労をしたもんだなあ」と自分たちで共感しはじめたのだ。こんな老人施設見たことも聞いたこともない。確かに 90 代の婆様たちが味わった戦前戦後の苦労話（それがまた微に入り細に入り詳しい……）を話しはじめれば尽きることはない。

その上、NHK の満蒙開拓団の人たちの「自分たちは二度故郷を追われた」という話に、「この泰阜村の開拓団の人々が（そのなかには親類が含まれていた）泰阜村に帰ってきたときにも『満州乞食が帰ってきた』と虐められていたのを見たよ。そりゃあ可哀そうだった。福島や東北の原野に行かされたと聞いたよ」とこんな話も出る。令和の時代のはじまりに、大昔の姥捨にも匹敵するような残虐な証言である。「満州から逃げ帰るときには、自分の乳飲み子を海に捨てて逃げたという話も聞いた……。満州の泰阜村開拓団はソ連の近くにあってもろに襲撃を受け、何万人もの人が死んだという話だった」

桜の花が咲き、自分たちは平和でこんな世に幸せに生きていていいのだろうかと過去を振り返る作業も続いた。

今日は県議会議員選挙の投票日である。

2019 年 4 月 7 日

## 悠々の奇跡

桜吹雪が舞い散るなかで、広葉樹の新芽がめぶき里山が浅黄色に染まってきた。「本物の春だよ」と里山全体がその生命の輝きをうたいだしたような気がする。そのなかをウグイスの鳴き交わす声、様々な渡り鳥の声が響きわたり、人間は宇宙の命のなかの小さな一つに過ぎないことを感じる。

さて、賄いさんとの二人職場（休日なし、たびたび休憩もなし）の過酷な日々が昨日で23日経過した。人間って（高齢に関係なく）やろうと思えばやれるものなのだと感心してしまった。その上、天から情けの恵み（サポーター）も降りてきて、倒れそうな私の元気の源になっている。

一つは、足に障害を抱えているにもかかわらず、非常勤のヘルパーさんが「週2日勤務してあげるよ」と言う。加えて孫育てで忙しい非常勤の週1（半日）勤務だった看護師さんから、「4月29日は一日（朝7時〜午後6時）11時間来てあげるから一日ゆっくり休みな」と信じられない優しい言葉をいただいた。

天から恵みが降ってきたと感じた。78歳の心と体が、「もうだめかもしれない」と弱音を吐きそうになる寸前で、この「頼りきっている5人のお年寄りの嫁として、その命の最後まで伴走すること」を許されたのだと感じた。

今の私にとって奇跡とは正にこのことを指すのだと思う。お年寄りを支えるためには、私もこうして支えられなければならなかったのだと知った。

天は、私をまだこの世で必要としていてくださるのだ。

その上昨日は、入居者のご家族が、見ていられないとのことで小さな雑務を担ってくださる方を紹介してくださった。その方と面接の後、入居者の婆様たちとお茶をしてお帰りになるときに、そのお婆様一人ひとりがそっと、「ぜひ悠々に働きに来てくださいね」と頼んでいるのを見た。私が倒れないようにと助けを探し求めていたのだと知って、尊くて嬉しくて涙が止まらない。

悠々にも春が来ている。

2019年4月24日


## 浅黄色の風を浴びて──悠々の婆様たちの暮らしぶり

里山の緑の海から伊那谷にむけて浅黄色の風が吹き渡っている。悠々のベランダ

にはツバメたちが戻ってきていつもの初夏の賑やかさで満たされている。今年のツバメの巣はとうとう６つできあがり、二つの巣で抱卵が見られる。後の巣はせっせと通う夫婦ツバメたちが子作りに忙しいのだろうか。子供たちが巣立つまでは悠々のベランダは使用中止（ツバメの糞被害を甘んじて受ける覚悟が必要）となっている。汚れたベランダを、暇を見つけてデッキブラシで磨くのは、ツバメが大好きなセンター長の仕事になっている。今一つの重要な仕事は、ツバメの卵を狙う青大将を見張っていることかな……。

　悠々の婆様たちは、毎日このツバメの動向を観察しながらおしゃべりを楽しんでいる。みんな元気だ。おいしい手料理を楽しみ３時と１０時のお茶にはしばしばいただきものの饅頭やケーキやクッキーが出されている。入居者を訪ねる親族や、お友だちの手土産である。入居者５名元気で口々に「楽しい、幸せ」と言う。

　「先生体に気をつけて元気でいてくれなきゃいかん。わしは最後までここにおりたい」とおっしゃる。嬉しいことである。理事長交代で常勤スタッフ２人が辞め、センター長になって右往左往している私を、まるで娘のように、妹のように気遣う心が嬉しくて、なぜか５０日１２時間勤務で休みなしでも元気だ。これは自分でも予想を超えた現象でびっくりしている。

　「先生は人間じゃないな、化け物だ」とだれかに言われたっけ。自分でもあんなに病気満載でときどき倒れていた自分はどこに行ったのかと不思議に思う。でもこれは、温かい非常勤スタッフの思いがけない応援と、入居者の優しい言葉かけ、社協のスタッフの温かい応援、理事さんたちの力強い励まし等々、貴重な賜物の成果である。

　８０歳の誕生日まであと１年９か月……。行けそうな気がするよ。大丈夫だよ。このごろあまり泣かなくなったよ。介護鬱回復に向かっているかな……。

2019年５月10日

### 初夏、若葉色の風を浴びて

　南信州里山にもっとも美しい季節がやって来た。広葉樹林から吹く風は、むせ返るような黄緑色のエネルギーを運び、小さな命をあちこちで育んでいる。我が山荘にも雨戸の戸袋のなかに小さなセキレイの雛が４羽、ピーピーピーとかしましい。隣の広葉樹林から餌をせっせと運ぶセキレイの夫婦が、人間の目を盗んでは戸袋の

なかに滑り込む。

　一方、悠々の軒先には五つのツバメの巣に雛が孵っている。一方雉鳥は小さな雛を連れて悠々の庭に現れる。年寄りたちはもっぱら、ちび雛たちが青大将にやられないようにと観察結果を報告し合っている。

　我が山荘の書斎の窓からは黒文字の緑が美しい。

　さて、悠々の常勤スタッフがいなくなって2か月が過ぎた。会う人ごとに「若くなったねえ」と、お世辞だかなんだか言われる。

　しかし78歳、年は争えないもので、ある朝血圧が94／57と出てその次の朝、激しいめまいで起き上がれなくなった。とうとうきたか、私の持病……。ここまでよく持ったものだと思っている。

　隣（自宅からぐるりと回った反対側に住む隣人）に「助けてコール」をかけ、非常勤で来ていただいているNさんに急遽朝ケアをお願いした。「本当だったら、もうちょっと行ってやってもいいんだけど」との身に染み入る言葉もいただいて、この難局を乗り切った。一日ほとんどをベッドにいたおかげで、今日は入浴ケア＋賄い＋夕ケアをがんばれる。

　その上6月8日には、映画界ではよく知られた河崎監督の出前映画会を悠々で開催することが決まった。

　この知らせを悠々のお婆様たちに伝えたところ、「ええっ！　嬉しい。ほんとかね」に続いて、お一人の口から出た「愛染かつら」の主題歌を皆で合唱してしまった。幸せは、天から恵みのように降ってくるのだとまたまた感動してしまった。

　心優しい人たちに支えられ、励まされてがんばれる。感謝である。

2019 年 5 月 31 日

### 研究者魂に火がついて

　6月中旬、大雨警報の出ている神戸にむけ、緑の森のなかに笹百合が16本も咲いている我が山荘を、後ろ髪を引かれる思いで出発した。憧れの神戸でしかも第56回日本リハビリテーション医学会学術集会の座長にとの招聘であった。医療ソーシャルワーカーであったが、医師団の学術集会に座長へと招聘されたのは28年間の学会員生活のなかで初めてである。かつて中部圏F大学と、関西圏H大学の医学部リハビリテーション医学教室に研究生として9年間所属し、研究発表、学術論

文を発表していた経緯があるものの、1人のソーシャルワーカーが医師団の主催する【社会復帰・復職・更生】セッションの座長の席に着いたのは、初めてであった。やっとリハビリテーション医療の分野において、ソーシャルワーカーが専門職種として受け入れられたのかという感慨がある。

　さて悠々では、この名誉あるお誘いを受けて、とりあえずセンター長の悠々365日勤務をどう調整するかの課題が勃発した。理事会にて、センター長出張許可とその2日間の勤務体制の補充をどうするかの議題を出した（今後予想される理事・センター長365日出勤体制における体調不良の際の非常時代替勤務者確保の件）。

　現体制は、5月半ばから受け入れた常勤ケアスタッフ1名・4日／週 (am9時〜pm6時／早朝ケア困難)、常勤賄いスタッフ1名・5日半／週 (am6時〜pm6時／但し昼休み休憩4時間)、非常勤ケアスタッフ2名 (看護師スタッフ am7時〜12時半・1回／週、介護ヘルパースタッフ am7時〜pm4時・1回／週) のみである。

　これに対して理事会からの提案は以下の4点であった。
①要介護5の入居者に対し、センター長出張中1泊2日のショートステイを導入し、留守中のケア負担を軽くする。これにかかる費用は、全額当組合にて負担する。
②この条件を、要介護5のMさんのご家族に提示しショートステイ利用の許可を取る。
③ご本人にも (脳梗塞再発による右片麻痺は残存するものの認知症はなく、意識は清明) この緊急事態を伝え、ショートステイ利用の快諾を得る (泰阜出身だがご本人は名古屋で人生のほとんどを過ごし、泰阜住民との交流はない)。入居以来6年間地域の高齢者との交流機会が少なかった。

　一方勤務体制は、当日の朝ケアから夕ケア (am7時〜pm6時／含休憩3時間) までの丸一日を非常勤ケアスタッフが応援し、賄いスタッフも休みを返上して丸一日の勤務 (am6時〜pm6時／含休憩4時間) を応援してくれることになった。さらにショートステイへの送迎は、理事のお一人が快諾し、センター長となった本田を本来の研究者への場に送り出していただけることになった。

　これが決定し学会出席が可能となってから、本田の心に猛然と研究意欲が湧きだし、従来の中山間地域泰阜村の実態調査への追跡調査の学会発表に挑戦した。残る時間は数日 (最後の3日間は昼夜睡眠時間なしで驚異の研究時間を確保)、村長の許可を得 (村長、副村長、福祉課長等との協議の結果)、2007年調査時に調査協力を得られた住民世帯714世帯/1,817人 (82.77%) の帰趨 (死亡、入所、転出、

転入、出生）について住民台帳から調査した。

　その結果、2014年の追跡調査時には限界集落が5集落から10集落に増加し、消滅集落の発現が危惧されていたものの、12年後の今回の調査では消滅部落は存在しないことが明らかになった。それはギリギリのところで①子供たちが親の住むふるさとへ介護のために帰ってくる実態と、②大都会から子供たちの育児のために大自然の溢れる泰阜村へ転入する家族等が、好んで限界集落の空き家へ（村が買い取って住宅改修している）転入を希望しているからであった。さらには、そのような大自然に囲まれた自然のなかで子供たちを教育することを目標に30年前に立ち上がったＮＰＯ法人グリーンウッド（通称だいだらぼっち）が時代の風を受け、その主要な事業の一つである【山賊キャンプ／3日間コース、1週間コース、1ヶ月コース、3ヶ月コース等】が盛況で、年間2千人ほどの参加者を選抜するほどになり、参加した子供たちが都会に戻りたがらないという（そうありなん……）経過もあり、リピーターの子供たちがやがては大学生になり泰阜にボランティアとして戻ってくる事例もある。さらに本年1年間で泰阜村への転入者が実に232人あり、転入者世帯の出生もあって、出生者数も44名／年あった。

　これらの結果は、村の住宅政策：村営住宅の増設・木造平屋建て一戸建て家賃35千円／月等、児童政策：医療費自己負担分免除（中学校まで）、保育費免除、高齢者に対する医療政策：投薬分自己負担500円／月、村の先鋭的な政策効果と、大都会住民が大自然のなかで生きることを希求する時代の風を得て、消滅部落の出現を止めている幸いな南信州過疎山村（かつて陸の孤島と揶揄されていた……今もか？）泰阜村が、静かなブームを巻き起こしていることを報告する幸いな機会を得たのであった。

　この機会を与えられた村役場の甚大なご配慮に心からの敬意と感謝をささげます。

2019年6月18日

## 「家族会」という名のボランティア

　泰阜村の街道という街道に可憐な黄花コスモスが群生し、日陰にホタルブクロの花が揺れ、我が家隣の林道の笹百合が散っていって、南信州の初夏が終わり本格的な梅雨に突入した。ところがこの梅雨、しとしとと降るとは大違いで、毎週のよう

に大雨注意報が発令され、ざあざあと降ってからりと晴れ、夏のギラギラとした日差しが田や畑に照り付ける。表面は濡れるが流れた水はじっくりと地に吸い込まれないので、作物に水が足りないという現象が今年も起きているようだ（部落の集会で水争いの話がもう出てきた）。

　季節は栗の花の満開が至る所で見られるようになり、深い緑に包まれて夏を迎える気配がする。

　さて、悠々の庭の片隅に先代の入居者が開拓した二坪ほどの菜園に、今年もきゅうりとトマト、なすが実をつけはじめた。近在の理事さんが、入居者の婆様たちの散歩時の気晴らしにと、手入れについていろいろケアスタッフに指示をしている。半端じゃないほどの忙しさのなかで、ケアスタッフは肥料の撒き方、水のやり方を伝授されているようだ。

　悠々の軒先にはツバメが三番巣というそうだが、同じ巣で三回目の子作りの姿が見えて、婆様たちを喜ばせている。

　さて、このほどこの悠々の190坪ほどの敷地の草刈り（2か月でもう膝丈まで伸びた雑草）が、気づかぬ間にささっと一掃されていた。この仕事人は入居者の親族のお一人であった。

　センター長「申し訳ない、私たちができないので業者にお願いしようと思っていたところなのです」とお礼（お詫び）を伝えると、Ｈさん「いやいやこれはお世話になっている私たち家族会の仕事と思っているんです」と言う。ええっ！「家族会？」そんなのいつできたんだ。「重度認知症の叔母のお世話、ありがたくて、申し訳なくて、手伝いをしたいが、これぐらいしか私らにはできんので」「……」

　10年間の悠々のなかで、しばらく途絶えていたボランティアさんが現れた。自発的に現れたのだ。本物のボランティアとはこのことをいうのだと知った。「悠々を潰さないために、私らができることは何かと考えたんです」とＨさんは言う。

　お預かりしたお年寄り一人ひとりを大切にするケアを、存続してほしいと願う家族がここにいたのだと知って、支えられ元気になる。さあ今日もがんばるぞ！

2019 年 6 月 30 日

## 理事会顛末

　大雨による災害注意情報がしばしば伝えられる今年の異常気象、雨の合間にカナカナゼミの鳴き声が林のなかに響いてハッとさせられる。あちこちで初盆を迎える家の話が聞かれる時期だというのに、寒かったり暑かったりで夏が来たという気がしない。

　今年はなぜか道の端や野にニッコウキスゲの花ばかりが目立つ。秋に愛らしい顔をみせる撫子が一輪咲いているのを見つけた。

　そして、肝心の稲は、棚田で青いままの立ち姿で途方にくれているように映る。不安な日本の、自然の恵みに寄りかかっている過疎山村である。入居者も毎日窓の外を見ては、寒い暑いと着るものがちぐはぐで不安定な様子を見せる。

　そのなかで悠々の理事会も創立から今月で128回を迎えた。

　わが悠々の理事会・議事次第の添付資料は常に10枚を超えるものである。その月の具体的なデータがすべて明らかにされている。それによって理事たちは、否応なく悠々の入居者状況と、それにかかわるスタッフの勤務状況、建物にかかる修理状況、開催された事業内容などを把握することになる。11年間ずっとそうしてきた。先回の理事会で大きな動きがあった。それは本田にとって夢に見た（待ちに待った）出来事であった。

　それは、8月22日に岐阜県白川町から本田に、「地域交流センター悠々」の実践について話に来てほしいという要請が入ったことによるものである。その発端は、白川町で地域交流センターを建ててしまったが、実は具体的な中身をどのようにしたらいいのかわからないということであった。話を聞いて何という金持ちの自治体のすることかと、内心びっくり仰天してしまった。

　本田が泰阜村前村長に「地域交流センター泰阜」を作りたいという計画書を提出したのが2004年5月、それは当時大学教員であった本田がスライド原稿を持ち込んで、この計画の必要性、在宅福祉の村泰阜でこそこれを日本に先駆けて作らせてもらいたいと懇願したものであった。それから国土交通省の補助金を得て「地域交流センター悠々」が建ったのが2008年12月、その前準備として2007年に厚生労働省の補助金を得て泰阜村全住民（82%）を対象に訪問調査を実施、その調査結果を基に具体的な事業計画を立て、開所式を経てスタートしたのが2009年5月である。実に5年の準備期間を必要としたものである。

人様の前で何とか悠々についてその経緯を話すことができそうだと思われるのは、10年経ったつい最近である。白川町では、泰阜村と共同で第二悠々のようなものを手掛けたいと申されるが、そこで理事たちの言。

　理事「ええっ！　村との悠々の指定管理者の契約は5年じゃないのか？　その続きをやるのか？」

　本田「ええっ！　ちょっと待ってください。5年で悠々は終わるのですか？　それでは今何のために死に物狂いで私はやっているのですか？　5年後には日本の高齢化率はもっと上がり、介護保険の条件はもっと厳しくなることが十分予想されます。今でも要介護3より軽い人、認知症の人、精神障碍者の人は利用できません。子供たちが看てくれる時代はもうとっくに終わっています。皆様方は実際そのことを自分のこととしてどう思っておられるのですか？」

　理事「そうだよな。子供たちは看てくれんよな。だがこの村じゃ悠々の入居費用15万5千円（消費税は外税）を年金で払える奴はだれもおらんぜ。せいぜい10万円までだな。実際おれは入れんし……」

　「それには定住自立圏という基金があるらしいです」とH先生が具体的な「悠々第二次事業案」を提案し、それを村長、副村長に要請しようということになった。具体的に悠々を自分たちのものにするために、村民の幾人かが自分たちの自治体の長に要請するという動きに繋がったのである。

　元理事長さん、命を懸けてがんばってきてよかったね。

2019年7月18日

## お婆さま（95歳）の誕生日に……

　昨日の台風は、小さいとはいえ南信州を直撃かというコースを辿っていた。村民たちはお祭り当日というので皆ヤキモキして、テレビ画面の台風情報を見つめていた。ところが、直撃覚悟で見入っているテレビでは、突然のように「台風は温帯低気圧になりました」と言うではないか。ほっと安心。しかし、大雨は継続中ということで、楽しみにしていた花火は早々に中止となった。

　一夜明け、この蒸し暑さはどうだろう。見渡す限りの霞、霧、雲……やがて太陽が顔を出し蒸し暑さが倍増した。悠々では全館冷房を入れ、婆様たちを熱中症から防衛しているが、自宅にいるお年寄りは、どのようにこの極端な気候変動を凌いで

いるのだろうかと心配でたまらない。

　昨日は最年長のお婆様（Mさん95歳）の誕生日であった。大きな花束とデコレーションケーキを目の前にしてびっくり仰天のお婆様、周りのみんなも笑顔、笑顔で、ハッピーバースデイ（お誕生日おめでとうに翻訳）の歌を手拍子に合わせてうたった。昼ご飯は、本人の要望で握りずし弁当を皆ぺろりと食べていたのだが、悠々では、3時のお茶の時間がお誕生日会本番となるのだ。

　お婆様曰く「わしは95年も生きてきて、自分は生き過ぎたと思っていたが、今日は生まれて初めて、この年寄りの命の長さをおめでとうと祝ってもらって、考えが変わった。わしはここでもう少し生きてみたいと思えるようになった。お迎えが来るまで、わしはここにお世話になって生きさせてもらいたい。お世話になるがよろしくお願いします」と初めて、お年寄りからの命を、生きていることを寿ぐ言葉をいただいた。

　その方は、もう一つ大切な言葉を添えられた。「先生、この仕事、儲けを考えていたらできん仕事だの……。先生、わしは先生に出会えてよかった」と。

　ここまで天から自分に任せられた命を愛してきてよかったと、本当に思った瞬間だった。

2019 年 7 月 28 日

## 6 人目の入居希望者顛末

　真夏の蒸し暑さのさなかに、一人の女性が悠々の玄関に立った。思いつめたようなその瞳に圧倒されて、休憩時間のドアを開けた。その日は朝7時からの独りケアを夜7時まで継続するという日で、80歳手前の年寄りには大事な休憩だった。しかし、「もう満室と聞いてきたが、家の年寄り（98歳、女性）を預ってもらえるところはどこにもないので、何とかして預かってもらうことはできないかと来てみたんです」と言う。その方は69歳のお嫁さん、癌の治療が3クール済んだところで、9月1日から再治療のため入院が決まっているという。

　何ということだろうか。これほどの苦しみを背負いながらも、留守中の98歳の年寄り（要支援1）の身を心配しなければならないなんて。聞きながら、なんという優しいお嫁さんがいるものだと感動のあまり言葉を失った。

しかし、次の瞬間、「悠々は、貴方のような方のお手伝いをするために作られたのです。おそらくその要支援のお婆ちゃんは『わしゃ何でもできる』と確信をもっておっしゃることと思われますが、70代の夫（定年退職後／農業）と40代（会社員）の息子さんだけでは、98歳のお婆ちゃんを見守りながら（失禁＋漏便等有）、家事一切をこなすのは長続きしないであろうことが想像できますので、そのお婆ちゃんを、とりあえず1か月のショートステイでお預かりいたしましょう」と告げないではいられなかった。

　「そのお婆ちゃんが、1か月の滞在を経験して、『ここは良いとこだ。もうちょこっといたい』とおしゃっていただけるようなら、永住入居に切り替えるというのはどうでしょうか」と提案し、彼女の入院前の9月1日に入居を決定した。

　「私たちのような事情を抱えて困っている人が大勢いるのに、皆悠々のことを知りません」と言われる。

　空き部屋はあと一つ、でも今の悠々は空き部屋があるのかどうかどころではなく、個性豊かな（頑固な）お婆様たちのお世話を一人介助でやり遂げられるだろうかという問題なのである。現場のケアの厳しさは、体験したものでなければわからない。個性を尊んで一人ひとりに寄り添いながら、その命の最後を伴走していくという仕事には「命に対する愛」以外の何物も力とはなりえないのだから。

　不思議なことに、ケアする者には人権なんて存在しないのではないのかという瞬間があるということを、世の施設管理者らは御存知であるのか問いたいが……。

2019年8月6日

### 暑い夏、「悠々」の応援団

　テレビからとうとう高齢者が熱中症で死亡（室内で）というニュースが飛び込んできた。恐れていたことが起きはじめた。山国の南信州泰阜村では、昔は夜は長袖の寝間着を着て、戸を閉めて夏布団をかけないと朝方は寒くて目が覚めたものだった。だから、高齢者だけの家ではあまりクーラーを入れない（電気代がもったいないのでめったにスイッチを入れない）。日中雨上がりの（今年は雨が多い）部屋のなかは、山からの涼風も止まり、蒸し風呂にいるようだとの表現がぴったりくるようになった。その上、信じられないだろうが、年寄りは夜になると寝間着の下に長い丈の股引をしっかりと履き、長袖の肌シャツを着ている人が多い（悠々でも夕方

薄物に着替えさせても、朝方しっかりと長袖セットをお召しになっている）。そんな恰好で昔のように戸を閉めて寝ている姿を想像するだけで、胸が詰まる。

　悠々では全館クーラーを28度に設定している。電気代は月額20万を軽く超えるが、お年寄りたちの命の値段だと思えば高くないと思っている。その上、毎日朝晩ソフトアイスノンを一人ひとりの枕の下に入れることにしている。こうしておけば、「夜男が入ってくる」とか、「夜男に覗かれる」と言って個室の戸と襖に中から筋交いをかけていたとしても、体を冷やせば何とか熱中症から救えるのではないかとの考えである。事実これは好評で、年寄りたちはよく眠れると言ってくれる。

　さて、お盆が目の前にきた。夫の新盆を控えた婆様は、そのことで心身が絶不調である。自由にならないわが身を悔いている。他人の我々ではどうしようもないところが歯がゆい。お年寄りを抱えていると身内の新盆に思うようにならない不幸を嘆く光景に出会うことが多い。我らケアの奉仕団は、「うんうん」と傍にいて手を握ったり、背をさすったりしながらその煩悶に寄り添うしかない。


　その悠々には、夏の甲子園のあの応援団のように力強い応援団がいる。膝丈まで伸びてしまった一面の夏草を汗みどろになりながら、ささっと刈ってくれるボランティアさん、毎月1回開催の「生活リハビリ教室」には、休みを取って賄いの応援に来てくれる家族ボランティアさんがいる。この夏は、様々な採れたて夏野菜の寄付があった。トマト、きゅうり、いんげん、おくら、とうもろこし、大玉すいか、豆大根、坊ちゃんかぼちゃ、じゃがいも、紫玉ねぎ……である。

　悠々の貧しさは村の隅々まで知れ渡っているらしく、自分の家族用菜園からの直送品が届けられる。これがどんなに嬉しいか、いただいた野菜で今日はどんな献立にしようかと頭をひねるのも楽しみの一つである。

　この時期は村外の応援団からも様々なお届け物がある。珍しい果物、そうめん、冷菓……。何よりも嬉しいのは夏休みに子供たちを連れてきて、その賑やかな声で私たちに元気をくださる友人たちの訪問である。

　「悠々応援団」に支えられて私たちもがんばれる。

　皆様、遅まきながら暑中お見舞い（残暑？）申し上げます。そして日頃の応援に心からの感謝を捧げます。

2019年8月9日

## 99歳お婆様「悠々」入居顛末

　山里の朝晩はぐっと冷え込み、長袖上着をそっと羽織りたい気分がする。我が家の猫の額ほどの庭にも秋桜が咲き、秋明菊が咲き、山椒が赤い実をつけ紫式部が小さな花をつけた。山道には一斉にススキの白い穂波がゆれて、もう秋なのだと嬉しくなる。

　さて、9月1日に約束の99歳要支援1のお婆様がご家族に連れてこられた。99歳なのに杖1本で歩かれている（立ち上がりに手すりが必要）。玄関にお迎えに出てびっくりしてしまった。しかし、入口に入られて玄関の椅子に座られたまま婆様はそこから1歩も動かない。頑として動かない。　その様子を見て話を聞いた。「どこに連れてこられるのかと思ったら、こんな泰阜の山奥にどんどん連れ込まれて『ここだよ、ばあちゃん。しばらくここに入っておれ』と言われた。わしは家では何でもできる。飯を炊いてもらう以外なにも世話をかけていないのに、なんでわしがこんなところに捨てられにゃいかんのだ」とおっしゃる。ごもっともと思い「Kさん、ここは民宿でちょっとの間泊まるお宿なんよ。施設ではないので、ご家族の用事がすんだらすぐに家に帰れるんだに」と伝えるが、「わしはこんなところに捨てられるほど耄碌してない」と言い張る。

　確かに他の普通の婆様とは雲泥の差の身体能力ではある。その上、おっしゃることに一応筋が通っている。そして、ご家族はこのお婆様に、嫁が癌の転移で手術をするために入院するということを伝えていないらしい。家に残るは男所帯（長男70代病弱、男孫40代）で、婆様一人を家においてはおけないという心情もある。このやり取りをみて判断したセンター長、「悠々は牢獄でもなく入所施設でもないので、ご本人の納得なしにお受け入れできません。申し訳ありませんが、ご本人を納得させてからもう一度お連れください」と伝え、一旦自宅に引き取っていただいた。

　さて、1時間ほどして今度は孫（たまたま日曜日で家に居た）が強引に連れてきたらしい。さっきとは打って変わってしょんぼりとした婆様が孫の後ろについてきた。何と言い聞かされたのか不明である。たまたま悠々は夕食で、当然夕食テーブルに案内され、皆に「お世話になります。よろしくお願いいたします」と頭を下げ、食事を食べはじめたのを見て、孫はさっと引き上げてしまった。孫の姿が見えなくなったとたんに、婆様の口から雪崩のような愚痴が流れ出て止まらない。食事の間

中、終わってもお仲間の人たちを引き留めたまま同じ愚痴が止まらない。「わしは息子と嫁に騙されてこんなところに捨てられてしもうた。もう生き過ぎた。死んでしまいたい。息子が入院するで一晩泊まってこいと言われたのに、何の支度もしてこなかった。ちゃんと言ってくれれば自分であれもこれも支度したのに……」

しばらくして自室に帰りたいという入居者が引き取ってしまい独りになったＫ婆様、やっと腰を上げ自室に案内し夕ケアをお手伝いし、パジャマに着替えて（いつの間にこんなもの持ってきたのかと怒りつつ）ベッドに入られた。さぞかし一人ぼっちで眠ることもままならない夜を過ごされたことであろうと、家族とのコミュニケーションの行き違いで身の置き所もない状態で苦しんでいるのを見ながら、悠々スタッフとしてもどうしようもなく、ともに苦しむ４日間が続いた。

その４日間、入居者の婆様たちは、入れ代わり立ち代わり食事やお茶の際に、繰り返される同じ愚痴を聞き続けていた。ほんとうにすごいのは、この入居者のお婆様たち４人の優しさである。「ふんふん、そうかそうか」と自分のことのように共感している。みんな苦労してここまで生きてきた、そして現在は納得しているけれど、自分も入居当時は、なんで自分だけが住み慣れた自宅からこんなところに捨てられなければならないのかと思っていた同志だったからなのであろうか……。

しかし、Ｋさんの滝の流れのような愚痴の繰り返しは止まらない。入居者の血圧がそろって上がってきたのだ、ここで止めなければ大変なことになると、センター長は息子の携帯電話に連絡し来所を促した。「ご本人が『息子と嫁に捨てられた。死んでしまいたい』といって苦しまれています。そのＫさんの愚痴を聞いてあげている入居者の血圧が上がってきて危ない状態になっていますので、大変でしょうがぜひご本人を納得させるためにもう一度お話を（本当のことを）してあげてください」と告げた。来所した長男は、自室で二人きりになると途端に怒鳴り声になってきたので、センター長として介入させてもらうことになった。

本田「先ほど、お嫁さんが入院し大変な手術をしたところだとお伺いしました。その付き添い等でゆっくりお母さんと話ができなかった経緯についてお話を聞かせてあげてください」

長男「本当は、自分ではなく、嫁が癌で入院し、昨日手術したところなんだ。御婆さんには心配かけたくなかったので、自分が入院すると言って、その間ちょこっと悠々に面倒をみてもらうつもりだったんだ」

Ｋ婆様「なんだ、お前じゃなくて嫁か、嫁がそんなことになっていたとは知らな

んだ。そんなことならちゃんと訳を話してくれたら、わしだってこんなに大騒ぎしなくて済んだのに。そうか嫁がそんなに悪かったのか……」

　長男はそれまでの嫁姑関係から、嫁のために我慢することはない姑であろうと判断し、自分（長男）が入院することになったからという理由で、99歳の要支援（認知症重度／性格的に独立心旺盛）のお婆様の短期入居を悠々に依頼されたということであった。

　その期を境にして、愚痴はピタッと止まった。賢いK婆様は本領を発揮され「こんなことなら自分が代わってやりたかった。100まで生きていることはない。わしが代わって死んでやりたい」と落ち込んでいた。

　どの時代でも難しいといわれる嫁姑関係、しかし、そこが家族というものであろうか。実は嫁の身を案じて落ち込むほどの愛を隠していたということなのであろう。翌日からのK婆様、想像もできないほどの穏やかなお顔をして、ずーっと前から常連の入居者であったかのように、混じって落ち着かれた。皆で食べる食事がおいしいという。スタッフとのやり取りも平安である。

　約1か月のお嫁さんの入院生活が終わり、K婆様は念願の自宅に帰られ、入れ替わりにその個室には術後のお嫁さんが療養のために入居なさることが決まった。「そんなことができるなんて、知りませんでした。家族がどれほど助かるかわかりません。よろしくお願いいたします」と帰途につかれた。一つの家族の難事に悠々が少しだけお手伝いできることが嬉しい。

2019年9月6日

### 第12回通常総会──「悠々」存立の意義を問われて

　アルプスに白い冠雪、山里に真っ赤な枝垂れ柿の立ち姿、悠々にも初霜が降り初冬の風景に鎮まった。

　今年の秋は大雨で運動会が中止だったり、悠々が緊急避難所になったり、近隣でたくさんの身近なお年寄りの訃報を聞かぬ日はなかった。残されたお年寄りたちの背に、荒れた山々の整備作業が重く圧しかかってきた重い空気のなかで、悠々第12回の総会があと2週間後に迫った。10年前64名在籍した組合員の方々は皆高齢になり、それぞれ病み、亡くなり、そして入所されていた。

　この4月からは常勤スタッフ3人（センター長／週7、ヘルパー1／週5、賄

い 1 ／週 5.5）と、非常勤スタッフ 2 人（看護師スタッフ 1 ／週 1 半日、ヘルパー 1 ／週 1）、宿直 2 人（空いた穴は理事で穴埋め）で永住入居者 5 人（90 代 4 人、80 代 1 人：要介護 5 ／ 1、要介護 4 ／ 1、要介護 1 ／ 2、要支援 1 ／ 1）身体介護軽度の 2 人は重度の認知症を抱えている。時々短期入居の方をお受けする。

　このスタッフで、毎日掃除と整備（建坪 92 坪／敷地 1,500 坪）、洗濯（毎日便尿で汚れた衣類寝具の大洗濯がある）、日に 2 回のお茶タイムと 3 食の賄いさん手作りの食事を提供している。

　毎日入れ替わり立ち替わりご近所さんが顔を見せ、新鮮なお野菜や果物を届けていただき、ご家族からはあちこちからの甘いお土産が届けられる。傍で見ていても幸せそうだとわかる。本人たちも「こんな幸せな日が来るなんて、考えてもおらなんだ」と口々に言う。その笑顔と穏やかさにほだされて、ここまでやって来た。そしてわかったことがある。お年寄りの幸せにはいろいろな「催し物」は落ち着かないのだと。いつも家にいたらそうやって暮らしていただろう……という生活が、ここ悠々にはある。生活の継続性が悠々の信条である。

　入居者本人たちは幸せで、スタッフもゆったりと幸せに働いている。特別なことをするわけではない。家にいたらそうするであろうことをケアしているにすぎないからである。

　何が間違っているのか。最大の問題は慢性的な赤字経営である。食堂が専門の賄いを雇って 1 食（入居者@ 440 円、スタッフ@ 300 円、一般@ 500 円）が問題。しかし、年寄りとスタッフの唯一の楽しみは食べることなので、粗末な冷凍総菜をレンジでチンしたものでは耐えられないというのが第一の誘因ではある。こんな人でなしのような食べ物では年寄りが幸せにならない。働く私たちも幸せと働く甲斐がない。

　第 2 はかかる経費に対して入居費が 10 年前と同じ一日 5 千円というのが間違いではある。その上消費税が上がった。儲けはなくても経費とトントンになるにはいくらもらったらいいのか。

　第 3 は、この事業をはじめるにあたって、国交省の M 専門官から「視察経費（資料込み）は一人@ 1 万円貰うように」とアドバイスいただいたにもかかわらず、当初の山ほど押しかけていただいた視察（同じ福祉を志す仲間と感じた）訪問者からは、（平均 1 時間ぐらいの説明と施設案内）経費として「ええっ！　私たちとてもそんなお金払えません」と拒否され（来てやったのに……との気持ちが感じられ

たが）、資料代として2千円が千円になり、ここ数年は資料（パンフレットと写真集@2500円）をプレゼントするようになった。

某県副知事の視察の際にも、「すみません、当方は民間経営で視察の資料代として2千円いただいているのですが……」とおそるおそる伝えると、「そんなこと前代未聞です。今までそんな施設には一度もあったことがないが……」と言われたが、当方が引き下がらないと知り、しぶしぶお二人分（副知事と付き添いの方）4000円をいただいたという経緯がある。

北欧スウェーデン、デンマークの視察の際には、1人一施設1万円を要求されたものであった。そのように学び、日本になじむ形で研究した成果であって、何一つ劣るものはないと思っている。

このように挙げればきりがないほどに、自信喪失が続き、現在まで引きずってしまったということである。

ほんに、理事長失格であった。

今日も朝ケアに出かける。お年寄りたちが「私を見送ってくれよな」と訴える眼差しに曳かれて、今日もがんばる。

あと10日で第12回総会が開かれる。新しい血が加わりますように、新しい若者に参加をと祈りながら今日もがんばる！

2019年11月6日


**第12回通常総会総括**

11月23日 第12回通常総会が終わった。

その風景に愕然となった。

総会成立宣言は91％の組合員出席率をもって成立したが、村内組合員のほとんどが年老いて安価な他施設への入所、いずれも90歳を過ぎ身体的に総会出席不可などの理由でほとんどが委任状出席となった。遠方の組合員ももちろん70代80代と高齢になり、泰阜村までの長距離を移動できない。「いずれ自分たちが泰らかな老後を過ごすための施設」、そのために力を合わせて支えていく仲間が年に一度集う、そんな総会の風景が消えていた。聞くところによると、村内組合員が「悠々に入居するために」と蓄えていた資金も、子供たちの家の改修や孫の教育費に当てられてしまったらしい。この10年の間に日本は貧しくなり、子供世代が老父の年

金と貯蓄を当てにせざるを得なくなった現実がある。

　当日参加者の顔触れは、組合理事 8 名、組合員 5 名、来賓（村長、村議会議長、教育長等）9 名……。10 年間、このような風景は一度も見られなかった。大切な何かが中心から消えてしまったのか……。

　あと 1 年と 2 か月で私は満 80 歳になる。年中無休の朝ケアから宿直までをこなす気力、体力、知力の限界を思い知っていた。同時にこの総会 3 日後に、93 歳の M 婆様（入居期間 7 年 9 か月、要介護 5）を見送った。「皺一つない美しい寝顔のようだ」と最後のお見送りをした人々が口々に囁いた。顧みるとこの 10 年間悠々で何人ものお年寄りを見送ってきた。全員例外なく美しい寝顔で逝かれた。

　家族のように愛していた大切な人を見送って、肩の荷が下りついでに張り詰めていた心がボロボロと崩れていくのを感じた。そして主治医のところに駆け込み「先生、休みたい！」と叫んだ。主治医の診断書は「病名〇〇〇、1 ヶ月の入院加療を要する。放置すれば過労死の危険性がある」であった。だれも私の療養期間中のスタッフ補充要員を探すことはできなかった。深刻な問題になっている人手不足はまず過疎の村から蝕んでいく。自分で悲鳴をあげて非常勤の方に無理をお願いすることになった。「お願い！　1 週間だけでいいから助けて。眠りたい……」

　1 週間、食事とトイレ以外はひたすらベッドで寝て過ごした。


　もともと本事業は「住み慣れた地で最後まで安心して住み続けるためには何が必要か」を、皆で考えて実践していくことだった。もちろん、介護保険のさまざまなサービスは充実している。しかし、すべてお上にお任せではなく、すき間を自分たちのささやかな支え合いによりカバーして「安心して、ここで、皆で、住み続けていこう」という試みだった。いま、まさに労働人口は急速に減りつづけて高齢者は急増していく。本組合設立時の問題は解決どころかますます深刻化している。

　それが、発祥地スウェーデンと同じように 10 年で崩壊にいたるのだろうか。

　自分たち自身で「地域包括ケア」の具体的中身を創出する知恵はもう湧いてこないものだろうか。

　万全ではないけれど、再び悠々に帰ってきた。残りの時間を次のだれかに、村に渡すためにがんばろうと思う。

2019 年 12 月 13 日

### 身仕舞い……の挨拶をお受けください

　書斎の窓から見える山椒の枝に黄色の小花がまだ暗い色のままでいる森に、春が来たことを告げている。

　この春３月31日をもって、南信州の過疎山村泰阜村に「地域交流センター悠々」を設立した創立者が引退することが決まった。

　同時に「高齢者協同企業組合泰阜」の６月末日解散の手筈が整い、着々と御仕舞に向かって事務作業が流れ出した。永住入居のお年寄りが四人、短期入居のお年寄り一人はそのままに（村長のお計らいで）悠々に居住できることになった。

　ところが、スタッフの口からひょいと飛び出した「先生はもういなくなるから……」の一言で大混乱となり、お年寄りの一人は「わしはもう死ななにゃならんのか……」と泣き出し、「先生がいなくなったら私はどこにいったらいいのか……」と混乱し、泣きながら「先生よ、わしが会いたくなったらどこに行ったらいいんだ、高野山までいかにゃならんのか」、「先生がいなくなったら寂しいよ」と見つめられる。「大丈夫だよ、私はこの泰阜村が好きだからどこにも行かないよ。ずっとここにいるから大丈夫」と答える。そして、私はこんなにもこの婆様たちを愛していたんだ。こんなにも婆様たちから愛されていたんだと思い知ることになった。

　私がこの「悠々」を引退するきっかけになったのは、最後になった昨年の第11回総会終了後、玄関で若き村長から「先生がやってきたこの10年間を、おれは決して無駄にしない」という一言をいただいたからである。

　そうだ、この村長に「地域交流センター悠々」の後を譲りたい。この村長の下でなら、命懸けで守ってきた大切な福祉の思想「歳を取っても不自由になっても自分らしく生きる権利」を、具体的に実践することが、この泰阜で継続されるかもしれないと直感したからである。

　もう一つ、その思いが具体的に動き出すきっかけになったのは、10年以上前の大学の教え子たちが、突然傘寿の祝いの招待状を送ってきたことにはじまる。東京のおしゃれなホテルのレストランに招かれ、「先生、この御年までご苦労様でした。そしてこれからも元気でいてください」と祝われて、初めて数え80歳になったのだと気づかされた。そうだよ、普通80歳になったら現役を引退するもんだよといわれたことに気づいたのだった。

　そう気づいていろいろな整理（理事たちに相談する、家族に相談する等）をは

じめながら、村長に直訴しに行ったのは総会から半年後、この3月のことである。悩み悩み悩んで幾度も回転性眩暈に襲われ、点滴治療で切り抜けてもいたのだった。私の身体も実は悲鳴を上げていたのだ。もういいでしょう、と自分自身にいってあげることに抵抗がなくなってきた。それが傘寿の祝いだったのである。

　11年半この頑固な余所者の婆さまを受け入れ、支え励まし続けてくださった泰阜村の村民の皆様に、そして陰ながら支え励まし続けてくださった組合員の皆様、友人知人の皆様から受けた御恩に、ここに深甚から感謝を捧げたく思います。

　最後に、この泰阜村での実践を本にまとめてほしいとのお言葉を村長からいただき、余生の使命とお受けしたいと思います。

　私が悠々で出会った方々とどのように暮らしていたか、どのようにお一人お一人と向き合ったかを具体的な事例として書き残すことで皆様のご恩に報いることができたら幸せに思います。

　長い間、このブログを読んでくださった皆様にも、心から御礼申し上げます。ありがとうございました。

2020年（令和2）年3月20日

地域交流センター悠々 センター長 本田玖美子

おわりに　―今も泰阜村村民として暮らして―

　2020年3月某日のことである。いつもの吐き気とめまいの発作に襲われて県立病院に搬送された。いつもの点滴を打ってもらいながら、80歳を迎えた老理事長はやっと気がついた。「このまま死んではならぬ。『やっぱり、悠々で倒れて死んだよ』では笑い話にもならない。愛する『悠々』にキズをつけてはならない」と、点滴が終わったその足で村長宅をおたずねした。

　「長い間わがままを聞いていただき、心から厚く御礼申し上げます。私は満80歳を迎え、自分の能力の限界を知りました。ここで悠々から引退したく、よろしくお願いいたします」

　村長から「80歳になられましたか？　ここまでよくがんばられた。しかし、本当に身を引いていいのですか？　心残りはないのですか？」とのお言葉をいただき、「はい、私ができることはここまででございました。ありがとうございました。心から御礼を申し上げます」と、再び頭を下げた。

　それから3年半たったいま、「悠々でやり残した仕事はあるのか」との自問に「ない」との言葉しか胸に上らない。前松島村長からは「悠々の隣接地に研修センターを建設し、介護スタッフの研修をやりたい」というお言葉をいただいたこともあった。でも、私が現場を離れては「悠々」の人手が足りなくなる。それになによりも、お年寄りたちと暮らす自分自身の幸せを手放す勇気がなかったのであった。

　私が去った後、「悠々」は介護保険制度による入居施設の一つとなった。泰阜村にある特別養護老人ホームは、待機者500人と聞いている。老夫婦二人世帯、老独居世帯が5割を突破しているこの過疎山村にとって、元悠々は、入居施設の不足を補う役割を果たしているのであろう。

　12年間の「悠々」での暮らしぶりを書き続けたブログを「出版してほしい」と連絡してこられたのは、私が過去に在籍していた静岡県浜松市にある聖隷クリストファー大学大学院研究科長大友信勝氏（博士課程の指導教官）であった。「これこそ社会福祉を学ぶ学生たちに読ませたい『実践記録』であると思う。社会福祉の副読本にしたい」と、熱い要請を受けた。私は即答を避けた。理由は、自宅から1、2分先の通り道にある「悠々」はもうすでに私のものではなく、そのブログも私のなかでは、何か遠い夢のなかの出来事として処理されていたからだ。

ところが、開設当初から理事として支えてくれていた夫や友人たちの反応は違った。「そうだ、そうだ、この貴重な記録をこの世に残すべきだ！　それは応援してくださった方々に対する感謝となる！」などと、私を傍らから追い詰める役割を担ったのだ。お年寄りとの日々を綴ったブログを読み返し、整理してまとめるのは簡単なことではなかった。あらためて読み返してみると、12年間の輝く日々がよみがえり、私の82年間の人生でもっとも幸せをいただいた時間であったことを、震える思いでかみしめることになった。

　そして、その結果として、介護保険制度のもとで「わしはもう生きすぎた……」と屍のような目をして耐えていたお年寄りが、「わしは悠々に出会ってよかった。こんな幸せをもらっていいのかのう」と言うまでの物語を残すことになった。

　悠々を引退してからの私たち夫婦は、高野山真言密教の僧侶（夫は現職の医師）である。2023年9月7日、私たちの山荘は庵（維摩山荘）として正式に開眼式が挙行された。残された人生を、この「生命の星の安寧」のため、「そこに生きる人々の幸せ」のための祈りに捧げようと決めたのであった。朝から日が落ちるまでの祈り三昧と、猫の額ほどの庭の草取りや水路の整備、秋には降り注ぐ落ち葉との格闘と家事が、私の暮らしとなった。

本田玖美子（ほんだ　くみこ）

1941（昭和16）年、旧満州国通化省に生まれる。
1974（昭和49）年、日本福祉大学社会福祉学部社会福祉学科卒業。
1979（昭和54）年、6歳の長男、2歳の長女とともに初めて長野県泰阜村を訪ねる。
1994（平成6）年、日本福祉大学大学院社会福祉学研究科前期課程修了、社会福祉学修士。
日本福祉大学講師就任。
1995（平成7）年から2001（平成13）年まで、東京都リハビリテーション病院勤務。
2001（平成13）年、高崎健康福祉大学助教授就任。
2005（平成17）年、国土交通省から「高齢者協同企業組合泰阜」事業認可下りる。
2007（平成19）年、高野山真言密教得度、度牒授与（明道）。
2008（平成20）年、高齢者協同企業組合泰阜設立。
2009（平成21）年、高崎健康福祉大学教授就任。5月、地域交流センター悠々開所。
2015（平成27）年、高崎健康福祉大学教授退官。
2020（令和2）年、高齢者協同企業組合泰阜解散。
2022（令和4）年、高野山真言密教伝法灌頂拝受。現在も泰阜村に暮らす。

南信州に春の風

2024年3月31日　初版第1刷　発行

著　者　本田玖美子

発行者　ゆいぽおと
　　　　〒461-0001
　　　　名古屋市東区泉一丁目 15-23
　　　　電話　052（955）8046
　　　　ファクシミリ　052（955）8047
　　　　https://www.yuiport.co.jp/

発行所　ＫＴＣ中央出版
　　　　〒111-0051
　　　　東京都台東区蔵前二丁目 14-14

印刷・製本　モリモト印刷株式会社

ゆいぽおとでは、
ふつうの人が暮らしのなかで、
少し立ち止まって考えてみたくなることを大切にします。
テーマとなるのは、たとえば、いのち、自然、こども、歴史など。
長く読み継いでいってほしいこと、
いま残さなければ時代の谷間に消えていってしまうことを、
本というかたちをとおして読者に伝えていきます。